现代管理数学方法

徐海燕　朱建军　赵士南　编著

科学出版社
北　京

内 容 简 介

本书以数理统计、建模优化和决策分析为主线,系统介绍统计学、运筹学和决策领域的常用模型与方法。全书共 4 章:第 1 章介绍统计学的基本内容,包括数据处理、相关性分析、主成分分析、聚类分析和预测分析;第 2、3 章分别介绍初等运筹学和高等运筹学,内容包括线性规划、运输规划、整数规划、图论与网络规划、存储论和排队论、非线性规划和多目标规划;第 4 章系统归纳决策分析常用的理论和方法,专门增加了多属性决策方法、博弈论和冲突分析图模型理论。

本书适合作为高校管理科学与工程、工商管理、项目管理等专业本科生及研究生的专业教材,还可以为企业及社会管理人员提供重要的决策参考。

图书在版编目(CIP)数据

现代管理数学方法 / 徐海燕,朱建军,赵士南编著. —北京:科学出版社,2019.1
ISBN 978-7-03-058197-6

Ⅰ. ①现… Ⅱ. ①徐… ②朱… ③赵… Ⅲ. ①管理学-数学 Ⅳ. ①C931.1

中国版本图书馆 CIP 数据核字(2018)第 149989 号

责任编辑:方小丽 / 责任校对:王 瑞
责任印制:吴兆东 / 封面设计:蓝正设计

科学出版社 出版
北京东黄城根北街 16 号
邮政编码:100717
http://www.sciencep.com

北京盛通商印快线网络科技有限公司 印刷
科学出版社发行 各地新华书店经销
*
2019 年 1 月第 一 版　开本:787×1092　1/16
2019 年 9 月第二次印刷　印张:12 1/4
字数:310 000

定价:58.00 元

(如有印装质量问题,我社负责调换)

前　言

随着信息技术的快速发展，现代化管理进入了大数据时代。单纯依靠一种管理方法已经很难有效解决现代化管理中出现的复杂问题，亟须一套系统完善的现代管理数学方法。本书主要以统计学和运筹学为基础，并增加了多属性决策、博弈论和冲突分析图模型等决策理论与方法，是作者多年来教学和科研成果的结晶。与其他专业教材相比，本书主要包含以下三个特色。

（1）将统计学、运筹学和决策理论有机地结合起来，突破了单一管理方法的局限性。以数理统计、建模优化和决策分析为主线，提炼出了一套系统全面的现代管理数学方法。

（2）弱化数学推理，强调模型和方法的实用性。对模型中的证明及推导过程进行删繁就简，给出了模型求解的详细步骤，重点突出如何从实际管理问题中构建模型。

（3）突出案例教学，注重理论学习和实践应用相结合。在每个理论模型和方法后面都提供了对应的例题与详细的求解步骤，进一步提高学生对所学内容的熟练使用程度。

本书重点围绕数据、建模和决策三个主体展开论述，涵盖了统计学、运筹学和决策理论的常用模型与方法，主要内容可以划分为以下三个部分。

数据统计与分析理论（第 1 章）：面对现代化管理中海量、无规则的数据信息，我们必须掌握专门的数据分析技术，从而更高效率地利用这些管理数据，这正是"统计学"赋予我们的手段和能力。所以本书在第 1 章主要介绍了统计学的基本内容，包括数据的处理、相关性分析、主成分分析、聚类分析和几种常见的预测方法。

运筹学理论（第 2、3 章）：单纯依靠统计分析方法还远远不够，并不能充分挖掘出现代化管理数据背后蕴含的价值信息，还需要对整个管理系统进行建模优化。因此，本书在第 2 章和第 3 章分别介绍了初等运筹学和高等运筹学，包括线性规划、运输规划、整数规划、图论与网络规划、存储论和排队论、非线性规划和多目标规划等。

决策分析理论（第 4 章）：统计分析和建模优化为管理者制定出最优的决策方案提供了重要的决策依据。为确保决策过程的有效进行，本书在第 4 章归纳了决策分析常用的理论和方法，并专门增加了多属性决策方法、博弈论和冲突分析图模型理论。

本书以理论方法和模型介绍为主，为进一步加强模型和方法的实用性，提高数据分析和模型求解的计算效率，我们同时编写了《现代管理数学方法案例集》，重点介绍了统计学、运筹学和决策理论的常用软件。

非常感谢团队成员在本书编写过程中提供的大力支持和帮助。本书同时借鉴了国内外众多管理科学领域的相关著作和研究成果，在此表示衷心的感谢。

由于编者水平和时间有限，书中难免存在一些不足之处，恳请广大读者批评指正。

徐海燕

2018 年 10 月

目 录

第 1 章

数据统计与分析 ··· 1
   1.1   统计推断 ·· 1
   1.2   数据处理 ·· 7
   1.3   回归分析 ·· 19
   1.4   灰色关联度分析法 ·· 25
   1.5   预测方法 ·· 30

第 2 章

初等运筹学 ··· 44
   2.1   线性规划模型 ·· 44
   2.2   运输规划模型 ·· 53
   2.3   整数规划模型 ·· 68
   2.4   图论与网络规划模型 ··· 72
   2.5   存储论模型 ··· 94

第 3 章

高等运筹学 ··· 104
   3.1   动态规划 ·· 104
   3.2   排队论 ··· 111
   3.3   非线性规划 ··· 120
   3.4   多目标规划 ··· 127

第 4 章

决策分析理论 ……………………………………………………………………… 137

- 4.1 不确定型决策方法 ………………………………………………………… 137
- 4.2 风险型决策方法 …………………………………………………………… 140
- 4.3 多属性决策方法 …………………………………………………………… 149
- 4.4 博弈论 ……………………………………………………………………… 167
- 4.5 冲突分析图模型理论 ……………………………………………………… 181

参考文献 ………………………………………………………………………………… 189

第1章 数据统计与分析

数据的统计与分析是数据挖掘和决策分析的第一步，统计数据的质量直接关系到最后决策的效果。而统计学是研究如何对社会总体的数量特征和规律进行描述、推断、认识的一门学科。因此，本章主要介绍统计学的基础知识，包括样本选择、数据收集与整理、相关分析、聚类分析、回归分析及预测方法，并增加了灰色关联度分析和灰色系统预测方法。

1.1 统计推断

统计推断涉及一些常用的随机变量分布、抽样分布以及假设检验和方差检验，运用 Excel 能够快速准确得到相应的分布数据与检验结果。

1.1.1 常用的随机变量及其分布

1）离散型随机变量及其分布

（1）0-1 分布（记为 $X\sim b(1,p)$），分布律：

$$P\{X=k\}=p^k(1-p)^k, \quad k=0,1$$

（2）二项分布（记为 $X\sim B(n,p)$），分布律：

$$P\{X=k\}=C_n^k p^k(1-p)^{n-k}, \quad k=0,1,2,\cdots,n$$

（3）泊松分布（记为 $X\sim P(\lambda)$），分布律：

$$P\{X=k\}=\frac{\lambda^k \mathrm{e}^{-\lambda}}{k!}, \quad k=0,1,2,\cdots,n$$

2）连续型随机变量及其分布

（1）正态分布（记为 $X\sim N(\mu,\sigma^2)$），密度函数：

$$f(x)=\frac{1}{\sqrt{2\pi}\sigma}\mathrm{e}^{-\frac{(x-\mu)^2}{2\sigma^2}}, \quad -\infty<x<+\infty$$

（2）均匀分布（记为 $X\sim U(a,b)$），密度函数：

$$f(x)=\begin{cases}\dfrac{b-a}{2}, & a<x<b \\ 0, & 其他\end{cases}$$

（3）指数分布（记为 $X\sim E(\lambda)$），密度函数：
$$f(x)=\begin{cases}\lambda e^{-\lambda x}, & x>0\\ 0, & x\leqslant 0\end{cases}$$

1.1.2 常用的抽样分布

1） χ^2 分布

设 $X_1,X_2,\cdots,X_n$ 是来自于标准正态总体 $N(0,1)$ 的一个样本，则称统计量 $\chi^2=X_1^2+X_2^2+\cdots+X_n^2$ 为服从自由度为 n 的 χ^2 分布，记为 $\chi^2\sim\chi^2(n)$。

2） t 分布

设 $X\sim N(0,1)$，$Y\sim\chi^2(n)$，且设 X，Y 之间独立，则称统计量 $T=\dfrac{X}{\sqrt{Y/n}}$ 为服从自由度为 n 的 t 分布，记为 $T\sim t(n)$。

3） F 分布

设 $U\sim\chi^2(n_1)$，$V\sim\chi^2(n_2)$，且设 U，V 之间独立，则称随机变量 $F=\dfrac{U/n_1}{V/n_2}$ 为服从自由度为 (n_1,n_2) 的 F 分布，记为 $F\sim F(n_1,n_2)$。

1.1.3 总体参数假设检验

一般实际案例中涉及假设检验的都是两个总体，因此此处只介绍两个正态总体参数假设检验，并附上 Excel 使用方法。单边检验为双边检验的特殊情况，此处也不再进行详细介绍。

1）两个正态总体均值差 $\mu_1-\mu_2$ 的假设检验（σ_1^2，σ_2^2 已知）

（1）定义：对于假设 $H_0:\mu_1-\mu_2=\delta; H_1:\mu_1-\mu_2\neq\delta$（双边检验），检验统计量为 $z=\dfrac{\bar{X}-\bar{Y}-\delta}{\sqrt{\sigma_1^2/n_1+\sigma_2^2/n_2}}$；检验规则（拒绝域）为 $|z|\geqslant z_{\alpha/2}$。

（2）应用：Excel-数据-数据分析-"z-检验：双样本平均差检验"。

2）两个正态总体均值差 $\mu_1-\mu_2$ 的假设检验（$\sigma_1^2=\sigma_2^2$ 未知）

（1）定义：对于假设 $H_0:\mu_1-\mu_2=\delta; H_1:\mu_1-\mu_2\neq\delta$（双边检验），检验统计量为 $t=\dfrac{\bar{X}-\bar{Y}-\delta}{S_w\sqrt{1/n_1+1/n_2}}$；检验规则（拒绝域）为 $|t|\geqslant t_{\alpha/2}(n_1+n_2-2)$，其中 $S_w=\dfrac{(n_1-1)S_1^2+(n_2-1)S_2^2}{n_1+n_2-2}$。

（2）应用：Excel-数据-数据分析-"t-检验：双样本等方差假设"。

3）两个正态总体均值差 $\mu_1-\mu_2=\mu_D$ 的假设检验（成对数据）

（1）定义：对于假设 $H_0:\mu_D=0; H_1:\mu_D\neq 0$（双边检验），检验统计量为 $t=\dfrac{\bar{D}}{S_D/\sqrt{n}}$；检验规则（拒绝域）为 $|t|\geqslant t_{\alpha/2}(n-1)$，其中 $D_i=X_i-Y_i(i=1,2,\cdots,n)$；$D_i\sim N(\mu_D,\sigma_D^2)$ $(i=1,2,\cdots,n)$。

（2）应用：Excel-数据-数据分析-"t-检验：平均值的成对二样本分析"。

4）两个正态总体方差比较的假设检验（μ_1，μ_2 未知）

（1）定义：对于假设 $H_0: \sigma_1^2 = \sigma_2^2; H_1: \sigma_1^2 \neq \sigma_2^2$（双边检验），检验统计量为 $F = \dfrac{S_1^2}{S_2^2}$；检验规则（拒绝域）为 $F \geq F_{\alpha/2}(n_1-1, n_2-1)$ 或 $F \leq F_{1-\alpha/2}(n_1-1, n_2-1)$。

（2）应用：Excel-数据-数据分析-"F-检验：双样本方差"。

5）假设检验的 P 值

假设检验，是通过构造检验统计量，在事先假定的显著性水平下，依据实际推断原理构造一个检验规则（拒绝原假设的条件），利用样本资料来作出接受还是拒绝原假设的决策。因此，决策与给定的显著性水平有关。

P 是一个概率值，$P = P\{Z \geq z\}$，为实际的显著性水平。P 越小，否定原假设的理由就越充分。

一般地，利用 P 值进行假设检验的步骤如下。

（1）根据实际问题要求，提出原假设 H_0 和备择假设 H_1。

（2）给定显著性水平 α 和样本容量 n。

（3）确定检验统计量并利用样本资料计算出 P 值。

（4）若 $P < \alpha$，则拒绝原假设 H_0；反之则不能拒绝原假设 H_0。

1.1.4 方差分析

方差分析是通过对试验数据进行分析，检验方差相同的多个正态总体的均值是否相等，用以判断各因素对试验指标的影响是否显著。方差分析分析的并非方差，而是研究数据间的变异，即在可比较的数组中，把总的变异按各自指定的变异来源进行分解的一种技巧。方差分析方法是从总离差平方和中分解出可追溯到指定来源的部分离差平方和。

1. 单因素方差分析

例 1-1 消费者对 4 个行业的投诉次数如表 1.1.1 所示，试检验行业对被投诉次数有无显著影响（显著性水平为 0.05）。

表 1.1.1 消费者对行业投诉次数数据　　　　　　单位：次

零售业	旅游业	航空公司	家电制造业
57	68	31	44
66	39	49	51
49	29	21	65
40	45	34	77
34	56	40	58
53	51		
44			

解 假设检验：

$$H_0: \mu_1 = \mu_2 = \mu_3 = \mu_4$$
$$H_1: \mu_1, \mu_2, \mu_3, \mu_4 \text{ 不全相等}$$

应用 Excel 求单因素方差分析参数的操作过程如下。

（1）在 Excel 工作表中输入表 1.1.1 中的所有数据。

（2）执行"数据"→"数据分析"→"方差分析：单因素方差分析"命令。

（3）在弹出的对话框中，在输入区域选定表格数据A2：D8；分组方式选择列；显著性水平设置为 0.05，如图 1.1.1 所示。

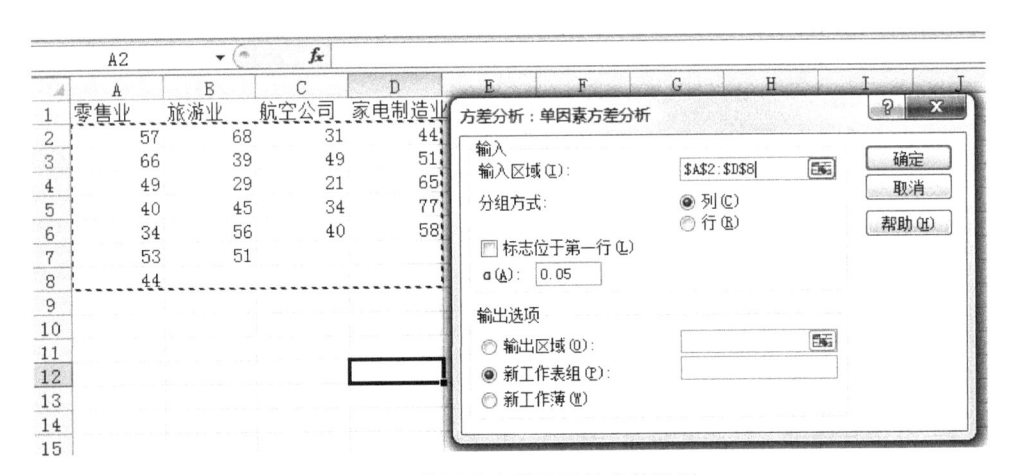

图 1.1.1 单因素方差分析的参数设置

（4）单击"确定"按钮，输出结果的窗口如图 1.1.2 所示。

图 1.1.2 单因素方差分析的输出结果

（5）判断：由图 1.1.2 得 P-value = 0.038 765 < 0.05，则拒绝原假设，即在显著性水平为 0.05 时行业对被投诉次数有显著影响。

2. 可重复双因素试验方差分析

例 1-2 某种火箭使用四种燃料、三种推进器进行射程试验。在每种燃料与每种推进器的组合下火箭各发射两次，射程数据如表 1.1.2 所示。试在水平 $\alpha = 0.05$ 下，检验在不同燃料（因素 A）和不同推进器（因素 B）搭配下火箭射程是否有显著差异，交互作用是否显著。

表 1.1.2　火箭射程数据

	因素 B_1	因素 B_2	因素 B_3
因素 A_1	58.2，52.6	56.2，41.2	65.3，60.8
因素 A_2	49.1，42.8	54.1，50.5	51.6，48.4
因素 A_3	60.1，58.3	70.9，73.2	39.2，40.7
因素 A_4	75.8，71.5	58.2，51.0	48.7，41.4

解　应用 Excel 进行可重复双因素试验方差分析的操作过程如下。

（1）在 Excel 工作表中输入表 1.1.2 中的数据。

（2）执行“数据”→“数据分析”→“方差分析：可重复双因素分析”命令。

（3）在弹出的对话框中，在输入区域选定表格数据A1：D9；每一样本的行数，输入 2；显著性水平设置为 0.05，如图 1.1.3 所示。

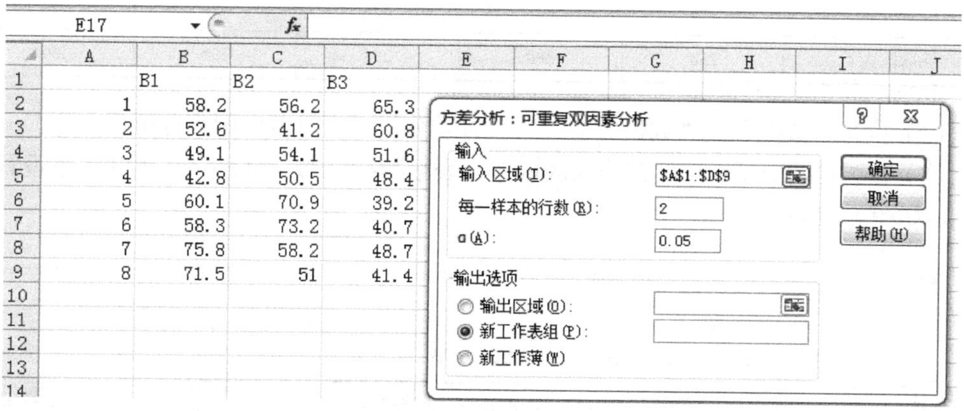

图 1.1.3　可重复双因素方差分析参数设置

（4）单击“确定”按钮，输出结果的窗口如图 1.1.4 所示。

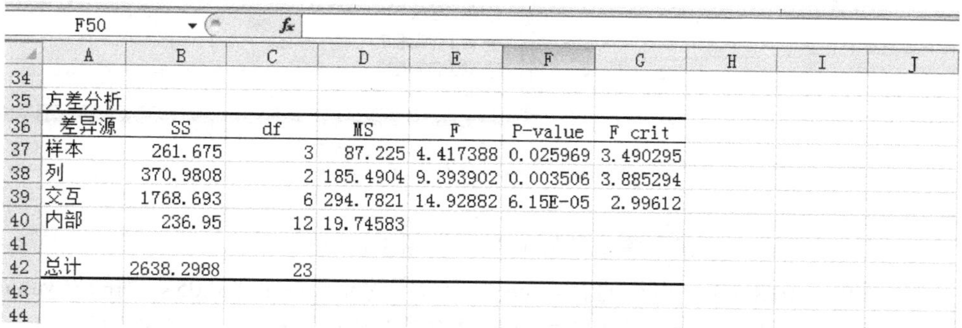

方差分析

差异源	SS	df	MS	F	P-value	F crit
样本	261.675	3	87.225	4.417388	0.025969	3.490295
列	370.9808	2	185.4904	9.393902	0.003506	3.885294
交互	1768.693	6	294.7821	14.92882	6.15E-05	2.99612
内部	236.95	12	19.74583			
总计	2638.2988	23				

图 1.1.4　可重复双因素方差分析输出结果

（5）判断：由图得样本、列、交互的 P-value 均小于给定的显著性水平 0.05，因此可以认为燃料和推进器这两个因素对火箭射程的影响是显著的。

3. 无重复双因素试验方差分析

例 1-3　有 4 个品牌的彩电在 5 个地区销售，分析彩电的品牌（品牌因素 A）和销售地区（地区因素 B）对销售量是否有显著影响，为此取得下列样本资料，试分析品牌和销售地区对彩电的销售量是否有显著影响（显著性水平为 0.05）。

解　应用 Excel 进行无重复双因素试验方差分析的操作过程如下。

（1）在 Excel 工作表中输入表 1.1.3 数据。

表 1.1.3　各地区各品牌销量数据

	地区因素 1	地区因素 2	地区因素 3	地区因素 4	地区因素 5
品牌因素 1	365	350	343	340	323
品牌因素 2	345	368	363	330	333
品牌因素 3	358	323	353	343	308
品牌因素 4	288	280	298	298	298

（2）执行"数据"→"数据分析"→"方差分析：无重复双因素分析"命令。

（3）在弹出的对话框中，在输入区域选定表格数据B2：F5；显著性水平设置为 0.05，如图 1.1.5 所示。

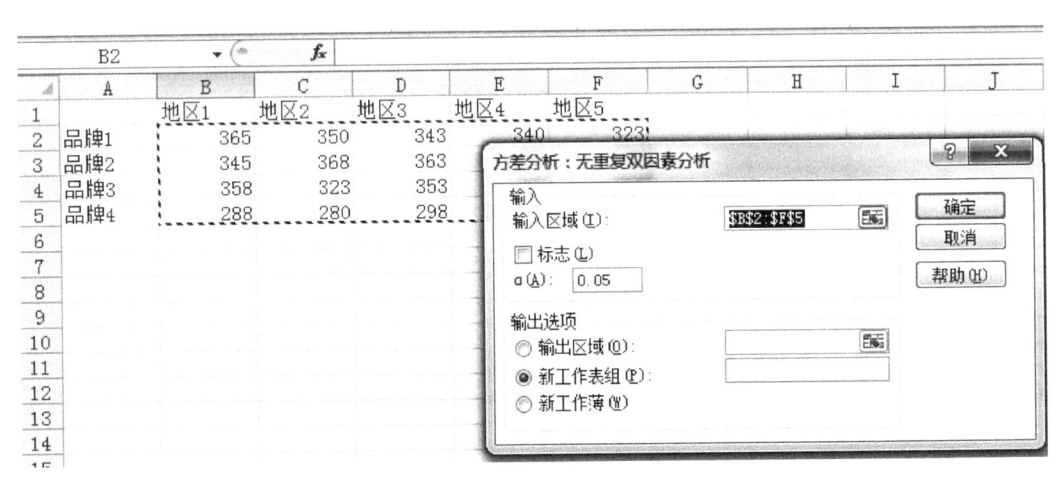

图 1.1.5　无重复双因素方差分析参数设置

（4）单击"确定"按钮，输出结果的窗口如图 1.1.6 所示。

（5）判断：由图 1.1.6 得行的 P-value 小于给定的显著性水平 0.05，列的 P-value 大于 0.05，因此可以认为品牌对洗衣机的销售量有显著影响，地区对洗衣机的销售量无显著影响。

	A	B	C	D	E	F	G
15							
16	方差分析						
17	差异源	SS	df	MS	F	P-value	F crit
18	行	9903.75	3	3301.25	15.0656	0.000226	3.490295
19	列	1525.3	4	381.325	1.740217	0.205805	3.259167
20	误差	2629.5	12	219.125			
21							
22	总计	14058.55	19				

图 1.1.6　无重复双因素方差分析输出结果

1.2　数据处理

搜集到的原始数据数量多、种类杂，很难看出数据的明显规律。对数据进行简单的处理，可以有效发现数据的分布规律并将数据进行分类处理，同时可以简化后期数据的计算运用过程。

1.2.1　归一化处理

将矩阵 $\boldsymbol{X} = (x_{ij})_{m \times n}$ 进行归一化处理，转化为矩阵 $\boldsymbol{Y} = (y_{ij})_{m \times n}$。

1）向量归一法

经过归一化处理后，其指标值均满足 $0 \leqslant y_{ij} \leqslant 1$，并且正、逆向指标的方向没有发生变化，即正向指标归一化变化后，仍是正向指标，逆向指标归一化变化后，仍是逆向指标。

（1）

$$y_{ij} = \frac{x_{ij}}{\sqrt{\sum_{i=1}^{m} x_{ij}^2}}, \quad 1 \leqslant i \leqslant m; 1 \leqslant j \leqslant n$$

其中

$$\sum_{i=1}^{m} x_{ij}^2 = 1$$

（2）适用情况：数值均为正数，指标均为正向指标。

2）线性比例变换法

经过变换，标准化指标满足 $0 \leqslant y_{ij} \leqslant 1$，并且正、逆向指标均化为正向指标，最优值为 1，最劣值为 0。

（1）正向指标：

$$x_j^* = \max_{1 \leqslant i \leqslant m} x_{ij} \neq 0, \quad y_{ij} = \frac{x_{ij}}{x_j^*}, \quad 1 \leqslant i \leqslant m; 1 \leqslant j \leqslant n$$

逆向指标：

$$x_j^* = \min_{1 \leqslant i \leqslant m} x_{ij} \neq 0, \quad y_{ij} = \frac{x_j^*}{x_{ij}}, \quad 1 \leqslant i \leqslant m; 1 \leqslant j \leqslant n$$

（2）适用情况：数值均为正数，最大值与最小值不为零。

3）极差变换法

经过变换，标准化指标满足 $0 \leqslant y_{ij} \leqslant 1$，并且正、逆向指标均化为正向指标，最优值为 1，最劣值为 0。

（1）正向指标：$x_j^* = \max\limits_{1 \leqslant i \leqslant m} x_{ij}$，$x_j^0 = \min\limits_{1 \leqslant i \leqslant m} x_{ij}$，$y_{ij} = \dfrac{x_j^0 - x_{ij}}{x_j^0 - x_j^*}$，$1 \leqslant i \leqslant m; 1 \leqslant j \leqslant n$

逆向指标：

$$x_j^* = \min\limits_{1 \leqslant i \leqslant m} x_{ij}, \quad x_j^0 = \max\limits_{1 \leqslant i \leqslant m} x_{ij}, \quad y_{ij} = \dfrac{x_j^0 - x_{ij}}{x_j^0 - x_j^*}, \quad 1 \leqslant i \leqslant m; 1 \leqslant j \leqslant n$$

（2）适用情况：大部分情况均适用，标准化结果允许出现零值。

4）对数 Logistic 模式标准化方法

经过变换，标准化指标满足 $0 < y_{ij} < 1$，并且正、逆向指标的方向没有发生变化。此方法的优势在于不会存在 0-1 变量，缺点在于只对[−2, 2]区间的数值具有明显的区分效果。

（1）公式：

$$y_{ij} = \dfrac{1}{1 + e^{-x_{ij}}}, \quad 1 \leqslant i \leqslant m; 1 \leqslant j \leqslant n$$

（2）适用情况：指标数值存在负值，指标均为正向指标，标准化结果不允许出现零且数值大部分处于区间[−2, 2]。

例 1-4 分别运用向量归一法、线性比例变换法、极差变换法、对数 Logistic 模式标准化方法这四种方法将表 1.2.1 中四种飞机的性能指标数据进行标准化处理。

表 1.2.1 四种飞机性能指标数据

类型	速度/Ma	范围/km	载重/kg	成本/百万元	可靠性	灵敏度
x_1	2	1 500	20 000	5.5	5	9
x_2	2.5	2 700	18 000	6.5	3	5
x_3	1.8	2 000	21 000	4.5	7	7
x_4	2.2	1 800	20 000	5	5	5

注：可靠性与灵敏度的数值含义参考表 1.2.2；Ma 表示马赫数。

表 1.2.2 可靠性与灵敏度定性和定量对应表

定性	坏	不好	好	很好	极好
定量	1	3	5	7	9

解 分别运用四种方法将表 1.2.1 中的数据进行标准化处理（表 1.2.3～表 1.2.6）。注意成本是逆向指标，其他均为正向指标。

（1）向量归一法：

$$y_{ij} = \dfrac{x_{ij}}{\sqrt{\sum\limits_{i=1}^{4} x_{ij}^2}}, \quad 1 \leqslant i \leqslant 4; 1 \leqslant j \leqslant 6$$

表 1.2.3　向量归一法标准化数据

类型	速度/Ma	范围/km	载重/kg	成本/百万元	可靠性	灵敏度
x_1	0.47	0.37	0.51	0.51	0.48	0.67
x_2	0.58	0.66	0.46	0.60	0.29	0.37
x_3	0.42	0.49	0.53	0.41	0.67	0.52
x_4	0.51	0.44	0.51	0.46	0.48	0.37

注：逆向指标"成本"仍为逆向指标。

（2）线性比例变换法。

正向指标：

$$x_j^* = \max_{1 \leq i \leq 4} x_{ij} \neq 0, \quad y_{ij} = \frac{x_{ij}}{x_j^*}, \quad 1 \leq i \leq 4; 1 \leq j \leq 6$$

逆向指标：

$$x_j^* = \min_{1 \leq i \leq 4} x_{ij} \neq 0, \quad y_{ij} = \frac{x_j^*}{x_{ij}}, \quad 1 \leq i \leq 4; 1 \leq j \leq 6$$

表 1.2.4　线性比例变换法标准化数据

类型	速度/Ma	范围/km	载重/kg	成本/百万元	可靠性	灵敏度
x_1	0.80	0.56	0.95	0.82	0.71	1.00
x_2	1.00	1.00	0.86	0.69	0.43	0.56
x_3	0.72	0.74	1.00	1.00	1.00	0.78
x_4	0.88	0.67	0.95	0.90	0.71	0.56

（3）极差变换法。

正向指标：

$$x_j^* = \max_{1 \leq i \leq 4} x_{ij}, \quad x_j^0 = \min_{1 \leq i \leq 4} x_{ij}, \quad y_{ij} = \frac{x_j^0 - x_{ij}}{x_j^0 - x_j^*}, \quad 1 \leq i \leq 4; 1 \leq j \leq 6$$

逆向指标：

$$x_j^* = \min_{1 \leq i \leq 4} x_{ij}, \quad x_j^0 = \max_{1 \leq i \leq 4} x_{ij}, \quad y_{ij} = \frac{x_j^0 - x_{ij}}{x_j^0 - x_j^*}, \quad 1 \leq i \leq 4; 1 \leq j \leq 6$$

表 1.2.5　极差变换法标准化数据

类型	速度/Ma	范围/km	载重/kg	成本/百万元	可靠性	灵敏度
x_1	0.29	0.00	0.67	0.50	0.50	1.00
x_2	1.00	1.00	0.00	0.00	0.00	0.00
x_3	0.00	0.42	1.00	1.00	1.00	0.50
x_4	0.57	0.25	0.67	0.75	0.50	0.00

(4) 对数 Logistic 模式标准化方法：

$$y_{ij} = \frac{1}{1+e^{-x_{ij}}}, \quad 1 \leq i \leq 4; 1 \leq j \leq 6$$

表 1.2.6 对数 Logistic 模式标准化方法标准化数据

类型	速度/Ma	范围/km	载重/kg	成本/百万元	可靠性	灵敏度
x_1	0.8808	0.8176	0.8808	0.9959	0.9933	0.9999
x_2	0.9241	0.9370	0.8581	0.9985	0.9526	0.9933
x_3	0.8581	0.8808	0.8909	0.9890	0.9991	0.9991
x_4	0.9002	0.8581	0.8808	0.9933	0.9933	0.9933

注：指标"范围"缩小 1000 倍，指标"载重"缩小 10 000 倍，再进行标准化处理。

1.2.2 相关性分析

相关关系反映的是客观事物之间的非严格、不确定的线性依存关系。相关性分析研究两个或两个以上随机变量之间线性依存关系的紧密程度，通常用相关系数表示，多元相关时用复相关系数表示。相关性分析研究的变量都是随机变量，不分自变量与因变量。

1）计算方法

(1) 根据总变差定义：

$$R = \sqrt{\frac{\sum(\hat{y}_i - \bar{y})^2}{\sum(y_i - \bar{y})^2}} = \sqrt{1 - \frac{\sum(y_i - \hat{y}_i)^2}{\sum(y_i - \bar{y})^2}}$$

(2) 根据积差法定义：

$$R = \frac{\sum(x_i - \bar{x})(y_i - \bar{y})}{\sqrt{\sum(x_i - \bar{x})^2}\sqrt{\sum(y_i - \bar{y})^2}} = \frac{n\sum x_i y_i - \sum x_i \sum y_i}{\sqrt{n\sum x_i^2 - (\sum x_i)^2}\sqrt{n\sum y_i^2 - (\sum y_i)^2}}$$

从上述定义可以看出，相关系数的取值范围为 $-1 \leq R \leq 1$，相关系数为正值表示两变量之间为正相关，相关系数为负值表示两变量之间为负相关。相关系数绝对值表示线性相关程度。

2）求解方法

SPSS（统计产品与服务解决方案）软件求解：能快速准确地计算所有变量两两之间的相关系数，判断在 0.01、0.05 水平上的显著相关程度。

步骤：变量视图定义变量→数据视图输入数据→分析→相关→双变量/偏相关/距离。

3）案例分析

例 1-5 为了调查某产品投入广告能否对销售收入产生影响。某商店记录了 12 个月的销售收入 y（万元）与广告费 x（万元），资料如表 1.2.7 所示。

表 1.2.7 商店 12 个月的销售收入与广告费

月份	1	2	3	4	5	6	7	8	9	10	11	12
x/万元	2	2	3	4	5	4.5	5.5	7.5	8	9	10	11
y/万元	30	35	40	45	50	55	66	75	85	100	110	120

问 产品的销售收入与广告费是否具有相关性？

解 利用 SPSS 软件可快速求解。

（1）变量视图定义变量"销售收入"和"广告费"。

（2）数据视图输入相应数据。

（3）选择工具："分析"→"相关"→"双变量"。

（4）得到相关性分析表如表 1.2.8 所示。

表 1.2.8 相关性分析表

		销售收入	广告费
销售收入	Pearson 相关性	1	0.989**
	显著性（双侧）		0.000
	N	12	12
广告费	Pearson 相关性	0.989**	1
	显著性（双侧）	0.000	
	N	12	12

** 在 0.01 水平（双侧）下显著相关。

（5）分析结果：由表 1.2.8 得销售收入与广告费的相关系数为 0.989，说明销售收入与广告费具有明显的相关性。

1.2.3 主成分分析

主成分分析法的基本原理是降维，将原本若干个变量或者指标重新组合成新的互不相关的若干个综合变量，然后根据研究的实际情况从中选取少数几个综合变量或综合指标来反映原来的变量或指标的相关信息。

多个变量之间往往存在一定程度的相关性，因此通过线性组合的方式从原有指标中提取信息。当第一个线性组合不能提取更多信息时，再考虑用第二个线性组合继续提取，重复该过程，直到所提取的总信息与原指标信息相差不多。这就是主成分分析的思想。一般变量的变异性越大，能提供的信息就越充分，信息量就越大。因此在主成分分析中，用方差来表示信息。方差越大表明提取的信息就越大。

主成分分析的特点是能简化信息且保留原有变量大部分信息，且各个主成分之间相互独立。运用主成分分析的前提是变量具有一定程度相关性、信息丢失少。经过主成分分析还能进行后续的主成分回归和主成分聚类等应用。

1）数学模型

用原始数据矩阵 $\boldsymbol{X}$ 的 p 个变量 $X_1,\cdots,X_p$ 作线性组合如下：

$$\begin{cases} F_1 = u_{11}X_1 + u_{12}X_2 + \cdots + u_{1p}X_p \\ F_2 = u_{21}X_1 + u_{22}X_2 + \cdots + u_{2p}X_p \\ \vdots \\ F_p = u_{p1}X_1 + u_{p2}X_2 + \cdots + u_{pp}X_p \end{cases}$$

用矩阵表示为

$$F = UX$$

式中

$$F = \begin{bmatrix} F_1 \\ F_2 \\ \vdots \\ F_p \end{bmatrix}, \quad U = \begin{bmatrix} u_{11} & u_{12} & \cdots & u_{1p} \\ u_{21} & u_{22} & \cdots & u_{2p} \\ \vdots & \vdots & & \vdots \\ u_{p1} & u_{p2} & \cdots & u_{pp} \end{bmatrix}, \quad X = \begin{bmatrix} X_1 \\ X_2 \\ \vdots \\ X_p \end{bmatrix}$$

且满足：

（1）矩阵 U 的每一行都是单位向量，即 $u_{i1}^2 + u_{i2}^2 + \cdots + u_{ip}^2 = 1 (i = 1, 2, \cdots, p)$；

（2）F_i 与 F_j 之间互不相关，即各主成分之间相互独立；

（3）F_1 在变量 $X_1, \cdots, X_p$ 线性组合下方差最大，即包含信息量最大，$F_2, \cdots, F_p$ 方差依次递减，即包含的信息量依次递减。

（4）$F_1, \cdots, F_p$ 的方差之和等于 $X_1, \cdots, X_p$ 的方差之和，即 p 个主成分包含原变量的全部信息。

2）求解过程

主成分分析的求解过程也就是求解矩阵 U 的过程，鉴于求解过程的复杂性，这里舍弃具体的数学推导，仅不加证明地给出求解主成分的一般步骤。

（1）对 n 样本、p 指标的原始数据进行标准化处理并计算相关系数矩阵 R。

（2）计算相关系数矩阵 R 的 p 个特征值 $\lambda_1 \geqslant \lambda_2 \geqslant \cdots \geqslant \lambda_p \geqslant 0$ 以及对应于特征值 λ_i 的特征向量 $u_i = (u_{i1}, u_{i2}, \cdots, u_{ip})^T (i = 1, 2, \cdots, p)$。

（3）计算并选择主成分，即 $F_1, F_2, \cdots, F_p$。主成分 $F_i = u_{i1}x_1 + u_{i2}x_2 + \cdots + u_{ip}x_p$，$F_1, \cdots, F_p$ 之间相互无关，且方差递减。根据方差累计贡献率 $G(m)$ 来选取前 m 个主成分，$G(m) = \sum_{i=1}^{m} \lambda_i \bigg/ \sum_{k=1}^{p} \lambda_k$。一般当累计贡献率达到 85%时认为足够反映原来变量的信息，对应的 m（$m<p$）即抽取的前 m 个主成分，这样就将原先 p 个指标减少为 m 个，从而起到降维的作用。

（4）将选择的主成分进行线性组合构造综合评价函数：

$$y = \frac{\lambda_1}{\sum_{k=1}^{m} \lambda_k} F_1 + \frac{\lambda_2}{\sum_{k=1}^{m} \lambda_k} F_2 + \cdots + \frac{\lambda_m}{\sum_{k=1}^{m} \lambda_k} F_m$$

式中，y 为综合得分；F_i 为主成分得分；$\lambda_1, \lambda_2, \cdots, \lambda_m$ 取对应的特征值。这样就可以对系统目标给出评价顺序，并且获取 $F_1, F_2, \cdots, F_m$ 的值，也可以进一步进行主成分回归或者主成分聚类等应用。

3）软件求解方法

（1）SPSS 软件求解：能进行变量相关性检验、KMO（Kaiser-Meyer-Olkin）和 Bartlett 的球形度检验，对主成分的必要性与可靠性做出评估。但是该软件没有提供主成分分析的专用功能，需要通过因子分析进行转换获取单位特征向量，进而实现主成分分析。

简易步骤：变量视图定义变量→数据视图输入数据→分析→降维→因子分析。

（2）MINITAB 软件求解：能直接得到矩阵特征根与对应的单位特征向量，从而容易获取主成分得分，简化运算过程。

简易步骤：输入数据→统计→多变量→主成分。

4）案例分析

例 1-6 基于江苏省 13 个市 8 个经济指标数据（表 1.2.9 和表 1.2.10），运用主成分分析法把下列经济发展指标转化为一个值（经济综合指数）来代表每一个城市的经济水平。

表 1.2.9 经济发展指标体系

一级指标	二级指标		数据方向
经济发展	X_1	人均地区生产总值/元	正
	X_2	固定资产投资/亿元	正
	X_3	财政总收入/亿元	正
	X_4	进出口总额/万美元	正
人民生活水平	X_5	居民储蓄存款/亿元	正
	X_6	城市居民消费价格指数	正
	X_7	城市居民人均可支配收入/元	正
	X_8	农村居民人均纯收入/元	正

表 1.2.10 经济指标数据

城市	X_1/元	X_2/亿元	X_3/亿元	X_4/万美元	X_5/亿元	X_6	X_7/元	X_8/元
南京	125 031	5 265.55	1 591.59	557.57	4 955.76	102.7	39 881	16 531
无锡	124 639	4 015.77	1 565.76	707.72	4 086.84	102.1	38 999	20 587
常州	92 995	2 902.84	1 169.32	290.28	2 753.31	102.2	36 946	18 643
苏州	123 209	6 001.94	2 788.91	3 093.48	6 408.32	102.1	41 143	21 578
镇江	92 656	1 753.2	631.2	114.13	1 483.6	102.1	32 977	16 258
南通	69 050	3 298.7	1 216.7	263.01	4 150.5	102.7	31 059	14 754
扬州	72 775	2 025.18	660.3	101.73	1 931.02	102.2	30 690	14 214
泰州	64 917	1 764.17	697.23	104.42	1 790.89	101.9	30 069	13 982
徐州	51 714	3 090.13	659.95	83.27	2 089.77	102.3	29 347	12 052
连云港	40 416	1 664.77	595.65	80.02	850.95	102.2	26 898	10 745
淮安	46 020	1 453.05	494.6	42.38	934.3	102.2	25 456	11 045
盐城	48 150	2 217.69	963.02	57.54	1 820.45	102.7	28 402	13 344
宿迁	35 484	1 290.75	381.94	33.22	736.29	102.4	20 325	10 703

解 利用 SPSS 软件可快速求解。

（1）在变量视图界面输入变量名称 $X_1 \sim X_8$，注意变量类型与缺失值。

（2）在数据视图界面输入正向化之后的各项数据。

（3）首先测度数据的相关性，确定该组指标可以使用主成分分析法，在 SPSS 软件中的具体操作步骤依次为"分析→相关→双变量"。

（4）确定该组指标可以使用主成分分析后进行因子分析。在 SPSS 软件中的具体操作步骤依次为"分析→降维→因子分析"。

①在"描述"界面中选择"单变量描述性""原始分析结果""系数""KMO 和 Bartlett 的球形度检验"。"单变量描述性"用于输出变量均值、标准差。该步骤产生的两个相关矩阵将会在判断主成分时用到。

②在"抽取"界面中选择输出"碎石图"。系统默认主成分分析方法，下拉菜单可以选择因子分析中的其他 6 种抽取方法。本书主要抽取特征值大于 1 的主成分，当然也可以人为控制主成分的个数。系统默认最大收敛性迭代次数为 25（如果处理的数据量不是很大，25 次一般足够了）。

③在"因子得分"界面中选择"保存为变量"，默认"回归"方法，输出后可以得到因子得分。显示因子得分系数矩阵：选择此项将在输出窗口中显示因子得分系数矩阵。

（5）分析结果如表 1.2.11 所示。

①相关矩阵符合要求，说明数据可以进行主成分分析。

②通过以上分析，KMO 和 Bartlett 的球形度检验为 0.705，符合要求。

③成分 1 与成分 2 解释的总方差累计 90.203%，符合要求。

表 1.2.11 解释的总方差

成分	初始特征值 合计	初始特征值 方差的	初始特征值 累计	提取平方和载入 合计	提取平方和载入 方差的	提取平方和载入 累计
1	6.072	75.901%	75.901%	6.072	75.901%	75.901%
2	1.144	14.302%	90.203%	1.144	14.302%	90.203%
3	0.486	6.069%	96.272%			
4	0.188	2.354%	98.626%			
5	0.059	0.743%	99.369%			
6	0.035	0.443%	99.812%			
7	0.008	0.105%	99.917%			
8	0.007	0.083%	100.000%			

注：提取方法为主成分分析法。

④输出的因子得分如表 1.2.12 所示。

表 1.2.12 因子得分

城市	南京	无锡	常州	苏州	镇江	南通	扬州
因子 1 得分	1.1086	1.0946	0.4029	2.3047	−0.1927	0.1519	−0.3609
因子 2 得分	2.0750	−0.7019	−0.4067	−0.4426	−0.9383	0.0303	−0.3269
城市	泰州	徐州	连云港	淮安	盐城	宿迁	
因子 1 得分	−0.4392	−0.4665	−0.9102	−0.9537	−0.5182	−1.2213	
因子 2 得分	−1.4985	0.3838	−0.2059	−0.2535	1.7514	0.5339	

⑤利用公式"主成分i得分＝因子i得分$\times\sqrt{因子i特征值}$"求得主成分得分，如表1.2.13所示。

表1.2.13　主成分得分

城市	南京	无锡	常州	苏州	镇江	南通	扬州
主成分1得分	2.7318	2.6973	0.9927	5.6791	−0.4749	0.3742	−0.8892
主成分2得分	2.2196	−0.7508	−0.4351	−0.4734	−1.0037	0.0324	−0.3497
城市	泰州	徐州	连云港	淮安	盐城	宿迁	
主成分1得分	−1.0822	−1.1495	−2.2428	−2.3500	−1.2770	−3.0095	
主成分2得分	−1.6028	0.4105	−0.2203	−0.2712	1.8734	0.5711	

⑥利用公式"$Y=\sum_{i=1}^{2}\dfrac{因子i特征值}{因子i特征值+因子i特征值}\times 主成分i得分$"求得经济综合指数，如表1.2.14所示。

表1.2.14　经济综合指数

城市	南京	无锡	常州	苏州	镇江	南通	扬州
经济综合指数Y	2.6506	2.1506	0.7663	4.7036	−0.5587	0.3200	−0.8037
城市	泰州	徐州	连云港	淮安	盐城	宿迁	
经济综合指数Y	−1.1647	−0.9021	−1.9221	−2.0204	−0.7775	−2.4418	

注：某城市主成分得分为负数是因为在计算时对原始数据做了标准化处理，把各指标的平均水平当作零来处理。因此，某城市的主成分得分为负数仅表明该城市在原始数据中处于平均水平之下。

1.2.4　聚类分析

1）聚类分析的概念及分类

聚类分析：根据对象的某些属性把它们分到一组，使得同组内的对象尽可能相似，不同组中的对象尽可能不一样。

聚类分析不必事先知道分类对象的结构，从一批样本的多个观测指标中找出能度量样品之间或指标之间相似程度或亲疏关系的统计量，构成一个对称相似性矩阵，并按照相似程度，把样品或变量逐一归类。

根据分类对象的不同，聚类分析分为 Q 型聚类和 R 型聚类。对变量的聚类称为 R 型聚类，而对样品（即观测值）的聚类称为 Q 型聚类。通俗地讲，R 型聚类是对数据的列进行分类，Q 型聚类是对数据的行进行分类。

2）聚类分析的两种方法

（1）K-均值聚类算法（又称快速聚类法）。K-均值聚类算法是先随机选取 K 个对象作为初始的聚类中心，然后计算每个对象与各个种子聚类中心之间的距离，把每个对象分配给距离它最近的聚类中心。聚类中心以及分配给它们的对象就代表一个聚类。一旦全部对象都被分配了，每个聚类的聚类中心会根据聚类中现有的对象被重新计算。这个过程将不断重复直到满足某个终止条件。终止条件可以是没有（或最小数目）对象被重新分配给不同的聚类，没有（或最小数目）聚类中心再发生变化，或者误差平方和局部最小。

K-均值聚类算法的一般步骤如下。

①初始化。输入基因表达矩阵作为对象集 X，输入指定聚类类数 N，并在 X 中随机选取 N 个对象作为初始聚类中心。设定迭代终止条件，如最大循环次数或者聚类中心收敛误差容限。

②进行迭代。根据相似度准则将数据对象分配到最接近的聚类中心，从而形成一类。初始化隶属度矩阵。

③更新聚类中心。以每一类的平均向量作为新的聚类中心，重新分配数据对象。

④反复执行步骤②和③，直至满足终止条件。

（2）系统聚类（又称层次聚类法）。系统聚类的步骤一般是首先根据一批数据或指标找出能度量这些数据或指标之间相似程度的统计量；然后以统计量作为划分类型的依据，把一些相似程度较大的变量（或样品）首先聚合为一类，而把另一些相似程度较小的变量（或样品）聚合为另一类，直到所有的变量（或样品）都聚合完毕；最后根据各类之间的亲疏关系，逐步画成一张完整的分类系统图，又称谱系图。其相似程度由距离或者相似系数定义。进行类别合并的准则是使得类之间差异最大，而类内差异最小。

3）案例分析

例 1-7　根据 16 个地区的食品、衣着、燃料、住房等 6 项指标，运用 SPSS 软件中的 K-均值聚类算法对这 16 个地区进行分类。

K-均值聚类算法的步骤如下（具体的 SPSS 操作参照第 5 章）。

（1）将表 1.2.15 中的数据保存到 Excel 中，然后导入 SPSS 中。

（2）执行"分析"→"分类"→"K-均值聚类"命令。

（3）得到结果输出。

表 1.2.15　各地区的 6 项指标水平

地区	食品	衣着	燃料	住房	生活用品	文化消费
北京	190	44	10	60	49	9
天津	135	36	11	44	36	4
河北	95	23	9	22	22	2
山西	104	26	6	10	18	3
内蒙古	128	28	9	13	24	3
辽宁	145	33	18	27	39	3
吉林	159	33	18	11	25	5
黑龙江	116	29	13	14	21	6

续表

地区	食品	衣着	燃料	住房	生活用品	文化消费
上海	221	39	12	115	50	6
江苏	145	30	12	42	27	6
浙江	170	33	13	47	34	5
安徽	153	23	16	23	18	6
福建	145	21	17	19	21	7
江西	140	21	18	19	15	5
山东	116	30	12	33	33	4
河南	101	23	8	20	20	3

K-均值聚类算法的结果解读如下。

输出结果中，表 1.2.16 表示的是初始聚类中心，也就是种子点。

表 1.2.16　初始聚类中心

指标	聚类		
	1	2	3
食品	170	221	104
衣着	33	39	26
燃料	13	12	6
住房	47	115	10
生活用品	34	50	18
文化消费	5	6	3

表 1.2.17 表示的是迭代历史记录。

表 1.2.18 表示的是最终聚类中心。可以看出，第 1 类的综合指标水平处于中间，第 2 类的综合指标水平较高，第 3 类的综合指标水平较低。

表 1.2.17　迭代历史记录

迭代	聚类中心内的更改		
	1	2	3
1	19.894	0.000	14.813
2	0.000	0.000	0.000

注：由于聚类中心内没有改动或改动较小而达到收敛，任何中心的最大绝对坐标更改为 0.000，当前迭代为 2，初始中心间的最小距离为 77.994。

表 1.2.18　最终聚类中心

指标	聚类 1	聚类 2	聚类 3
食品	155	221	114
衣着	32	39	26
燃料	14	12	11
住房	34	115	19
生活用品	31	50	22
文化消费	6	6	4

表 1.2.19 表示的是最终聚类中心间的距离。可以看出，第 1 类与第 2 类之间的距离要比第 1 类与第 3 类之间的距离大。

表 1.2.19　最终聚类中心间的距离

聚类	1	2	3
1		106.209	45.315
2	106.209		147.086
3	45.315	147.086	

表 1.2.20 表示的是每个聚类中的案例数。可以看出，第 1 类有 8 个样本，第 2 类有 1 个样本，第 3 类有 7 个样本。

表 1.2.20　每个聚类中的案例数

聚类	1	8
	2	1
	3	7
有效		16
缺失		0

表 1.2.21 表示的是聚类成员，即每个个案的分类情况：第 3 列"聚类"表示该案例属于哪一类，第 4 列"距离"表示该案例与其所属类别重心之间的距离。

表 1.2.21　聚类成员

案例号	地区	聚类	距离
1	北京	1	48.788
2	天津	1	23.760
3	河北	3	19.900

续表

案例号	地区	聚类	距离
4	山西	3	14.813
5	内蒙古	3	15.297
6	辽宁	1	15.484
7	吉林	1	24.531
8	黑龙江	3	6.866
9	上海	2	0.000
10	江苏	1	13.875
11	浙江	1	19.894
12	安徽	1	19.449
13	福建	1	23.622
14	江西	3	28.023
15	山东	3	18.743
16	河南	3	14.031

由表 1.2.21 可知，若采用 K-均值聚类算法，第 1 类包括北京、天津、辽宁、吉林、江苏、浙江、安徽和福建，第 2 类只有上海，其他样本属于第 3 类。

1.3 回归分析

回归分析是从各种经济变量之间的相互关系出发，通过建立数学模型描述和推断变量之间的数学关系。

1.3.1 一元线性回归模型

例 1-8 为了调查某广告对销售收入的影响，某商店记录了 12 个月的销售收入 y（万元）与广告费 x（万元），数据如表 1.3.1 所示。

表 1.3.1 某商店 12 个月的销售收入与广告费

月份	1	2	3	4	5	6	7	8	9	10	11	12
x/万元	2	2	3	4	5	4.5	5.5	7.5	8	9	10	11
y/万元	30	35	40	45	50	55	66	75	85	100	110	120

问 （1）当广告费每增加 1 万元时，销售收入平均增加多少万元？

（2）当广告费为 4.2 万元时，销售收入平均达到多少？

解 应用 Excel 进行一元线性回归操作过程如下。

（1）在 Excel 中输入如表 1.3.1 所示数据。

（2）执行"数据"→"数据分析"→"回归"命令。

（3）在弹出的对话框中，在 Y 值输入区域输入因变量（销售收入），在 X 值输入区域输入自变量（广告费），可根据需要勾选线性拟合图，如图 1.3.1 所示。

图 1.3.1 一元线性回归模型参数设置

（4）单击"确定"按钮，输出结果的窗口如图 1.3.2 所示。

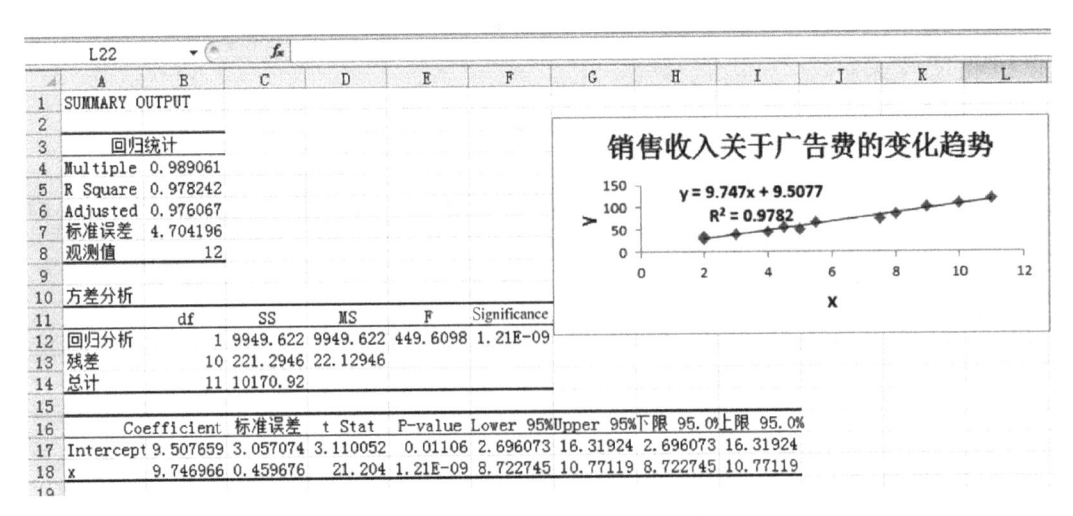

图 1.3.2 一元线性回归模型输出结果

（5）判断：由图 1.3.2 得 $R^2 = 0.9782$，说明线性相关程度较强；Significance F 即 P-value

值，该值明显小于显著性水平 0.05，说明两变量之间线性相关关系显著。线性回归模型为 $y = 9.747x + 9.5077$。

（6）预测：当广告费每增加 1 万元时，销售收入平均增加 9.747 万元。当广告费为 4.2 万元时，销售收入平均达到 $\hat{y} = 9.747 \times 4.2 + 9.5077 = 50.4451$（万元）。

1.3.2 多元线性回归模型

例 1-9 苏安达快递服务公司的人事经理为了制定对雇员实现按工作时间计酬的分配方案，随机抽取 10 名雇员一个月的业务记录，计算了他们平均每天投递行驶的距离、业务次数与工作时间的资料，试分析行驶距离和业务次数各自对工作时间的影响如何。

解 应用 Excel 进行多元线性回归操作过程如下。

（1）在 Excel 中输入如表 1.3.2 所示数据。

表 1.3.2　苏安达快递服务公司相关数据

雇员编号	1	2	3	4	5	6	7	8	9	10	合计
工作时间/h	9.3	4.8	8.9	6.5	4.2	6.2	7.4	6	7.6	6.1	67
行驶距离/km	100	50	100	100	50	80	75	65	90	90	800
业务次数/次	4	3	4	2	2	3	4	3	2	2	29

（2）执行"数据"→"数据分析"→"回归"命令。

（3）在弹出的对话框中，在 Y 值输入区域输入因变量（工作时间），在 X 值输入区域输入自变量（行驶距离 x_1 和业务次数 x_2），如图 1.3.3 所示。

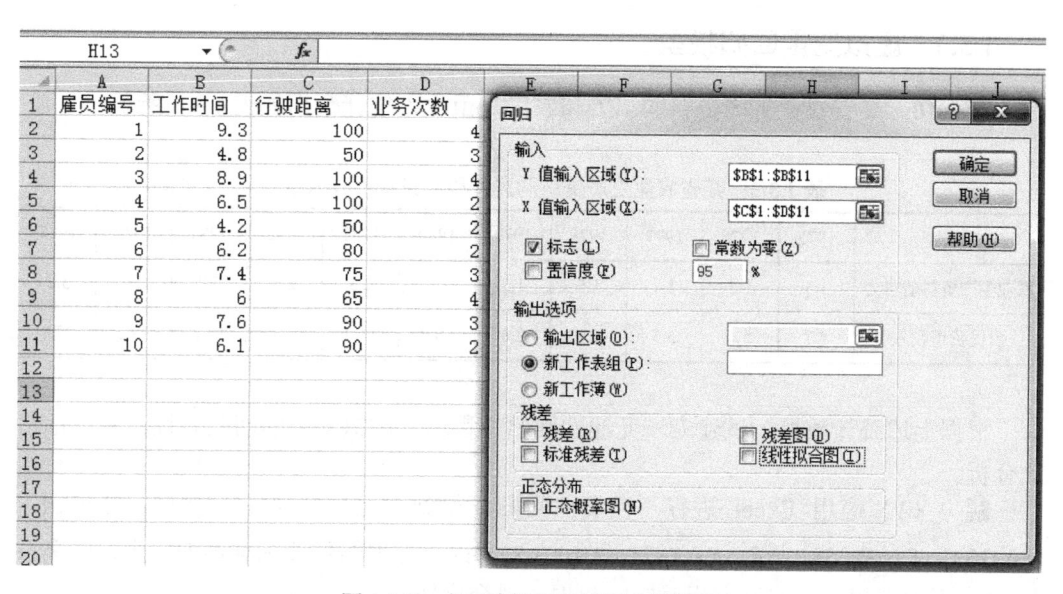

图 1.3.3　多元线性回归模型参数设置

（4）单击"确定"按钮，输出结果的窗口如图1.3.4所示。

图 1.3.4　多元线性回归模型输出结果

（5）判断：由图 1.3.4 得 $R^2 \approx 0.904$，说明线性相关程度较强；Significance F = 0.000 276 24 < 0.05，说明回归效果非常显著。行驶距离的 P-value < 0.05，业务次数的 P-value < 0.05，说明行驶距离和业务次数对工作时间有显著影响。综上，线性回归模型为 $\hat{y} = -0.8687 + 0.0611 x_1 + 0.9234 x_2$。

1.3.3　虚拟变量回归模型

例 1-10　某省农业生产资料购买力和农民货币收入统计数据如表 1.3.3 所示。

表 1.3.3　某省农业生产资料购买力和农民货币收入统计表　　单位：10 亿元

年份	1975	1976	1977	1978	1979	1980	1981	1982	1983	1984	1985
农业生产资料购买力	1.3	1.3	1.4	1.5	1.8	2.1	2.3	2.6	2.7	3.0	3.2
农民货币收入	4.7	5.4	5.5	6.9	9.0	10.0	11.3	13.4	15.2	19.3	27.8

根据上述统计数据，试建立一元线性回归方程和带虚拟变量的回归方程，并进行对比分析。

解　（1）应用 Excel 进行一元线性回归，得到一元线性回归方程为 $\hat{y} = 1.0161 + 0.0936 x$，$S \approx 0.2531$，$R^2 \approx 0.8821$（图 1.3.5），说明方程的估计标准误差较大，可决系数 R^2 也不太理想，说明该方程对实际数据的拟合度较一般。

（2）带虚拟变量的线性回归方程：从上述统计数据可以看出，在 1979 年由于受到

	A	B	C	D	E	F	G	H	I
1	SUMMARY OUTPUT								
2									
3	回归统计								
4	Multiple R	0.939194							
5	R Square	0.882086							
6	Adjusted R Square	0.868984							
7	标准误差	0.253091							
8	观测值	11							
9									
10	方差分析								
11		df	SS	MS	F	Significance F			
12	回归分析	1	4.312597	4.312597	67.32656	1.80685E-05			
13	残差	9	0.576494	0.064055					
14	总计	10	4.889091						
15									
16		Coefficient	标准误差	t Stat	P-value	Lower 95%	Upper 95%	下限 95.0%	上限 95.0%
17	Intercept	1.016078	0.153518	6.618632	9.72E-05	0.668796297	1.3633589	0.6687963	1.36335891
18	农民货币收入x	0.093565	0.011403	8.205276	1.81E-05	0.067769804	0.1193609	0.0677698	0.11936088

图 1.3.5 一元线性回归模型输出结果

农村经济政策的影响，农村经济形势发生了巨大的变化，农民货币收入和农业生产资料购买力发生了重大变异，因此需要引入虚拟变量 D_i 来反映经济政策的影响，设

$$D_i = \begin{cases} 0, & i < 1979年 \\ 1, & i \geqslant 1979年 \end{cases}$$

同样应用 Excel 进行线性回归，过程类似于多元线性回归，把 D_i 当成自变量。虚拟变量回归模型输出结果如图 1.3.6 所示。

	A	B	C	D	E	F	G	H	I
1	SUMMARY OUTPUT								
2									
3	回归统计								
4	Multiple R	0.974579							
5	R Square	0.949805							
6	Adjusted R Square	0.937256							
7	标准误差	0.175145							
8	观测值	11							
9									
10	方差分析								
11		df	SS	MS	F	Significance F			
12	回归分析	2	4.643684	2.321842	75.68946	6.34799E-06			
13	残差	8	0.245407	0.030676					
14	总计	10	4.889091						
15									
16		Coefficient	标准误差	t Stat	P-value	Lower 95%	Upper 95%	下限 95.0%	上限 95.0%
17	Intercept	0.985496	0.106645	9.240877	1.53E-05	0.739571657	1.2314207	0.7395717	1.2314207
18	农民货币收入x	0.069245	0.01082	6.39973	0.000209	0.044294142	0.0941961	0.0442941	0.0941961
19	D	0.494506	0.150522	3.285281	0.0111	0.147402439	0.84161	0.1474024	0.84161

图 1.3.6 虚拟变量回归模型输出结果

判断：由图 1.3.6 得 $R^2 \approx 0.9498$，说明线性相关程度较强；Significance F = 6.35 × 10^{-6} < 0.05，说明回归效果非常显著。农民货币购买收入的 P-value < 0.05，虚拟变量的 P-value < 0.05，说明农民货币购买收入和虚拟变量对工作时间有显著影响。综上，线性回归模型为 $\hat{y} = 0.9855 + 0.0692x + 0.4945D$。

对比上述两个方程可以看出引入虚拟变量之后，回归方程的估计标准差从 0.2531 降到 0.1751，而可决系数由 0.8821 上升到 0.9498，回归方程的拟合度明显提高。

1.3.4 非线性回归模型

根据性质的不同，非线性回归模型一般可以分成三种类型。
（1）直接换元型：通过简单的变量换元可直接转化为线性回归模型。
（2）间接代换型：通过对数变形的代换间接地转化为线性回归模型。
（3）非线性型：属于不可线性化的非线性回归模型。
本节重点研究直接换元型。

例 1-11 某商店 2001～2010 年商品流通费用率与商品零售额资料如表 1.3.4 所示。

表 1.3.4 直接换元型计算表

年份	商品流通费用率 y	商品零售额 x/万元	$x_i' = \dfrac{1}{x_i}$	$x_i' y_i$	$x_i'^2$	y_i^2
2001	7.0%	10.2	0.098 0	0.686 3	0.009 61	49.00
2002	6.2%	11.7	0.085 5	0.529 9	0.007 31	38.44
2003	5.8%	13.0	0.076 9	0.446 2	0.005 92	33.64
2004	5.3%	15.0	0.066 7	0.353 3	0.004 44	28.09
2005	5.0%	16.5	0.060 6	0.303 0	0.003 67	25.00
2006	4.6%	19.0	0.052 6	0.242 1	0.002 77	21.16
2007	4.5%	22.0	0.045 5	0.204 5	0.002 07	20.25
2008	4.4%	25.0	0.040 0	0.176 0	0.001 60	19.36
2009	4.2%	28.5	0.035 1	0.147 4	0.001 23	17.64
2010	4.0%	32.0	0.031 3	0.125 0	0.000 98	16.00
合计	51.0%	—	0.592 2	3.213 7	0.039 60	268.58

根据上述资料，配合适当的回归模型分析商品零售额和商品流通费用率之间的关系。若 2011 年该商店商品零售额预计为 36.33 万元，对 2011 年的商品流通费用总额作出预测。

解 （1）绘制散点图如图 1.3.7 所示。从图中可以清楚地看到，随着商品零售额的增加，商品流通费用率有不断下降的趋势，呈双曲线形状。

（2）建立双曲线模型：$y_i = \beta_1 + \beta_2 \dfrac{1}{x_i} + \varepsilon_i$；令 $x_i' = \dfrac{1}{x_i}$，得 $y_i = \beta_1 + \beta_2 x_i' + \varepsilon_i$。

（3）求解：将 y_i 作为因变量、x_i' 作为自变量，利用 Excel 进行一元线性回归模型求解，其输出结果如图 1.3.8 所示。

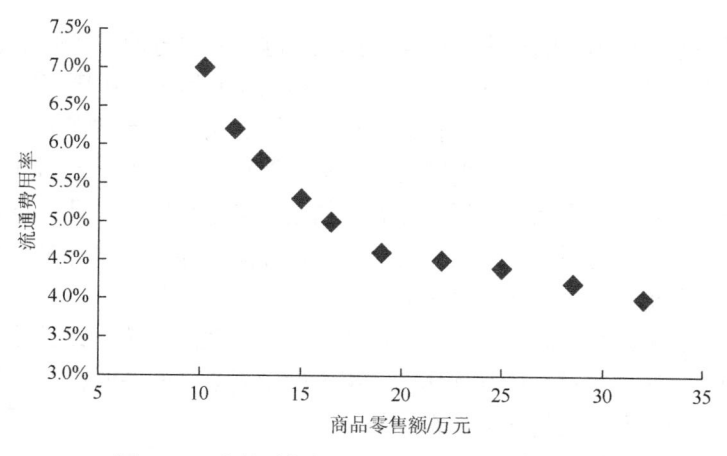

图 1.3.7　商品零售额与商品流通费用率的散点图

图 1.3.8　非线性模型直接转换为一元线性回归模型输出结果

（4）判断：随着商品零售额的增加，商品流通费用率呈下降趋势，两者之间为负相关关系，故相关系数取负值为 $R^2 \approx -0.9776$，说明两者高度相关，用双曲线回归模型配合进行预测是可靠的。双曲线回归模型为 $\hat{y} = 2.568 + 42.761\dfrac{1}{x}$。

（5）预测：将 2011 年该商店零售额 36.33 万元代入模型，得 2011 年商品流通费用率为

$$\hat{y} = 2.568 + 42.761 \times \dfrac{1}{36.33} = 3.745(\%)$$

故 2011 年该商店商品流通费用总额预测值为 36.33×3.745%=1.36（万元）。

1.4　灰色关联度分析法

灰色系统理论中提出了关联度分析的概念，其目的是通过一定的方法，理清系统中

各因素的主要关系，找出影响最大的因素，把握问题的主要方面。将两个系统或两个因素之间的关联性的度量，称为关联度。它主要描述系统发展过程中因素间相对变化的情况，也就是变化大小、方向及速度等指标的相对性。在系统发展过程中，若两个因素变化的趋势具有一致性，即同步变化程度较高，则二者关联度较高；反之，则较低。可见，灰色关联度分析是对于一个系统发展变化态势的定量描述和比较。只有弄清楚系统或因素间的这种关系，才能对系统有比较透彻的认识，分清主导因素与潜在因素、优势与劣势。灰色关联度分析实质上是灰色系统分析、预测、决策的基础。

灰色关联度分析，从其思想方法上来看属于几何处理的范畴，其实质是对反映各因素变化特性的数据序列所进行的几何比较。用于度量因素之间关联程度的关联度，就是通过对因素之间的关联曲线的比较而得到的。

1）灰色关联度分析的原理

设有 m 个系统行为序列，如下所示。

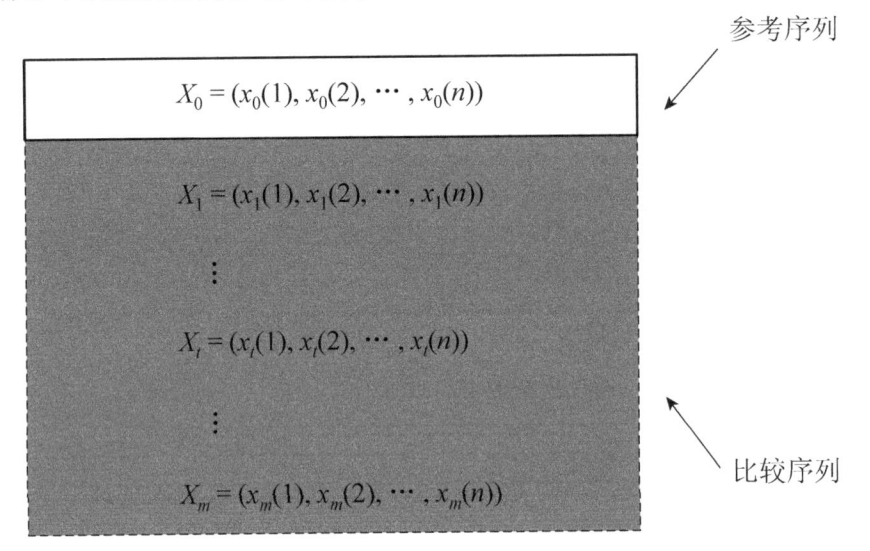

$$X_0 = (x_0(1), x_0(2), \cdots, x_0(n)) \quad \text{参考序列}$$

$$X_1 = (x_1(1), x_1(2), \cdots, x_1(n))$$

$$\vdots$$

$$X_i = (x_i(1), x_i(2), \cdots, x_i(n))$$

$$\vdots$$

$$X_m = (x_m(1), x_m(2), \cdots, x_m(n)) \quad \text{比较序列}$$

由于系统中各因素的量纲（单位）不一定相同，如劳动力单位为人，产值单位为万元，产量单位为吨；且有时数值的数量级悬殊，如人均收入为几千元，成本费用为几万元，但有些产业产值为几十万元，甚至百亿元，这样的资料难以直接进行比较，且它们的几何曲线比例也不同。因此，对原始数据需要消除量纲，转换为可比较的资料序列。目前，原始数据变换有以下几种常用方法。

（1）初值化变换。用同一序列的第一个数值分别去除所有原始数值，得到新的倍数序列，即为初值化序列。各值均大于 0，且数列有共同的起点。

$$\tilde{x}_i(t) = \frac{x_i(1)}{x_i(t)}, \quad t = 1, 2, \cdots, n$$

（2）均值化变换。先分别求出各个序列的平均值，再用平均值去除对应序列中的各个原始数据，所得到新的数列，即均值化序列。

$$\tilde{x}_i(t) = \frac{\sum x_i(t)}{n x_i(t)}, \quad t = 1, 2, \cdots, n$$

（3）区间值变换。先分别求出各个序列的最大值和最小值，然后将各个原始数值减去最小值后再除以极差（最大值−最小值）。

$$\tilde{x}_i(t) = \frac{x_i(t) - \min x_i(t)}{\max x_i(t) - \min x_i(t)}, \quad t = 2,3,\cdots,n$$

计算灰色关联系数（关联系数只表示各时刻数据间的关联度）：

$$\xi_i(t) = \frac{\min\limits_{i}\min\limits_{t}|x_0(t) - x_i(t)| + \rho\max\limits_{i}\max\limits_{t}|x_0(t) - x_i(t)|}{|x_0(t) - x_i(t)| + \rho\max\limits_{i}\max\limits_{t}|x_0(t) - x_i(t)|}$$

为比较数列对参考数列在第 t 个指标上的关联系数，其中 $\rho \in [0,1]$ 为分辨系数。一般来讲，分辨系数 ρ 越大，分辨率越大；ρ 越小，分辨率越小。在这里 ρ 取 0.5。称式中 $\min\limits_{i}\min\limits_{t}|x_0(t) - x_i(t)|$、$\max\limits_{i}\max\limits_{t}|x_0(t) - x_i(t)|$ 分别为两级最小差和两级最大差。

用基本均值表示两条曲线间的关联度：

$$r_i = \frac{1}{n}\sum_{t=1}^{n}\xi_i(t), \quad i = 1,2,\cdots,m$$

式中，r_i 为比较因素曲线 X_0 对参考因素曲线 X_i 的关联度。

然后需要排出关联序，列关联矩阵。当计算出比较因素对参考因素的关联度 r_i 后，将 r_i 排序：$r_{i_1} > r_{i_2} > \cdots > r_{i_m}$，则比较因素对参考因素影响的重要程度排序为：$i_1 > i_2 > \cdots > i_m$。

如果参考数列不只一个，被比较的数列也不只一个，则可以构成关联矩阵，通过关联矩阵多元素间的关系，可以分析优势因素与劣势因素。这就是优势分析的理论模型。

设有 5 个参考函数，6 个比较函数，分别记为

$$Y_1^0(k), Y_2^0(k), Y_3^0(k), Y_4^0(k), Y_5^0(k)$$
$$x_1^0(k), x_2^0(k), x_3^0(k), x_4^0(k), x_5^0(k), x_6^0(k)$$

根据灰色关联度可以分别计算每个参考函数对比较函数的关联度，将这些关联度排成矩阵如下：

$$\boldsymbol{R} = \begin{array}{c|cccccc} & x_1 & x_2 & x_3 & x_4 & x_5 & x_6 \\ \hline Y_1 & r_{11} & r_{12} & r_{13} & r_{14} & r_{15} & r_{16} \\ Y_2 & r_{21} & r_{22} & r_{23} & r_{24} & r_{25} & r_{26} \\ Y_3 & r_{31} & r_{32} & r_{33} & r_{34} & r_{35} & r_{36} \\ Y_4 & r_{41} & r_{42} & r_{43} & r_{44} & r_{45} & r_{46} \\ Y_5 & r_{51} & r_{52} & r_{53} & r_{54} & r_{55} & r_{56} \end{array}$$

矩阵中每一行表示同一参考因素对不同比较因素的影响，每一列表示不同参考因素对同一比较因素的影响，据此就可以根据 $\boldsymbol{R}$ 中各行和各列关联度 r_{ij} 来判断比较因素对参考因素的作用。

2）灰色关联度分析的一般步骤

灰色关联度分析的一般步骤包括（在应用中，所需进行的步骤可视情况而定）：

（1）原始数据变换；

(2) 计算关联系数；

(3) 求关联度；

(4) 排出关联序，列关联矩阵。

3) 灰色关联度分析的特点

优势：

(1) 一般情况下，能弥补数理统计中的一些不足；

(2) 对样本数据的多少和样本有无规律都同样使用；

(3) 计算量小，使用方便；

(4) 不会出现量化结果与定性分析结果不符的情况。

劣势：

(1) 某些情况下不能用关联度代替数理统计中的相关系数，否则会产生错误的判断；

(2) 灰色关联度的次序与原始数据无量纲化的方法有关，原始数据无量纲化的过程的实质是改变曲线的比例尺的过程，曲线形状随比例尺不同而发生变化，无量纲化处理时，不应歪曲因素之间内在联系，掩盖事物本来面目；

(3) 灰色关联度的次序与分辨系数 ρ 有关，分辨系数的选取对关联度影响较大；

(4) 灰色关联度的"规范性"准则欠全面、准确，相互联系的因素之间的发展趋势不只是平行的，它们可以交叉，甚至方向相反。

例 1-12 表 1.4.1 给出了某地区 1986～1990 年农业总产值及与之相关的各产业产值数据。我们用灰色关联分析方法对该地区各产业之间的相互联系作一些初步分析。

将表 1.4.1 中的数据进行均值化变换后，取灰数 k 的白化值为 0.5，经过计算得如下关联度矩阵。

表 1.4.1 某地区 1986～1990 年农业产值数据

年份	序号	农业总产值/万元	在农业总产值中			
			种植业总产值/万元	林业总产值/万元	畜牧业总产值/万元	副业总产值/万元
1986	1	114 230	74 363	1 725	29 851	8 291
1987	2	136 236	60 238	2 497	62 593	10 908
1988	3	171 242	63 705	5 034	85 581	16 922
1989	4	192 819	62 664	4 424	97 696	28 035
1990	5	244 187	74 204	2 779	135 769	31 435

$$\boldsymbol{R} = \begin{bmatrix} r_{11} & r_{12} & r_{13} & r_{14} & r_{15} \\ r_{21} & r_{22} & r_{23} & r_{24} & r_{25} \\ r_{31} & r_{32} & r_{33} & r_{34} & r_{35} \\ r_{41} & r_{42} & r_{43} & r_{44} & r_{45} \\ r_{51} & r_{52} & r_{53} & r_{54} & r_{55} \end{bmatrix} = \begin{bmatrix} 1 & 0.6441 & 0.5218 & 0.6702 & 0.5461 \\ 0.7533 & 1 & 0.5529 & 0.6177 & 0.5506 \\ 0.6069 & 0.5349 & 1 & 0.6459 & 0.5999 \\ 0.7446 & 0.5938 & 0.6459 & 1 & 0.7697 \\ 0.6408 & 0.5347 & 0.6038 & 0.7752 & 1 \end{bmatrix}$$

从上述关联度矩阵可以得到如下几点结论。

（1）$r_{14} = 0.6702 = \max_i r_{1i} > r_{12} > r_{15} > r_{13}$ 表明，在该地区的农业生产中，畜牧业占有最大的优势，它对农业总产值增长的贡献最大，其次是种植业，再次是副业，最后是林业。

（2）$r_{24} = 0.6177 = \max_i r_{2i}$ 表明，在林业、畜牧业、副业中，与种植业联系最为紧密的是畜牧业。

（3）$r_{34} = 0.6459 = \max_i r_{3i}$ 表明，在种植业、畜牧业和副业中，与林业联系最紧密的是畜牧业。

（4）$r_{45} = 0.7697 = \max_i r_{4i}$ 表明，在种植业、林业和副业中，与畜牧业联系最紧密的是副业。

4）灰色关联度分析、相关系数、回归分析的比较

我们知道，统计相关分析是对因素之间的相互关系进行定量分析的一种有效方法。但是，我们也注意到相关系数具有这样的性质：$r_{xy} = r_{yx}$，即因素 y 对因素 x 的相关程度与因素 x 对因素 y 的相关程度相等。暂且不考虑因素之间的相关程度究竟有多大，单就相关系数的这种性质而言，也是与实际情况不太相符的。例如，在国民经济问题研究中，我们能将农业对工业的关联度与工业对农业的关联度等同看待吗？其次，由于地理现象与问题的复杂性，以及人们认识水平的限制，许多因素之间的关系是灰色的，很难用相关系数比较精确地度量其相关程度的客观大小。为了克服统计相关分析的上述种种缺陷，灰色系统理论中的灰色关联度分析给我们提供了一种分析因素之间相互关系的又一种方法。灰色关联度分析、相关系数、回归分析的比较情况详见表 1.4.2。

表 1.4.2　灰色关联度分析、相关系数、回归分析的比较情况

	灰色关联度分析	相关系数	回归分析
思路	从少量的资讯出发，透过多视角来分析、量化、序化因素间的关系	衡量两个变量之间的相关方向、相关密切程度的统计指标，不考虑变量间的依赖和因果关系	对具有依赖关系的两个或两个以上变量之间数量变化的一般关系进行预测和估计
理论基础	基于灰色系统的灰色过程	基于概率论的随机过程	基于数理统计
资料要求	小样本、不确定	大样本，两个变量都是随机的，都是不可控制的	大样本，自变量是非随机的（给定的，可控制的），而因变量是随机的
操作方法	一般包括下列计算和步骤： （1）原始数据变换； （2）计算关联系数； （3）求灰色关联度； （4）排出关联序； （5）列关联矩阵 在应用中，所需进行的步骤可视情况而定	通过三个计算公式，求相关系数，判断相关方向与程度。（估计标准误差接近于0；判定系数接近于1；相关系数绝对值接近于1）	回归分析是通过规定因变量和自变量来确定变量之间的因果关系，建立回归模型，并根据实测数据来求解模型的各个参数，然后评价回归模型是否能够很好地拟合实测数据；如果能够很好地拟合，则可以根据自变量作进一步预测
分析侧重点	找出相关关系的排序，但不知道是正相关还是负相关	变量间的相关关系的表现形式和密切程度	变量间的变化规律

1.5 预测方法

1.5.1 时间序列预测法

1) 移动平均法

移动平均法对数列具有平滑修匀作用,移动项数越多,平滑修匀作用越强。

(1) 简单移动平均法:

$$\hat{y}_{t+1} = M_t = \frac{y_t + y_{t-1} + \cdots + y_{t-N+1}}{N}$$

式中,M_t 为 t 期移动平均数;N 为移动平均的项数。

局限:只适合近期预测,即只能对后续相邻的那一项进行预测;不能完整地反映原数列的长期趋势,不便于直接根据修匀后的数列进行长期预测。

(2) 加权移动平均法:

$$\hat{y}_{t+1} = M_{tw} = \frac{w_1 y_t + w_2 y_{t-1} + \cdots + w_N y_{t-N+1}}{w_1 + w_2 + \cdots + w_N}$$

式中,M_{tw} 为 t 期加权移动平均数;w_i 为 y_{t-i+1} 的权数,它体现了相应的 y_t 在加权平均数中的重要性。

进步性:考虑各期数据的重要性,对近期数据给予较大的权重。

(3) 趋势移动平均法:

$$\hat{y}_{t+T} = a_t + b_t T$$

式中,平滑系数为

$$\begin{cases} a_t = 2M_t^{(1)} - M_t^{(2)} \\ b_t = \dfrac{2}{N-1}(M_t^{(1)} - M_t^{(2)}) \end{cases}$$

进步性:不但可以进行近期预测,而且可以进行远期预测,但一般情况下,远期预测误差较大。

2) 指数平滑法

指数平滑法既不需要存储很多历史数据,又考虑了各期数据的重要性,而且使用了全部历史资料。

(1) 一次指数平滑法:

$$S_t^{(1)} = \alpha y_t + (1-\alpha) S_{t-1}^{(1)}$$
$$\hat{y}_{t+1} = S_t^{(1)}$$

$S_0^{(1)}$ 通常根据经验事先给出,或 $S_0^{(1)} = \dfrac{y_1 + y_2}{2}$。

(2) 二次指数平滑法:

$$S_t^{(1)} = \alpha y_t + (1-\alpha) S_{t-1}^{(1)}$$
$$S_t^{(2)} = \alpha S_t^{(1)} + (1-\alpha) S_{t-1}^{(2)}$$

$$\hat{y}_{t+T} = a_t + b_t T$$

式中

$$\begin{cases} a_t = 2S_t^{(1)} - S_t^{(2)} \\ b_t = \dfrac{\alpha}{1-\alpha}(S_t^{(1)} - S_t^{(2)}) \end{cases}$$

（3）三次指数平滑法：

$$S_t^{(1)} = \alpha y_t + (1-\alpha)S_{t-1}^{(1)}$$
$$S_t^{(2)} = \alpha S_t^{(1)} + (1-\alpha)S_{t-1}^{(2)}$$
$$S_t^{(3)} = \alpha S_t^{(2)} + (1-\alpha)S_{t-1}^{(3)}$$

$$\hat{y}_{t+T} = a_t + b_t T + c_t T^2$$

式中

$$\begin{cases} a_t = 3S_t^{(1)} - 3S_t^{(2)} + S_t^{(3)} \\ b_t = \dfrac{\alpha}{2(1-\alpha)^2}[(6-5\alpha)S_t^{(1)} - 2(5-4\alpha)S_t^{(2)} + (4-3\alpha)S_t^{(3)}] \\ c_t = \dfrac{\alpha^2}{2(1-\alpha)^2}[S_t^{(1)} - 2S_t^{(2)} + S_t^{(3)}] \end{cases}$$

1.5.2 马尔可夫预测法

马尔可夫预测法是应用随机过程中马尔可夫链的理论和方法研究分析有关经济现象变化规律并借此对未来进行预测的一种方法。

1）马尔可夫链

（1）含义：马尔可夫链是一种随机事件序列，它在将来的取值只与它现在的取值有关，而与它过去取值的历史情况无关，即无后效性。

（2）定义：设随机时间序列 $\{X_n, n \geq 0\}$ 满足如下条件。

①每个随机变量 X_n 只取非负整数值。

②对任意的非负整数 $t_1 < t_2 < \cdots < m < m+k$，以及 $E_1, E_2, \cdots, E_m$；E_j，当 $P(X_{t1} = E_1, X_{t2} = E_2, \cdots, X_m = E_m) > 0$ 时，有

$$P(X_{m+k} = E_j \mid X_{t1} = E_1, X_{t2} = E_2, \cdots, X_m = E_m) = P(X_{m+k} = E_j \mid X_m = E_m)$$

则称 $\{X_n, n \geq 0\}$ 为马尔可夫链。

2）状态转移概率

（1）含义：状态 B 向状态 A 转移的概率称为状态转移概率。

（2）定义：称 $p_{ij}^{(k)}(m) = P(X_{m+k} = E_j \mid X_m = E_i)$ 为 k 步转移概率。

特别地，当 $k=1$ 时，$P(X_{m+1} = E_j \mid X_m = E_i)$ 称为一步转移概率，记为 p_{ij}。

3）状态转移概率矩阵

（1）一步转移概率矩阵：$\boldsymbol{P}=\begin{bmatrix} p_{11} & p_{12} & \cdots & p_{1N} \\ p_{21} & p_{22} & \cdots & p_{2N} \\ \vdots & \vdots & & \vdots \\ p_{N1} & p_{N2} & \cdots & p_{NN} \end{bmatrix}$，性质 $\begin{cases} 0 \leqslant p_{ij} \leqslant 1, & i,j=1,2,\cdots,N \\ \sum\limits_{j=1}^{N} p_{ij}=1, & i=1,2,\cdots,N \end{cases}$。

（2）k 步转移概率矩阵：$\boldsymbol{P}^{(k)}=\begin{bmatrix} p_{11}^{(k)} & p_{12}^{(k)} & \cdots & p_{1N}^{(k)} \\ p_{21}^{(k)} & p_{22}^{(k)} & \cdots & p_{2N}^{(k)} \\ \vdots & \vdots & & \vdots \\ p_{N1}^{(k)} & p_{N2}^{(k)} & \cdots & p_{NN}^{(k)} \end{bmatrix}$，性质 $\begin{cases} 0 \leqslant p_{ij}^{(k)} \leqslant 1, & i,j=1,2,\cdots,N \\ \sum\limits_{j=1}^{N} p_{ij}^{(k)}=1, & i=1,2,\cdots,N \end{cases}$。

（3）规律：$\boldsymbol{P}^{(k)} = \boldsymbol{P}^k (k=1,2,\cdots,N)$，即 k 步状态转移概率矩阵等于一步状态转移概率矩阵的 k 次方。

4）遍历性与平稳分布

（1）含义：无论系统从哪个状态出发，只要转移步数 k 充分大，到达 j 的概率都近似等于常数 π_j。因此，当转移步数 k 充分大时，可以把 π_j 作为 $p_{ij}^{(k)}$ 的近似值。

（2）定义：设 $\{X_n, n \geqslant 0\}$ 为有限状态齐次马尔可夫链，对所有的 $i,j=1,2,\cdots,N$，存在与 i 无关的极限 $\lim\limits_{k \to \infty} p_{ij}^{(k)} = \pi_j$，其中 π_j 为常数，则称此 $\{X_n, n \geqslant 0\}$ 为具有遍历性的马尔可夫链。

（3）定理：若有限状态齐次马尔可夫链的一步转移概率矩阵已知，且存在正整数 s 对所有的 $i,j=1,2,\cdots,N$ 有 $p_{ij}^{(s)} > 0$，则马尔可夫链满足遍历性，求极限分布 $(\pi_1, \pi_2, \cdots, \pi_N)$ 只需解方程组 $\pi_j = \sum\limits_{i=1}^{N} \pi_i p_{ij}$ 和 $\pi_j > 0, \sum\limits_{j=1}^{N} \pi_j = 1$。

（4）平稳分布：若转移概率矩阵 $\boldsymbol{P}$ 满足遍历性，必存在非零行向量 $\boldsymbol{\alpha} = (\alpha_1, \alpha_2, \cdots, \alpha_N)$ 使得 $\boldsymbol{\alpha P} = \boldsymbol{\alpha}$，$\boldsymbol{\alpha}$ 称为转移概率矩阵 $\boldsymbol{P}$ 的平稳分布。对于有限状态齐次马尔可夫链，平稳分布 $(\alpha_1, \alpha_2, \cdots, \alpha_N)$ 与极限分布 $(\pi_1, \pi_2, \cdots, \pi_N)$ 是一致的。

5）商品销售状态预测

例 1-13 某商店在最近 20 个月的商品销售量统计记录见表 1.5.1。

表 1.5.1 商品销售量统计表

月数	1	2	3	4	5	6	7	8	9	10
销售量/($\times 10^3$ 件)	40	45	80	120	110	38	40	50	62	90
月数	11	12	13	14	15	16	17	18	19	20
销售量/($\times 10^3$ 件)	110	130	140	120	55	70	45	80	110	120

试预测第 21 个月的商品销售量。

解 （1）划分状态。按盈利状况将销售状态划分为以下几种。

① 销售量 < 60×10^3 件，属滞销。
② 60×10^3 件 ≤ 销售量 ≤ 100×10^3 件，属一般。
③ 销售量 > 100×10^3 件，属畅销。

（2）计算初始概率 p_i。为了使问题更加直观，绘制销售散点图，如图 1.5.1 所示。

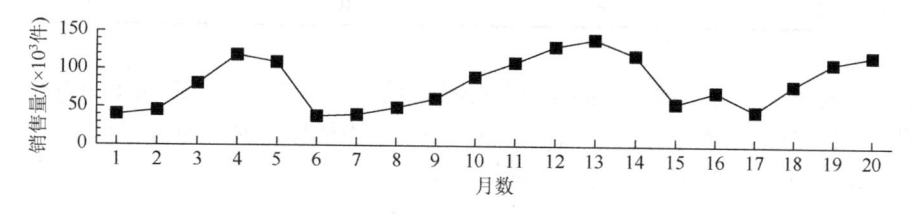

图 1.5.1 销售量散点图

由图 1.5.1 得：滞销状态的时间点数记为 $M_1 = 7$，一般状态的时间点数记为 $M_2 = 5$，畅销状态的时间点数记为 $M_3 = 8$。

（3）计算状态转移概率矩阵。在计算转移概率时，最后一个数据不参加计算，因为它究竟转到哪个状态尚不清楚。记 M_{ij} 表示由状态 i 转移到状态 j 的个数。由图 1.5.1 得

$M_{11} = 3$，$M_{12} = 4$，$M_{13} = 0$，$M_{21} = 1$，$M_{22} = 1$，$M_{23} = 3$，$M_{31} = 2$，$M_{32} = 0$，$M_{33} = 5$

从而有

$$p_{11} = \frac{3}{7},\ p_{12} = \frac{4}{7},\ p_{13} = \frac{0}{7},\ p_{21} = \frac{1}{5},\ p_{22} = \frac{1}{5},\ p_{23} = \frac{3}{5},\ p_{31} = \frac{2}{7},\ p_{32} = \frac{0}{7},\ p_{33} = \frac{5}{7}$$

所以

$$\boldsymbol{P} = \begin{bmatrix} \frac{3}{7} & \frac{4}{7} & 0 \\ \frac{1}{5} & \frac{1}{5} & \frac{3}{5} \\ \frac{2}{7} & 0 & \frac{5}{7} \end{bmatrix}$$

（4）预测第 21 个月的销售情况。由于第 20 个月销售量处于畅销状态，而经由一次转移到达三种状态的概率分别为 $p_{31} = \frac{2}{7}$，$p_{32} = \frac{0}{7}$，$p_{33} = \frac{5}{7}$，由 $\max\{p_{31}, p_{32}, p_{33}\} = p_{33} = \frac{5}{7}$ 可知第 21 个月的销售量将处于畅销状态。因此，第 21 个月销售量超过 100×10^3 件的可能性最大。

6）市场占有率预测

例 1-14 设东南亚各国主要行销中国内地、日本、中国香港三个地区的味精。对目前市场占有情况的抽样调查表明，购买中国内地味精的顾客占 40%，购买日本、中国香港味精的顾客各占 30%。顾客流动转移情况如表 1.5.2 所示。第二行表明，上月购买中国内地味精的顾客，本月仍有 40% 的顾客购买，各有 30% 的顾客转移去购买日本和中国香港的味精。其余类推。

表 1.5.2 顾客流动转移情况表

地区	中国内地	日本	中国香港
中国内地	40%	30%	30%
日本	60%	30%	10%
中国香港	60%	10%	30%

设本月为第 1 个月，试预测第 4 个月味精市场占有率和预测长期的市场占有率。

解 （1）预测第 4 个月的市场占有率，即求三步转移后的市场占有率。

已知 $S^0 = [0.4\ 0.3\ 0.3]$ 及转移概率矩阵 P 为

$$P = \begin{bmatrix} p_{11} & p_{12} & p_{13} \\ p_{21} & p_{22} & p_{23} \\ p_{31} & p_{32} & p_{33} \end{bmatrix} = \begin{bmatrix} 0.4 & 0.3 & 0.3 \\ 0.6 & 0.3 & 0.1 \\ 0.6 & 0.1 & 0.3 \end{bmatrix}$$

三步转移概率矩阵为

$$P = \begin{bmatrix} 0.4 & 0.3 & 0.3 \\ 0.6 & 0.3 & 0.1 \\ 0.6 & 0.1 & 0.3 \end{bmatrix}^3 = \begin{bmatrix} 0.496 & 0.252 & 0.252 \\ 0.504 & 0.252 & 0.244 \\ 0.504 & 0.244 & 0.252 \end{bmatrix}$$

于是，第 4 个月市场占有率为

$$S^3 = S^0 \cdot P^3 = [0.4\ 0.3\ 0.3] \begin{bmatrix} 0.496 & 0.252 & 0.252 \\ 0.504 & 0.252 & 0.244 \\ 0.504 & 0.244 & 0.252 \end{bmatrix} = [0.5008\ 0.2496\ 0.2496]$$

即预测第 4 个月，中国内地味精的市场占有份额为 50.08%，日本、中国香港各为 24.96%。

（2）预测长期的市场占有率。

由上述分析可知，转移概率矩阵 P 满足遍历性。所以长期的市场占有率（极限分布）与平稳分布一致。

设 $\alpha = [\alpha_1\ \alpha_2\ \alpha_3]$，由 $\alpha P = \alpha$，即

$$[\alpha_1\ \alpha_2\ \alpha_3] \begin{bmatrix} 0.4 & 0.3 & 0.3 \\ 0.6 & 0.3 & 0.1 \\ 0.6 & 0.1 & 0.3 \end{bmatrix} = [\alpha_1\ \alpha_2\ \alpha_3]$$

以及

$$\alpha_1 + \alpha_2 + \alpha_3 = 1$$

可得线性方程组：

$$\begin{cases} \alpha_1 = 0.4\alpha_1 + 0.6\alpha_2 + 0.6\alpha_3 \\ \alpha_2 = 0.3\alpha_1 + 0.3\alpha_2 + 0.1\alpha_3 \\ \alpha_3 = 0.3\alpha_1 + 0.1\alpha_2 + 0.3\alpha_3 \\ \alpha_1 + \alpha_2 + \alpha_3 = 1 \end{cases}$$

求解得
$$\alpha_1 = 0.5, \quad \alpha_2 = 0.25, \quad \alpha_3 = 0.25$$

于是，最终市场占有率为：中国内地产的味精占 50%，日本、中国香港产的味精各占 25%。

1.5.3 灰色系统预测

灰色系统预测是通过对灰色信息的收集和处理，发现、掌握系统发展规律，建立灰色模型，对系统的未来状态做出科学的定量预测。

灰色系统预测涉及灰色系统理论中的许多定义，这里只介绍主要定义，详细的原理与推理过程可参考相关文献。

1）数列预测

（1）数列预测：对系统变量的未来取值进行预测。

（2）步骤：①定性分析；②引入适当的序列算子；③建立预测模型；④精度检验；⑤预测。

例 1-15 河南省长葛县乡镇企业产值预测（资料来源于长葛县统计局）。由统计资料查得产值序列为 $X^{(0)} = (x^{(0)}(1), x^{(0)}(2), x^{(0)}(3), x^{(0)}(4)) = (10\,155, 12\,588, 23\,480, 35\,388)$，请给出 5 个预测值。

解 （1）定性分析：数值增长过快，任何一个经济系统不可能保持这么快的发展速度。

（2）引入二阶弱化算子 D^2。

令
$$X^{(0)}D = (x^{(0)}(1)d, x^{(0)}(2)d, x^{(0)}(3)d, x^{(0)}(4)d)$$

式中
$$x^{(0)}(k)d = \frac{1}{4-k+1}(x^{(0)}(k) + x^{(0)}(k+1) + \cdots + x^{(0)}(4)), \quad k = 1, 2, 3, 4$$

以及
$$X^{(0)}D^2 = (x^{(0)}(1)d^2, x^{(0)}(2)d^2, x^{(0)}(3)d^2, x^{(0)}(4)d^2)$$

式中
$$x^{(0)}(k)d^2 = \frac{1}{4-k+1}(x^{(0)}(k)d + x^{(0)}(k+1)d + \cdots + x^{(0)}(4)d), \quad k = 1, 2, 3, 4$$

于是
$$X^{(0)}D^2 = (27\,260, 29\,547, 32\,411, 35\,388) \stackrel{\Delta}{=} X = (x(1), x(2), x(3), x(4))$$

（3）建立灰色模型（grey model，GM）。

X 的 1-AGO（1 次累加生成算子）序列为
$$X^{(1)} = (x^{(1)}(1), x^{(1)}(2), x^{(1)}(3), x^{(1)}(4)) = (27\,260, 56\,807, 89\,218, 124\,606)$$

设 $\dfrac{\mathrm{d}x^{(1)}}{\mathrm{d}t} + ax^{(1)} = b$，按最小二乘法求得参数 a, b 的估计值 $\hat{a} = -0.089\,995$，$\hat{b} = 25\,790.28$。

可得 GM(1, 1)模型白化方程为 $\dfrac{\mathrm{d}x^{(1)}}{\mathrm{d}t} - 0.089\,95x^{(1)} = 25\,790.28$

其时间响应式为
$$\begin{cases} \hat{x}^{(1)}(k+1) = 313\,834e^{0.089\,995k} - 286\,574 \\ \hat{x}^{(0)}(k+1) = \hat{x}^{(1)}(k+1) - \hat{x}^{(1)}(k) \end{cases}$$

由此得模拟序列为
$$\hat{X} = (\hat{x}(1), \hat{x}(2), \hat{x}(3), \hat{x}(4)) = (27\,260, 29\,553, 32\,337, 35\,381)$$

残差序列为
$$\varepsilon^{(0)} = (\varepsilon^{(0)}(1), \varepsilon^{(0)}(2), \varepsilon^{(0)}(3), \varepsilon^{(0)}(4)) = (0, -6, 74, 7)$$

相对误差序列为
$$\Delta = \left(\left|\frac{\varepsilon^{(0)}(1)}{x^{(0)}(1)}\right|, \left|\frac{\varepsilon^{(0)}(2)}{x^{(0)}(2)}\right|, \left|\frac{\varepsilon^{(0)}(3)}{x^{(0)}(3)}\right|, \left|\frac{\varepsilon^{(0)}(4)}{x^{(0)}(4)}\right| \right) = (0, 0.0002, 0.002\,28, 0.0002) \stackrel{\Delta}{=} (\Delta_1, \Delta_2, \Delta_3, \Delta_4)$$

（4）精度检验。

①平均相对误差为 $\bar{\Delta} = \frac{1}{4}\sum_{k=1}^{4}\Delta_k = 0.000\,67 = 0.067\% < 1\%$

模拟误差 $\Delta_4 = 0.0002 = 0.02\% < 1\%$，精度级为一级。

②计算 X 与 $\hat{X}$ 的灰色绝对关联度 ε：
$$|s| = \left|\sum_{k=2}^{3}[x(k) - x(1)] + \frac{1}{2}[x(4) - x(1)]\right| = 11\,502$$

$$|\hat{s}| = \left|\sum_{k=2}^{3}[\hat{x}(k) - \hat{x}(1)] + \frac{1}{2}[\hat{x}(4) - \hat{x}(1)]\right| = 11\,430.5$$

$$|\hat{s} - s| = \left|\sum_{k=2}^{3}[x(k) - x(1) - (\hat{x}(k) - \hat{x}(1))] + \frac{1}{2}[x(4) - x(1) - (\hat{x}(4) - \hat{x}(1))]\right| = 71.5$$

从而有
$$\varepsilon = \frac{1 + |s| + |\hat{s}|}{1 + |s| + |\hat{s}| + |\hat{s} - s|} = \frac{1 + 11\,502 + 11\,430.5}{1 + 11\,502 + 11\,430.5 + 71.5} = 0.997 > 0.90$$

关联度为一级。

③计算均方差比 C：
$$\bar{x} = \frac{1}{4}\sum_{k=1}^{4}x(k) = 31\,151.5, \quad S_1^2 = \frac{1}{4}\sum_{k=1}^{4}(x(k) - \bar{x})^2 = 37\,252\,465, \quad S_1 = 6103.48$$

$$\bar{\varepsilon} = \frac{1}{4}\sum_{k=1}^{4}\varepsilon(k) = 18.75, \quad S_2^2 = \frac{1}{4}\sum_{k=1}^{4}(\varepsilon(k) - \bar{\varepsilon})^2 = 4154.75, \quad S_2 = 64.46$$

所以
$$C = \frac{S_2}{S_1} = \frac{64.46}{6103.48} \approx 0.01 < 0.35$$

均方差比值为一级。

④计算小误差概率：
$$0.6745 S_1 = 4116.80$$

$$|\varepsilon(1) - \bar{\varepsilon}| = 18.75, \quad |\varepsilon(2) - \bar{\varepsilon}| = 24.75, \quad |\varepsilon(3) - \bar{\varepsilon}| = 55.25, \quad |\varepsilon(4) - \bar{\varepsilon}| = 11.75$$

所以
$$p = P(|\varepsilon(k) - \bar{\varepsilon}| < 0.6745 S_1) = 1 > 0.95$$
小误差概率为一级。

（5）预测。

可用 GM(1, 1) 模型的白化方程的时间响应式预测：
$$\begin{cases} \hat{x}^{(1)}(k+1) = 313\,834 e^{0.089\,995k} - 286\,574 \\ \hat{x}^{(0)}(k+1) = \hat{x}^{(1)}(k+1) - \hat{x}^{(1)}(k) \end{cases}$$

给出如下 5 个预测值：

$$\hat{X}^{(0)} = (\hat{x}^{(0)}(5), \hat{x}^{(0)}(6), \hat{x}^{(0)}(7), \hat{x}^{(0)}(8), \hat{x}^{(0)}(9)) = (38\,714, 42\,359, 46\,348, 50\,712, 55\,488)$$

2）区间预测

（1）灰色区间预测。

对于原始数据发生不规则波动的情形，通常无法找到合适的模型描述其变化趋势，因此无法对其未来变化进行准确预测。这时，可以考虑预测其未来取值的变化范围。

（2）上界函数、下界函数与取值带。

设 $X(t)$ 为序列折线，$f_u(t)$ 和 $f_s(t)$ 为光滑连续曲线。若对任意 t，恒有 $f_u(t) < X(t) < f_s(t)$，则称 $f_u(t)$ 为 $X(t)$ 的下界函数，$f_s(t)$ 为 $X(t)$ 的上界函数，并称 $S = \{(t, X(t)) | X(t) \in [f_u(t), f_s(t)]\}$ 为 $X(t)$ 的取值带。

①若 $X(t)$ 的取值带的上、下边界函数为同种函数，则称 S 为一致带。

②若 S 为一致带且下界函数 $f_u(t)$ 与上界函数 $f_s(t)$ 皆为指数函数，则称 S 为一致指数带。

③若 S 为一致带且下界函数 $f_u(t)$ 与上界函数 $f_s(t)$ 皆为线性函数，则称 S 为一致直线带。

④若 $t_1 < t_2$，恒有 $f_s(t_1) - f_u(t_1) < f_s(t_2) - f_u(t_2)$，则称 S 为喇叭带。

（3）包络带。

设 $X^{(0)}$ 为原始序列，$X_u^{(0)}$ 为 $X^{(0)}$ 的下缘点连线所对应的序列，$X_s^{(0)}$ 为 $X^{(0)}$ 上缘点连线所对应的序列。

$$\hat{x}_u^{(1)}(k+1) = \left(x_u^{(0)}(1) - \frac{b_u}{a_u}\right) \exp(-a_u k) + \frac{b_u}{a_u}, \quad \hat{x}_s^{(1)}(k+1) = \left(x_s^{(0)}(1) - \frac{b_s}{a_s}\right) \exp(-a_s k) + \frac{b_s}{a_s}$$

分别为 $X_u^{(0)}$ 和 $X_s^{(0)}$ 对应的 GM(1, 1) 时间响应式，则称 $S = \{(t, X(t)) | X(t) \in [\hat{X}_u^{(1)}(t), \hat{X}_s^{(1)}(t)]\}$ 为包络带。

（4）发展带。

设 $X^{(0)}$ 为原始数据序列，取 $X^{(0)}$ 中 m 个不同的数据序列可建立 m 个不同的 GM(1, 1) 模型，对应参数为 $\hat{a}_i = [a_i \ b_i]^T$ $(i = 1, 2, \cdots, m)$。令

$$-a_{\max} = \max_{1 \leq i \leq m} \{-a_i\}, \quad -a_{\min} = \min_{1 \leq i \leq m} \{-a_i\}$$

$$\hat{x}_u^{(1)}(k+1) = \left(x_u^{(0)}(1) - \frac{b_{\min}}{a_{\min}}\right) \exp(-a_{\min} k) + \frac{b_{\min}}{a_{\min}}$$

$$\hat{x}_s^{(1)}(k+1) = \left(x_s^{(0)}(1) - \frac{b_{max}}{a_{max}}\right)\exp(-a_{max}k) + \frac{b_{max}}{a_{max}}$$

则称 $S = \{(t, X(t)) | X(t) \in [\hat{X}_u^{(1)}(t), \hat{X}_s^{(1)}(t)]\}$ 为发展带。

（5）比例带。

设 $X^{(0)} = (x^{(0)}(1), x^{(0)}(2), \cdots, x^{(0)}(n))$ 为原始序列，其 1-AGO 序列为 $X^{(1)} = (x^{(1)}(1), x^{(1)}(2), \cdots, x^{(1)}(n))$。令

$$\sigma_{max} = \max_{1 \leq k \leq n}\{x^{(0)}(k)\}, \quad \sigma_{min} = \min_{1 \leq k \leq n}\{x^{(0)}(k)\}$$

$X^{(1)}$ 下界函数 $f_u(n+t)$ 和上界函数 $f_s(n+t)$ 分别为

$$f_u(n+t) = x^{(1)}(n) + t\sigma_{min}, \quad f_s(n+t) = x^{(1)}(n) + t\sigma_{max}$$

称 $S = \{(t, X(t)) | t > n, X(t) \in [f_u(t), f_s(t)]\}$ 为比例带。

（6）基本预测值、最低预测值、最高预测值。

设 $X^{(0)} = (x^{(0)}(1), x^{(0)}(2), \cdots, x^{(0)}(n))$ 为原始序列，$f_u(t)$ 和 $f_s(t)$ 为其 1-AGO 序列 $X^{(1)}$ 下界函数和上界函数，对于任意 $k > 0$，称

$$\hat{x}^{(0)}(n+k) = \frac{1}{2}[f_u(n+k) + f_s(n+k)]$$

为 $X^{(0)}$ 的基本预测值；

$$\hat{x}_u^{(0)}(n+k) = f_u(n+k)$$

为 $X^{(0)}$ 的最低预测值；

$$\hat{x}_s^{(0)}(n+k) = f_s(n+k)$$

为 $X^{(0)}$ 的最高预测值。

例 1-16 设有原始数据序列为 $X^{(0)} = (x^{(0)}(1), x^{(0)}(2), x^{(0)}(3), x^{(0)}(4), x^{(0)}(5), x^{(0)}(6)) = (4.9445, 5.5828, 5.3441, 5.2669, 4.5640, 3.6524)$，试计算其一次累加生成序列中 $x^{(1)}(7)$，$x^{(1)}(8)$，$x^{(1)}(9)$ 的最高预测值、最低预测值和基本预测值。

解

$$\sigma_{max} = \max_{1 \leq k \leq 6}\{x^{(0)}(k)\} = 5.5828, \quad \sigma_{min} = \min_{1 \leq k \leq 6}\{x^{(0)}(k)\} = 3.6524$$

由 $x^{(1)}(k) = \sum_{i=1}^{k} x^{(0)}(i)$ 得 $X^{(0)}$ 的 1-AGO 序列为

$$X^{(1)} = (x^{(1)}(1), x^{(1)}(2), x^{(1)}(3), x^{(1)}(4), x^{(1)}(5), x^{(1)}(6))$$
$$= (4.9445, 10.5273, 15.8714, 21.1383, 25.7023, 29.3547)$$

所以

$$f_s(6+k) = x^{(1)}(6) + k\sigma_{max} = 29.3547 + 5.5828k$$
$$f_u(6+k) = x^{(1)}(6) + k\sigma_{min} = 29.3547 + 3.6524k$$

当 $k = 1, 2, 3$ 时，得最高预测值为

$$\hat{x}_s^{(1)}(7) = f_s(6+1) = x^{(1)}(6) + 1 \cdot \sigma_{max} = 34.9375$$
$$\hat{x}_s^{(1)}(8) = f_s(6+2) = x^{(1)}(6) + 2 \cdot \sigma_{max} = 40.5203$$
$$\hat{x}_s^{(1)}(9) = f_s(6+3) = x^{(1)}(6) + 3 \cdot \sigma_{max} = 46.1031$$

最低预测值为

$$\hat{x}_u^{(1)}(7) = f_u(6+1) = x^{(1)}(6) + 1 \cdot \sigma_{\min} = 33.0071$$
$$\hat{x}_u^{(1)}(8) = f_u(6+2) = x^{(1)}(6) + 2 \cdot \sigma_{\min} = 36.6595$$
$$\hat{x}_u^{(1)}(9) = f_u(6+3) = x^{(1)}(6) + 3 \cdot \sigma_{\min} = 40.3119$$

基本预测值为

$$\hat{x}^{(1)}(7) = \frac{1}{2}(\hat{x}_s^{(1)}(7) + \hat{x}_u^{(1)}(7)) = 33.9723$$

$$\hat{x}^{(1)}(8) = \frac{1}{2}(\hat{x}_s^{(1)}(8) + \hat{x}_u^{(1)}(8)) = 38.5899$$

$$\hat{x}^{(1)}(9) = \frac{1}{2}(\hat{x}_s^{(1)}(9) + \hat{x}_u^{(1)}(9)) = 43.2075$$

3）灰色灾变预测

（1）灰色灾变预测。

灾变预测就是通过对灾变日期序列的研究，挖掘其规律性，并据以预测以后若干次灾变发生的日期，灰色系统的灾变预测是通过对灾变日期序列建立 GM（1,1）模型实现的。

（2）上灾变序列与下灾变序列。

设原始序列 $X = (x(1), x(2), \cdots, x(n))$，给定上限异常值（灾变值）$\xi$，称 X 的子序列 $X_\xi = (x[q(1)], x[q(2)], \cdots, x[q(m)]) = \{x[q(i)] | x[q(i)] \geqslant \xi, i = 1, 2, \cdots, m\}$ 为上灾变序列。

设原始序列 $X = (x(1), x(2), \cdots, x(n))$，给定下限异常值（灾变值）$\zeta$，称 X 的子序列 $X_\zeta = (x[q(1)], x[q(2)], \cdots, x[q(l)]) = \{x[q(i)] | x[q(i)] \leqslant \zeta, i = 1, 2, \cdots, l\}$ 为下灾变序列。

（3）灾变日期序列。

设 X 为原始序列，$X_\xi = (x[q(1)], x[q(2)], \cdots, x[q(m)]) \subset X$ 为灾变序列，则称 $Q^{(0)} = (q(1), q(2), \cdots, q(m))$ 为灾变日期序列。

（4）灾变 GM（1,1）模型与序号响应式。

设 $Q^{(0)} = (q(1), q(2), \cdots, q(m))$ 为灾变日期序列，其 1-AGO 序列为 $Q^{(1)} = (q(1)^{(1)}, q(2)^{(1)}, \cdots, q(m)^{(1)})$，$Q^{(1)}$ 的紧邻均值生成序列为 $Z^{(1)}$，则称 $q(k) + az^{(1)}(k) = b$ 为灾变 GM(1,1)。

设 $\hat{a} = [a \ b]^T$ 为灾变 GM（1,1）参数序列的最小二乘估计，则灾变日期序列的 GM(1,1) 序号响应式为

$$\begin{cases} \hat{q}^{(1)}(k+1) = \left(q(1) - \frac{b}{a}\right)e^{-ak} + \frac{b}{a} \\ \hat{q}(k+1) = \hat{q}^{(1)}(k+1) - \hat{q}^{(1)}(k) \end{cases}$$

即

$$\hat{q}^{(1)}(k+1) = \left(q(1) - \frac{b}{a}\right)e^{-ak} - \left(q(1) - \frac{b}{a}\right)e^{-a(k-1)} = (1 - e^a)\left(q(1) - \frac{b}{a}\right)e^{-ak}$$

（5）灾变预测日期。

设 $X = (x(1), x(2), \cdots, x(n))$ 为原始序列，n 为当前日期，给定异常值 ξ，相应的灾变日期

序列 $Q^{(0)} = (q(1), q(2), \cdots, q(m))$，其中 $q(m)(\leqslant n)$ 为最近一次灾变发生的日期，则称 $\hat{q}(m+1)$ 为下一次灾变的预测日期；对任意 $k > 0$，称 $\hat{q}(m+k)$ 为未来第 k 次灾变的预测日期。

例 1-17 某地区年度平均降雨量数据（单位：mm）序列为

$$X = (x(1), x(2), x(3), x(4), x(5), x(6), x(7), x(8), x(9),$$
$$x(10), x(11), x(12), x(13), x(14), x(15), x(16), x(17))$$
$$= (390.6, 412.0, 320.0, 559.2, 380.8, 542.4, 553.0, 310.0, 561.0,$$
$$300.0, 632.0, 540.0, 406.2, 313.8, 576.0, 586.6, 318.5)$$

取 $\xi = 320$mm 为下限异常值（旱灾），试作旱灾预测。

解 已知 $\xi = 320$mm，得下限灾变序列为

$$X_\xi = (x(3), x(8), x(10), x(14), x(17)) = (320.0, 310.0, 300.0, 313.8, 318.5)$$

与之对应的灾变日期序列为

$$Q^{(0)} = (q(1), q(2), q(3), q(4), q(5)) = (3, 8, 10, 14, 17)$$

其 1-AGO 序列 $Q^{(1)} = (3, 11, 21, 35, 52)$ 的紧邻均值生成序列为

$$Z = (7, 16, 28, 43.5)$$

设 $q(k) + az^{(1)}(k) = b$，由

$$\boldsymbol{B} = \begin{bmatrix} -7 & 1 \\ -16 & 1 \\ -28 & 1 \\ -43.5 & 1 \end{bmatrix}, \quad \boldsymbol{Y} = \begin{bmatrix} 8 \\ 10 \\ 14 \\ 17 \end{bmatrix}$$

得 $\hat{\boldsymbol{a}} = \begin{bmatrix} a \\ b \end{bmatrix} = (\boldsymbol{B}^{\mathrm{T}} \boldsymbol{B})^{-1} \boldsymbol{B}^{\mathrm{T}} \boldsymbol{Y} = \begin{bmatrix} -0.253\,61 \\ 6.258\,339 \end{bmatrix}$

故灾变日期序列的 GM（1,1）序号响应式为

$$\begin{cases} \hat{q}^{(1)}(k+1) = 27.667\mathrm{e}^{0.253\,61k} - 24.667 \\ \hat{q}(k+1) = \hat{q}^{(1)}(k+1) - \hat{q}^{(1)}(k) \end{cases}$$

即

$$\hat{q}(k+1) = 27.667\mathrm{e}^{0.253\,61k} - 27.667\mathrm{e}^{0.253\,61(k-1)} = 6.1998\mathrm{e}^{0.253\,61k}$$

由此可得 $Q^{(0)}$ 的模拟序列为

$$\hat{Q}^{(0)} = (\hat{q}(1), \hat{q}(2), \hat{q}(3), \hat{q}(4), \hat{q}(5)) = (6.1998, 7.989, 10.296, 13.268, 17.098)$$

由 $\varepsilon(k) = q(k) - \hat{q}(k)(k = 1, 2, 3, 4, 5)$ 得残差序列为

$$\varepsilon^{(0)} = (\varepsilon(1), \varepsilon(2), \varepsilon(3), \varepsilon(4), \varepsilon(5)) = (-3.1998, 0.011, -0.296, 0.732, -0.098)$$

再由 $\varDelta_k = \left| \dfrac{\varepsilon(k)}{q(k)} \right| (k = 1, 2, 3, 4, 5)$ 得相对误差序列为

$$\varDelta = (\varDelta_2, \varDelta_3, \varDelta_4, \varDelta_5) = (0.1\%, 2.96\%, 5.1\%, 0.6\%)$$

这里未考虑 $\varDelta_1$，由此可计算出平均相对误差为

$$\overline{\varDelta} = \frac{1}{4} \sum_{k=2}^{5} \varDelta_k = 2.19\%$$

平均相对精度为 $1-\bar{\Delta}=97.81\%$，模拟精度为
$$1-\Delta_5 =99.4\%$$
故可用 $\hat{q}(k+1)=6.1998\mathrm{e}^{0.25361k}$ 进行预测：
$$\hat{q}(6)=\hat{q}(5+1)\approx 22, \quad \hat{q}(6)-\hat{q}(5)\approx 22-17=5$$
即从最近一次旱灾发生的日期算起，5 年之后可能发生旱灾，为提高预测的可靠程度，可以取若干个不同的异常值建立多个模型进行预测。

4）波形预测

（1）波形预测。

原始数据频频波动且摆动幅度较大时，若区间预测所述的变化范围的预测不能满足需要，可以考虑根据原始数据的波形预测未来行为数据发展变化的波形。

（2）X 的折线。

设原始序列 $X=(x(1),x(2),\cdots,x(n))$，则称 $x_k=x(k)+(t-k)[x(k+1)-x(k)]$ 为序列 X 的 k 段折线图形，称 $\{x_k=x(k)+(t-k)[x(k+1)-x(k)]|k=1,2,\cdots,n-1\}$ 为序列 X 的折线，仍记为 X，即 $X=\{x_k=x(k)+(t-k)[x(k+1)-x(k)]|k=1,2,\cdots,n-1\}$。

（3）等高线与等高点。

设 $\sigma_{\max}=\max\limits_{1\leq k\leq n}\{x(k)\}$，$\sigma_{\min}=\min\limits_{1\leq k\leq n}\{x(k)\}$。

①对于 $\forall \xi \in [\sigma_{\min},\sigma_{\max}]$，称 $X=\xi$ 为 ξ 等高线；

②称方程组 $\begin{cases} X=\{x(k)+(t-k)[x(k+1)-x(k)]|k=1,2,\cdots,n-1\} \\ X=\xi \end{cases}$ 的解 $(t_i,x(t_i))(i=1,2,\cdots)$ 为 ξ 等高点，ξ 等高点是折线 X 与 ξ 等高线的交点。

③若 X 的 i 段折线上有 ξ 等高点，则其坐标为 $\left(i+\dfrac{\xi-x(i)}{x(i+1)-x(i)},\xi\right)$。

（4）等高时刻序列。

设 $X_\xi=(P_1,P_2,\cdots,P_m)$ 为 ξ 等高点序列，其中 P_i 位于第 t_i 段折线上，其坐标为 $\left(t_i+\dfrac{\xi-x(t_i)}{x(t_i+1)-x(t_i)},\xi\right)$，令 $q(i)=t_i+\dfrac{\xi-x(t_i)}{x(t_i+1)-x(t_i)}$ $(i=1,2,\cdots,m)$，则称 $Q^{(0)}=(q(1),q(2),\cdots,q(m))$ 为 ξ 等高时刻序列。建立 ξ 等高时刻序列的 GM（1,1）模型，可得 ξ 等高时刻的预测值 $\hat{q}(m+1),\hat{q}(m+2),\cdots,\hat{q}(m+k)$。

（5）预测波形。

设 $\hat{q}_i(m_i+1),\hat{q}_i(m_i+2),\cdots,\hat{q}_i(m_i+k_i)(i=1,2,\cdots,s)$ 为 ξ_i 等高时刻的 GM（1,1）预测值，删去

$$\hat{q}_1(m_1+1),\hat{q}_1(m_1+2),\cdots,\hat{q}_1(m_1+k_1)$$
$$\hat{q}_2(m_2+1),\hat{q}_2(m_2+2),\cdots,\hat{q}_2(m_2+k_2)$$
$$\vdots$$
$$\hat{q}_i(m_i+1),\hat{q}_i(m_i+2),\cdots,\hat{q}_i(m_i+k_i)$$
$$\vdots$$
$$\hat{q}_s(m_s+1),\hat{q}_s(m_s+2),\cdots,\hat{q}_s(m_s+k_s)$$

中的无效时刻，将其余的预测值从小到大重新排序，设为
$$\hat{q}(1) < \hat{q}(2) < \cdots < \hat{q}(n_s)$$
式中，$n_s \leqslant k_1 + k_2 + \cdots + k_s$。若 $X = \xi_{\hat{q}(k)}$ 为 $\hat{q}(k)$ 所对应的等高线，则 $X^{(0)}$ 的预测波形为
$$X = \hat{X}^{(0)} = \{\xi_{\hat{q}(k)} + [t - \hat{q}(k)][\xi_{\hat{q}(k+1)} - \xi_{\hat{q}(k)}] | k = 1, 2, \cdots, n_s\}$$

5）系统预测

（1）系统预测模型。

设 $X_1^{(0)}, X_2^{(0)}, \cdots, X_m^{(0)}$ 为系统状态变量数据序列，$U_1^{(0)}, U_2^{(0)}, \cdots, U_s^{(0)}$ 为系统控制变量数据序列，则称

$$\frac{dx_1^{(1)}}{dt} = a_{11} x_1^{(1)} + a_{12} x_2^{(1)} + \cdots + a_{1m} x_m^{(1)} + b_{11} u_1^{(1)} + b_{12} u_2^{(1)} + \cdots + b_{1s} u_s^{(1)}$$

$$\frac{dx_2^{(1)}}{dt} = a_{21} x_1^{(1)} + a_{22} x_2^{(1)} + \cdots + a_{2m} x_m^{(1)} + b_{21} u_1^{(1)} + b_{22} u_2^{(1)} + \cdots + b_{2s} u_s^{(1)}$$

$$\vdots$$

$$\frac{dx_m^{(1)}}{dt} = a_{m1} x_1^{(1)} + a_{m2} x_2^{(1)} + \cdots + a_{mm} x_m^{(1)} + b_{m1} u_1^{(1)} + b_{m2} u_2^{(1)} + \cdots + b_{ms} u_s^{(1)}$$

$$\frac{du_1^{(1)}}{dt} = c_1 u_1^{(1)} + d_1, \quad \frac{du_2^{(1)}}{dt} = c_2 u_2^{(1)} + d_2, \quad \cdots, \quad \frac{du_s^{(1)}}{dt} = c_s u_s^{(1)} + d_s$$

为系统预测模型。

（2）向量与矩阵。

系统预测模型的矩阵形式为

$$\begin{cases} \dot{X} = AX + BU \\ \dot{U} = CU + D \end{cases}$$

式中

$$X = (x_1, x_2, \cdots, x_m)^T, \quad U = (u_1, u_2, \cdots, u_s)^T$$

$$A = \begin{bmatrix} a_{11} & a_{12} & \cdots & a_{1m} \\ a_{21} & a_{22} & \cdots & a_{2m} \\ \vdots & \vdots & & \vdots \\ a_{m1} & a_{m2} & \cdots & a_{mm} \end{bmatrix}, \quad B = \begin{bmatrix} b_{11} & b_{12} & \cdots & b_{1s} \\ b_{21} & b_{22} & \cdots & b_{2s} \\ \vdots & \vdots & & \vdots \\ b_{m1} & b_{m2} & \cdots & b_{ms} \end{bmatrix}$$

$$C = \begin{bmatrix} c_1 & & & 0 \\ & c_2 & & \\ & & \ddots & \\ 0 & & & c_s \end{bmatrix}, \quad D = \begin{bmatrix} d_1 \\ d_2 \\ \vdots \\ d_s \end{bmatrix}$$

（3）响应式。

系统预测模型的时间响应式为

$$\hat{x}_1^{(1)}(k+1) = \left\{ x_1^{(1)}(0) + \frac{1}{a_{11}} \left[\sum_{j=2}^{m} a_{1j} x_j^{(1)}(k+1) + \sum_{i=1}^{s} b_{1i} u_i^{(1)}(k+1) \right] \right\} \exp(a_{11} k)$$

$$-\frac{1}{a_{11}}\left[\sum_{j=2}^{m}a_{1j}x_{j}^{(1)}(k+1)+\sum_{i=1}^{s}b_{1i}u_{i}^{(1)}(k+1)\right]$$

$$\hat{x}_{2}^{(1)}(k+1)=\left\{x_{2}^{(1)}(0)+\frac{1}{a_{22}}\left[\sum_{j\neq 2}a_{2j}x_{j}^{(1)}(k+1)+\sum_{i=1}^{s}b_{2i}u_{i}^{(1)}(k+1)\right]\right\}\exp(a_{22}k)$$

$$-\frac{1}{a_{22}}\left[\sum_{j\neq 2}a_{2j}x_{j}^{(1)}(k+1)+\sum_{i=1}^{s}b_{2i}u_{i}^{(1)}(k+1)\right]$$

$$\vdots$$

$$\hat{x}_{m}^{(1)}(k+1)=\left\{x_{m}^{(1)}(0)+\frac{1}{a_{mm}}\left[\sum_{j\neq m}a_{mj}x_{j}^{(1)}(k+1)+\sum_{i=1}^{s}b_{mi}u_{i}^{(1)}(k+1)\right]\right\}\exp(a_{mm}k)$$

$$-\frac{1}{a_{mm}}\left[\sum_{j\neq m}a_{mj}x_{j}^{(1)}(k+1)+\sum_{i=1}^{s}b_{mi}u_{i}^{(1)}(k+1)\right]$$

$$\hat{u}_{1}^{(1)}(k+1)=\left(\hat{u}_{1}^{(1)}(0)+\frac{d_{1}}{c_{1}}\right)\exp(c_{1}k)-\frac{d_{1}}{c_{1}}$$

$$\hat{u}_{2}^{(1)}(k+1)=\left(\hat{u}_{2}^{(1)}(0)+\frac{d_{2}}{c_{2}}\right)\exp(c_{2}k)-\frac{d_{2}}{c_{2}}$$

$$\vdots$$

$$\hat{u}_{s}^{(1)}(k+1)=\left(\hat{u}_{s}^{(1)}(0)+\frac{d_{s}}{c_{s}}\right)\exp(c_{s}k)-\frac{d_{s}}{c_{s}}$$

其中状态变量的响应式为近似响应式。

第 2 章 初等运筹学

单纯依靠统计分析方法还远远不够,并不能充分挖掘出大数据背后的巨大价值,所以还需要对整个数据系统进行建模优化和统筹规划,这些都属于经典运筹学的重点研究内容。运筹学是 20 世纪 30 年代初发展起来的一门新兴学科,是现代管理学的一门重要专业基础课。运筹学的主要目的是在决策时为管理人员提供科学依据,经常用于解决现实生活中的复杂问题,特别是改善或优化现有系统的效率。本章主要介绍初等运筹学的基本理论,包括线性规划模型、运输规划模型、整数规划模型、图论与网络规划模型及存储论模型。

2.1 线性规划模型

线性规划是运筹学的一个重要分支,研究在给定的约束条件下,所考察的目标函数在某种意义下的极值问题。线性规划模型的一般形式为

$$(\min)\max z = c_1x_1 + c_2x_2 + \cdots + c_nx_n \tag{2.1.1}$$

$$\text{s.t.} \begin{cases} a_{11}x_1 + a_{12}x_2 + \cdots + a_{1n}x_n \leqslant (=,\geqslant) b_1 \\ a_{21}x_1 + a_{22}x_2 + \cdots + a_{2n}x_n \leqslant (=,\geqslant) b_2 \\ \quad\vdots \\ a_{m1}x_1 + a_{m2}x_2 + \cdots + a_{mn}x_n \leqslant (=,\geqslant) b_m \end{cases} \tag{2.1.2}$$

$$x_1, x_2, \cdots, x_n \geqslant 0 \tag{2.1.3}$$

在该数学模型中,式(2.1.1)称为目标函数;式(2.1.2)称为约束条件;式(2.1.3)称为变量的非负约束条件。

线性规划问题的标准形式为

$$\max z = c_1x_1 + c_2x_2 + \cdots + c_nx_n$$

$$\text{s.t.} \begin{cases} a_{11}x_1 + a_{12}x_2 + \cdots + a_{1n}x_n = b_1 \\ a_{21}x_1 + a_{22}x_2 + \cdots + a_{2n}x_n = b_2 \\ \quad\vdots \\ a_{m1}x_1 + a_{m2}x_2 + \cdots + a_{mn}x_n = b_m \\ x_1, x_2, \cdots, x_n \geqslant 0 \end{cases} \tag{2.1.4}$$

这里假设 $b_i \geq 0\ (i=1,2,\cdots,m)$。

以上模型的简写形式为

$$\max z = \sum_{j=1}^{n} c_j x_j$$
$$\text{s.t.} \begin{cases} \sum_{j=1}^{n} a_{ij} x_j = b_i, & i=1,2,\cdots,m \\ x_j \geq 0, & j=1,2,\cdots,n \end{cases} \tag{2.1.5}$$

用向量形式表达时，上述模型可以写为

$$\max z = \sum_{j=1}^{n} CX$$
$$\text{s.t.} \begin{cases} \sum_{j=1}^{n} P_j x_j = b, & j=1,2,\cdots,n \\ X \geq 0 \end{cases} \tag{2.1.6}$$

用矩阵形式表达时，上述模型可以写为

$$\max z = CX$$
$$\text{s.t.} \begin{cases} AX = b \\ X \geq 0 \end{cases} \tag{2.1.7}$$

式中，$C=(c_1, c_2, \cdots, c_n)$；$X=(x_1, x_2, \cdots, x_n)^{\mathrm{T}}$；$b=(b_1, b_2, \cdots, b_m)^{\mathrm{T}}$；$P_j=(a_{1j}, a_{2j}, \cdots, a_{mj})^{\mathrm{T}}$；$A=(P_1, P_2, \cdots, P_n)$；$\mathbf{0}=(0,0,\cdots,0)^{\mathrm{T}}$。

我们称 A 为约束方程组的系数矩阵（$m \times n$ 阶），一般情况下 $m<n$，m，n 为正整数，分别表示约束条件的个数和决策变量的个数，C 为价值向量，X 为决策向量，通常 a_{ij}, b_i, c_j $(i=1,2,\cdots,m; j=1,2,\cdots,n)$ 为已知常数。

上述的标准型具有如下特点：

（1）目标函数求最大值；

（2）所求的决策变量都要求是非负的；

（3）所有的约束条件都是等式；

（4）常数项为非负。

实际上，具体问题的线性规划数学模型是各式各样的，需要把它们化成标准型，并借助标准型的求解方法进行求解。

以下就具体讨论如何把一般的线性规划模型化成标准型。

（1）目标函数的转化。若原问题的目标函数是求最小化，即 $\min z = CX$，这时只需要将目标函数的最小值变换为求目标函数的最大值，即 $\min z = \max(-z)$。令 $z' = -z$，于是就转化为求最大化问题：$\max z' = -CX$。

（2）不等式约束转化为等式约束。存在两种情况：一是约束条件为"$\leq$"形式的不等式，则在"$\leq$"号的左边加入非负的松弛变量，把原"$\leq$"形式的不等式变为等式；另一种是约束条件为"$\geq$"形式的不等式，则可在"$\geq$"号的左端减去一个非负的剩余变量，把原"≥"形式的不等式变为等式。同时相应的松弛变量或剩余变量在目标函数中的价值系数取值为0。

（3）变量约束的转换。若原线性规划问题中某个变量为无非负要求的变量，即有某一个变量 x_j 取正值或负值都可以。这时为了满足标准型对变量的非负要求，可令 $x_j = x_j' - x_j''$，其中，$x_j', x_j'' \geq 0$，将其代入原问题，即可在原问题中将 x_j 用两个非负变量之差代替。

2.1.1 常见的线性规划模型

下面列出了常见的线性规划模型，包括生产计划安排问题、配料问题、投资问题、人力资源分配问题。结合问题描述，建立了相应的线性规划模型。

1. 生产计划安排问题

某厂生产三种产品Ⅰ、Ⅱ、Ⅲ，每种产品要经过 A、B 两道工序加工。设该厂有两种规格的设备能完成 A 工序，它们以 A_1、A_2 表示；有三种规格的设备能完成 B 工序，它们以 B_1、B_2、B_3 表示。产品Ⅰ可在 A、B 任何一种规格设备上加工；产品Ⅱ可在任何规格的 A 设备上加工，但在完成 B 工序时，只能在 B_1 设备上加工；产品Ⅲ只能在 A_2 与 B_2 设备上加工。已知在各种机床设备的单件工时、原材料费、产品销售价格、各种设备的有效台时以及满负荷操作时机床设备的费用如表 2.1.1 所示，要求安排最优的生产计划，使该厂的利润为最大。

表 2.1.1 所需工序时间及其他数据

产品 设备	产品 Ⅰ	产品 Ⅱ	产品 Ⅲ	设备有效台时	满负荷操作时机床设备费用/元
A_1	5	10	—	6 000	300
A_2	7	9	12	10 000	321
B_1	6	8	—	4 000	250
B_2	4	—	11	7 000	783
B_3	7	—	—	4 000	200
原材料费/(元/件)	0.25	0.35	0.50		
产品销售价格/元	1.25	2.00	2.80		

解 设 x_{ijk} 表示产品 i 在工序 j 的设备 k 上加工的数量，则约束条件为

$5x_{111} + 10x_{211} \leq 6000$ （设备 A_1）

$7x_{112} + 9x_{212} + 12x_{312} \leq 10\,000$ （设备 A_2）

$6x_{121} + 8x_{221} \leq 4000$ （设备 B_1）

$4x_{122} + 11x_{322} \leq 7000$ （设备 B_2）

$7x_{123} \leq 4000$ （设备 B_3）

$x_{111} + x_{112} = x_{121} + x_{122} + x_{123}$ （产品Ⅰ在工序 A、B 上加工的数量相等）

$x_{211} + x_{212} = x_{221}$ （产品Ⅱ在工序 A、B 上加工的数量相等）

$x_{312} = x_{322}$ （产品Ⅲ在工序 A、B 上加工的数量相等）

$x_{ijk} \geq 0$，$i = 1, 2, 3$；$j = 1, 2$；$k = 1, 2, 3$

利润 = $\sum_{i=1}^{3}$[(销售单价−原材料单价)×该产品件数]

$-\sum_{i=1}^{5}$(每台时的设备费用×该设备实际使用台时),

代入数据可得目标函数为

$$\max z = 0.75x_{111} + 0.775x_{112} + 1.15x_{211} + 1.36x_{212}$$
$$+ 1.915x_{312} - 0.375x_{121} - 0.5x_{221} - 0.448x_{122}$$
$$- 1.23x_{322} - 0.35x_{123}$$

因此，该规划问题的模型可以表示为

$$\max z = 0.75x_{111} + 0.775x_{112} + 1.15x_{211} + 1.36x_{212}$$
$$+ 1.915x_{312} - 0.375x_{121} - 0.5x_{221} - 0.448x_{122}$$
$$- 1.23x_{322} - 0.35x_{123}$$

$$\text{s.t.} \begin{cases} 5x_{111} + 10x_{211} \leq 6000 \\ 7x_{112} + 9x_{212} + 12x_{312} \leq 10\ 000 \\ 6x_{121} + 8x_{221} \leq 4000 \\ 4x_{122} + 11x_{322} \leq 7000 \\ 7x_{123} \leq 4000 \\ x_{111} + x_{112} = x_{121} + x_{122} + x_{123} \\ x_{211} + x_{212} = x_{221} \\ x_{312} = x_{322} \\ x_{ijk} \geq 0, \quad i = 1,2,3; j = 1,2; k = 1,2,3 \end{cases}$$

利用 LINGO 软件对上面的线性规划模型进行求解，可得计算结果为

$x_{111} = 1200$, $x_{112} = 230.0493$, $x_{211} = 0$, $x_{212} = 500$, $x_{312} = 324.1379$, $x_{121} = 0$

$x_{221} = 500$, $x_{122} = 858.6207$, $x_{322} = 324.1379$, $x_{123} = 571.4286$

模型最优解为

$$z = 1145.661$$

2. 配料问题

某工厂要用三种原材料 C、P、H 混合调出三种不同规格的产品 A、B、D。已知产品的规格要求、产品单价、每天能供应的原材料数量及原材料单价分别如表 2.1.2、表 2.1.3 所示。问该厂应如何安排生产，使利润收入为最大。

表 2.1.2 产品规格及单价

产品名称	规格要求	单价/(元/kg)
A	原材料 C 不少于 50% 原材料 P 不超过 25%	50
B	原材料 C 不少于 25% 原材料 P 不超过 50%	35
D	不限	25

表 2.1.3　原材料供应量及单价

原材料名称	每天最多供应量/kg	单价/(元/kg)
C	100	65
P	100	25
H	60	35

解　设 x_{ij} 表示产品 i 中所需原材料 j 的数量。

则目标函数为

$$\max z = -15x_{11} + 25x_{12} + 15x_{13} - 30x_{21} + 10x_{22} - 40x_{31} - 10x_{33}$$

约束条件为

$$\text{s.t.} \begin{cases} 0.5x_{11} - 0.5x_{12} - 0.5x_{13} \geq 0 \\ -0.25x_{11} + 0.75x_{12} - 0.25x_{13} \leq 0 \\ 0.75x_{21} - 0.25x_{22} - 0.25x_{23} \geq 0 \\ -0.5x_{21} + 0.5x_{22} - 0.5x_{23} \leq 0 \\ x_{11} + x_{21} + x_{31} \leq 100 \\ x_{12} + x_{22} + x_{32} \leq 100 \\ x_{13} + x_{23} + x_{33} \leq 60 \\ x_{ij} \geq 0, \quad i=1,2,3; j=1,2,3 \end{cases}$$

利用 LINGO 软件对上面的线性规划模型进行求解，可得计算结果为 $x_{11}=100$，$x_{12}=50, x_{13}=50$，其余变量均为 0，即每天只生产产品 A 为 200kg，分别需要用原材料 C 为 100kg、P 为 50kg、H 为 50kg。总利润 $z=500$（元/天）。

3. 投资问题

已知某集团有 1 000 000 元的资金可供投资，该集团有五个可供选择的投资项目，其中各种资料如表 2.1.4 所示。

表 2.1.4　投资项目情况

投资项目	风险	红利	增长	信用度
1	10%	5%	10%	11
2	6%	8%	17%	8
3	18%	7%	14%	10
4	12%	6%	22%	4
5	4%	10%	7%	10

该集团的目标为：每年红利至少是 80 000 元，最低平均增长率为 14%，最低平均信用度为 6，该集团应如何安排投资，使投资风险最小。

解　设 x_i 表示第 i 项目的投资额 $i=1,2,3,4,5$。

目标是投资风险最小化，因此目标函数为

$$\min z = 0.1x_1 + 0.06x_2 + 0.18x_3 + 0.12x_4 + 0.04x_5$$

约束条件分别如下。

（1）各项目投资总和为 1 000 000 元：
$$x_1 + x_2 + x_3 + x_4 + x_5 = 1\,000\,000$$

（2）所得红利最少为 80 000 元：
$$0.05x_1 + 0.08x_2 + 0.07x_3 + 0.06x_4 + 0.1x_5 \geqslant 80\,000$$

（3）增加额不低于 140 000 元：
$$0.01x_1 + 0.17x_2 + 0.14x_3 + 0.22x_4 + 0.07x_5 \geqslant 140\,000$$

（4）平均信用度不低于 6：
$$(11x_1 + 8x_2 + 10x_3 + 4x_4 + 10x_5)/(5 \times 10^5) \geqslant 6$$

（4）非负约束：
$$x_i \geqslant 0, \quad i = 1,2,3,4,5$$

因此，该投资问题的规划模型可以表示为

$$\min z = 0.1x_1 + 0.06x_2 + 0.18x_3 + 0.12x_4 + 0.04x_5$$

$$\text{s.t.} \begin{cases} x_1 + x_2 + x_3 + x_4 + x_5 = 1\,000\,000 \\ 0.05x_1 + 0.08x_2 + 0.07x_3 + 0.06x_4 + 0.1x_5 \geqslant 80\,000 \\ 0.01x_1 + 0.17x_2 + 0.14x_3 + 0.22x_4 + 0.07x_5 \geqslant 140\,000 \\ (11x_1 + 8x_2 + 10x_3 + 4x_4 + 10x_5)/(5 \times 10^5) \geqslant 6 \\ x_i \geqslant 0, \quad i = 1,2,3,4,5 \end{cases}$$

利用 LINGO 软件对上面的线性规划模型进行求解，可得计算结果为：目标函数的全局最优解 $z = 54\,000$，$x_2 = 700\,000$，$x_5 = 300\,000$，其余变量取值均为 0。

4. 人力资源分配问题

某昼夜服务的公交公司的公交线路每天各时段内所需司机和乘务人员如表 2.1.5 所示。

表 2.1.5　各时段内所需司机和乘务人员

班次	时间	所需人数
1	6:00～10:00	60
2	10:00～14:00	70
3	14:00～18:00	60
4	18:00～22:00	50
5	22:00～2:00	20
6	2:00～6:00	30

设司机和乘务人员分别在各时间段开始时上班，并连续工作 8 小时。

问　该公交公司的公交线路应如何安排司机和乘务人员，既能满足工作需要，又使配备司机和乘务人员的人数最少。

解　设 x_i 表示第 i 班次开始上班的司机和乘务人员人数，这样可以知道在第 i 班次工作的人数应包括第 $i-1$ 班次开始上班的人数和第 i 班次开始上班的人数,如 $x_1+x_2 \geqslant 70$,又要求这六个班次开始上班的人数最少,即可以建立如下的数学模型:

$$\min z = x_1 + x_2 + x_3 + x_4 + x_5 + x_6$$

$$\text{s.t.} \begin{cases} x_1 + x_2 \geqslant 70 \\ x_2 + x_3 \geqslant 60 \\ x_3 + x_4 \geqslant 50 \\ x_4 + x_5 \geqslant 20 \\ x_5 + x_6 \geqslant 30 \\ x_1 + x_6 \geqslant 60 \\ x_1, x_2, x_3, x_4, x_5, x_6 \geqslant 0 \end{cases}$$

利用 LINGO 软件对上面的线性规划模型进行求解,可得计算结果为:目标函数的全局最优解 $z=150$,$x_1=60$,$x_2=10$,$x_3=50$,$x_4=0$,$x_5=30$,$x_6=0$。也就是说,一共需要司机和乘务人员 150 人。

2.1.2 对偶模型

对偶理论是线性规划问题的最重要的内容之一。每一个线性规划(linear programming,LP)必然有与之相伴而生的另一个线性规划问题,即任何一个求 $\max z$ 的 LP 都有一个求 $\min W$ 的 LP。其中的一个问题称为原问题,记为 LP,另一个称为对偶问题,记为 DP。

例 2-1 资源的合理利用问题。

某工厂在计划期内安排生产 I、II 两种产品,已知资料如表 2.1.6 所示,问应如何安排生产计划使得既能充分利用现有资源又使总利润最大。

表 2.1.6 生产资料

	产品 I	产品 II	资源总量
原材料	2	3	24
工时	5	2	26
利润/元	4	3	

假设 x_1、x_2 分别表示在计划期内生产产品 I、II 的件数,则该问题的数学模型可以表示为

$$\max z = 4x_1 + 3x_2$$

$$\text{s.t.} \begin{cases} 2x_1 + 3x_2 \leqslant 24 \text{ (材料约束)} \\ 5x_1 + 2x_2 \leqslant 26 \text{ (工时约束)} \\ x_1, x_2 \geqslant 0 \end{cases}$$

现从另一角度考虑此问题。假设有客户提出要求,租赁工厂的工时和购买工厂的材料,为其加工生产别的产品,由客户支付工时费和材料费,此时工厂应考虑如何为每种资源定价,同样使其获得的利润最大。

分析问题:

(1) 每种资源定价不能低于自己生产时的可获利润;

(2) 定价又不能太高,要使对方能够接受。

解 (1) 决策变量:设 y_1, y_2 分别表示出售单位原材料的价格(含附加值)和出租设备单位工时的租金。

(2) 目标函数:此时工厂的总收入为 $W = 24y_1 + 26y_2$,这也是租赁方需要付出的成本。而在这个问题中,是企业不生产,将自己的资源出售或出租,因此,此时起决定作用的是租赁方,所以此时的目标函数为

$$\min W = 24y_1 + 26y_2$$

(3) 约束条件。工厂决策者考虑:

①出售原材料和出租设备应不少于自己生产产品的获利,否则不如自己生产为好。因此有

$$\begin{cases} 2y_1 + 5y_2 \geqslant 4 \\ 3y_1 + 2y_2 \geqslant 3 \end{cases}$$

②价格应尽量低,否则没有竞争力(此价格可成为与客户谈判的底价)。

租赁者考虑:希望价格越低越好,否则另找他人。

于是,能够使双方共同接受的条件为

$$\min W = 24y_1 + 26y_2$$
$$\text{s.t.} \begin{cases} 2y_1 + 5y_2 \geqslant 4 \\ 3y_1 + 2y_2 \geqslant 3 \\ y_1, y_2 \geqslant 0 \end{cases}$$

上述两个 LP 问题的数学模型是在同一企业的资源状况和生产条件下产生的,且是同一个问题从不同角度考虑所产生的,因此两者密切相关。称这两个 LP 问题是互为对偶的两个 LP 问题。其中一个是另一个问题的对偶问题。

模型对比:

$$\max z = 4x_1 + 3x_2$$
$$\text{s.t.} \begin{cases} 2x_1 + 3x_2 \leqslant 24 \\ 5x_1 + 2x_2 \leqslant 26 \\ x_1, x_2 \geqslant 0 \end{cases} \quad \text{(原问题)}$$

$$\min W = 24y_1 + 26y_2$$
$$\text{s.t.} \begin{cases} 2y_1 + 5y_2 \geqslant 4 \\ 3y_1 + 2y_2 \geqslant 3 \\ y_1, y_2 \geqslant 0 \end{cases} \quad \text{(对偶问题)}$$

一般来说,对于任何一个线性规划问题都有一个与之相对应的对偶问题。原问题与对偶问题的一般形式为

原问题(LP):

$$\max z = c_1x_1 + c_2x_2 + \cdots + c_nx_n$$

$$\text{s.t.} \begin{cases} a_{11}x_1 + a_{12}x_2 + \cdots + a_{1n}x_n \leqslant b_1 \\ a_{21}x_1 + a_{22}x_2 + \cdots + a_{2n}x_n \leqslant b_2 \\ \quad\quad\quad\quad\quad\quad \vdots \\ a_{m1}x_1 + a_{m2}x_2 + \cdots + a_{mn}x_n \leqslant b_m \\ x_j \geqslant 0, \quad j = 1, 2, \cdots, n \end{cases}$$

对偶问题（DP）：

$$\min W = b_1y_1 + b_2y_2 + \cdots + b_my_m$$

$$\text{s.t.} \begin{cases} a_{11}y_1 + a_{21}y_2 + \cdots + a_{m1}y_m \geqslant c_1 \\ a_{12}y_1 + a_{22}y_2 + \cdots + a_{m2}y_m \geqslant c_2 \\ \quad\quad\quad\quad\quad\quad \vdots \\ a_{1n}y_1 + a_{2n}y_2 + \cdots + a_{mn}y_m \geqslant c_n \\ y_i \geqslant 0, \quad i = 1, 2, \cdots, m \end{cases}$$

对偶解的经济解释：影子价格。

影子价格是在其他条件不变的情况下，单位资源变化所引起的目标函数的最优值的变化。即对偶变量 y_i 就是第 i 个约束条件的影子价格。资源的影子价格定量地反映了单位资源在最优生产方案中为总收益所作出的贡献，因此，资源的影子价格也可称为在最优方案中投入生产的机会成本。

例 2-2 某公司生产甲、乙两种产品，需要消耗两种原材料 A、B，其中消耗参数见表 2.1.7。问该公司如何安排生产才能使销售利润最大。

表 2.1.7 生产消耗参数及产品售价

项目	甲产品	乙产品	每天可供量	资源单位成本
A	2	3	25 单位	5（万元/单位）
B	1	2	15 单位	10（万元/单位）
产品售价/万元	23	40		

解 本问题可以建立线性规划来求解。根据给定的资料，有两种建模方法。

模型一： 设生产甲、乙两种产品的数量分别为 x_1、x_2；两种原材料 A、B 的使用量分别为 x_3、x_4，则有

$$\max z = 23x_1 + 40x_2 - 5x_3 - 10x_4$$

$$\text{s.t.} \begin{cases} 2x_1 + 3x_2 - x_3 = 0 \\ x_1 + 2x_2 - x_4 = 0 \\ x_3 \leqslant 25 \\ x_4 \leqslant 15 \\ x_1, x_2, x_3, x_4 \geqslant 0 \end{cases}$$

其最优解为 $\boldsymbol{X} = (5, 5, 25, 15)^{\text{T}}$，$z = 40$，对偶解为 $\boldsymbol{Y} = (6, 11, 1, 1)^{\text{T}}$。

模型二：直接计算出目标函数系数的销售利润，建立模型。

设生产甲、乙两种产品的数量分别为 x_1、x_2，则有

$$\max z = 3x_1 + 5x_2$$

$$\text{s.t.} \begin{cases} 2x_1 + 3x_2 \leqslant 25 \\ x_1 + 2x_2 \leqslant 15 \\ x_1, x_2 \geqslant 0 \end{cases}$$

其最优解为 $X = (5,5)^{\mathrm{T}}$，$z = 40$，对偶解为 $Y = (1,1)^{\mathrm{T}}$。

2.2 运输规划模型

假设有 m 个生产地点，可以供应某种物资（简称为产地），用 A_i 表示（$i = 1, 2, \cdots, m$）；有 n 个销售地（简称为销地），用 B_j 表示（$j = 1, 2, \cdots, n$）。产地的产量和销地的销量分别为 a_i（$i = 1, 2, \cdots, m$）和 b_j（$j = 1, 2, \cdots, n$），从 A_i 到 B_j 运输单位物资的运价为 c_{ij}，这些数据可汇总于表 2.2.1。

表 2.2.1 产地的产量和销地的销量（一）

	销地 B_1	销地 B_2	$\cdots$	销地 B_n	产量
产地 A_1	c_{11}	c_{12}	$\cdots$	c_{1n}	a_1
产地 A_2	c_{21}	c_{22}	$\cdots$	c_{2n}	a_2
$\vdots$	$\vdots$	$\vdots$		$\vdots$	$\vdots$
产地 A_m	c_{m1}	c_{m2}	$\cdots$	c_{mn}	a_m
销量	b_1	b_2	$\cdots$	b_n	

问如何调运，使得运输费用最小。

如果运输问题的总产量等于其总销量，即

$$\sum_{i=1}^{m} a_i = \sum_{j=1}^{n} b_j$$

则称该运输问题为产销平衡运输问题；反之，称为产销不平衡运输问题。

2.2.1 产销平衡的运输问题

下面建立在产销平衡情况下的运输问题的数学模型。

假设 x_{ij} 表示从 A_i 到 B_j 的运量，则所求的数学模型为

$$\min z = \sum_{i=1}^{m} \sum_{j=1}^{n} c_{ij} x_{ij}$$

$$\text{s.t.} \begin{cases} \sum_{i=1}^{m} x_{ij} = b_j, & j = 1, 2, \cdots, n \\ \sum_{j=1}^{n} x_{ij} = a_i, & i = 1, 2, \cdots, m \\ x_{ij} \geqslant 0, & i = 1, 2, \cdots, m; j = 1, 2, \cdots, n \end{cases}$$

在该模型中，目标函数表示运输总费用，要求其极小化；第一个约束条件的意义是由各产地运往某一销地的物品数量之和等于该销地的销量；第二个约束条件表示由某一产地运往各销地的物品数量之和等于该产地的产量；第三个约束条件表示决策变量的非负条件。这种产销平衡的运输问题一般使用表上作业法进行求解。表上作业法是一种求解运输问题的特殊方法，其实质是单纯形法。其计算步骤可归纳如下。

（1）找出初始基可行解，即在 $m \times n$ 产销平衡表上给出 $(m+n-1)$ 个有数字的格，这些有数字的格不能构成闭回路，且行和等于产量，列和等于销量。

（2）求各非基变量的检验数，即在表上求出空格的检验数，判别是否达到最优解。如果达到最优解，则停止计算，否则转入步骤（3）。

（3）确定换入变量和换出变量，找出新的基可行解，在表上用闭回路法进行调整。

（4）重复步骤（2）和（3），直到求得最优解。

1. 确定初始基可行解

确定初始基可行解即首先给出初始的调运方案，方法很多，我们只介绍其中的两种方法。

1）最小元素法

最小元素法的基本思想就是就近供应，即从单位运价表中最小的运价开始确定产销关系，依次类推，直到给出初始方案。下面用例 2-3 来说明最小元素法确定初始基可行解的具体步骤。

例 2-3 某公司有 3 个生产同类产品的工厂，生产的产品由 4 个销售点销售，各工厂的生产量、各销售点的销量以及各工厂到各销售点的单位产品运价如表 2.2.2 所示。问该公司应如何调运产品，在满足各销售点的需要量的前提下，使总的运费为最小。

表 2.2.2 产地的产量和销地的销量（二）

	销地 B_1/(万元/吨)	销地 B_2/(万元/吨)	销地 B_3/(万元/吨)	销地 B_4/(万元/吨)	产量/吨
产地 A_1	3	11	3	10	7
产地 A_2	1	9	2	8	4
产地 A_3	7	4	10	5	9
销量/吨	3	6	5	6	

解 （1）从单位运价表中找出最小的单位运价为 1，这表示先将 A_2 的产品供应给 B_1。由于 A_2 每天生产 4 吨，B_1 每天只需要 3 吨，即 A_2 除每日能满足 B_1 的需要外还剩余 1 吨。因此在产销平衡表（A_2，B_1）交叉处填上 3（即 $x_{21}=3=\min(a_2, b_1) = \min(4, 3)$），表示 A_2 调运 3 吨给 B_1，再在单位运价表中将 B_1 这一列单位运价划去，表示 B_1 的需求已满足，不需要继续调运。

（2）从上述未划去的单位运价表的元素中再找出最小的单位运价 2，即 A_2 把剩余的产品供应给 B_3；B_3 每天需要 5 吨，A_2 只剩余 1 吨，因此在上述产销平衡表的（A_2，B_3）交叉处填上 1，划去上述单位运价表中 A_2 这一行单位运价，表示 A_2 的产品已分配完毕，如表 2.2.3 所示。

表 2.2.3 最小元素法计算表

	销地 B_1/(万元/吨)	销地 B_2/(万元/吨)	销地 B_3/(万元/吨)	销地 B_4/(万元/吨)	产量/吨
产地 A_1	3	11	3	10	7
产地 A_2	1 ③	9	2 ①	8	4
产地 A_3	7	4	10	5	9
销量/吨	3	6	5	6	

（3）在表 2.2.3 中，未划去的元素中找出最小单位运价为 3。这表示将 A_1 的产品供应 B_3，A_1 每天生产 7 吨，B_3 尚缺 4 吨，因此在产销平衡表的（A_1，B_3）交叉处填上 4，由于 B_3 的需求已满足，将单位运价表中的 B_3 这一列单位运价划去。

如此，一步步进行下去，直到单位运价表中所有元素都划去，最终在产销平衡表上就可以得到一个初始调运方案，如表 2.2.4 所示。

表 2.2.4 最小元素法初始调运方案

	销地 B_1/(万元/吨)	销地 B_2/(万元/吨)	销地 B_3/(万元/吨)	销地 B_4/(万元/吨)	产量/吨
产地 A_1			4	3	7
产地 A_2	3		1		4
产地 A_3		6		3	9
销量/吨	3	6	5	6	

检查全表，产销已平衡，得到初始调运方案为 $x_{13}=4, x_{14}=3, x_{21}=3, x_{23}=1, x_{32}=6, x_{34}=3$，其余 $x_{ij}=0$，这个方案的总运费为 86 元。

应当注意的是，在用最小元素法确定初始基可行解的时候，有可能出现以下两种特殊情况。一是从中间步骤的未划去的单位运价表中寻找最小元素时，有多个元素同时达到最小，这时从这些最小元素中任意选择一个作为基变量；二是从中间步骤的未划去的单位运价表中寻找最小元素时，发现该元素所在行的剩余产量等于该元素所在列的剩余销量。这时在产销平衡表相应的位置填上该剩余产量数，而在单位运价表中就要同时划去一行和一列。为了使调运方案中有数字的格仍为（$m+n-1$）个，需要在同时划去的行或列的任一空格位置添上一个"0"，这个"0"表示该变量是基变量，只不过它取值为 0，即此时的调运方案是一个退化的基可行解。

2）伏格尔法

最小元素法的缺点是，为了节省某一方面的费用，有时造成在其他方面要多花几倍的运费。伏格尔法考虑到，一产地的产品，假如不能按最小运费就近供应，就考虑次小运费。这就有一个差额，差额越大，说明不能按最小运费调运时，运费增加就越多。因此，对于差额最大处，就优先采用最小运费调运。我们还是用例 2-3 来说明伏格尔法的具体实施过程，步骤如下。

（1）在单位运价表中增加一行和一列，列的格位置相应填入该行的次小运费与最小运费之差,称为行差额。行的格位置相应填入该列的次小运费与最小运费之差,称为列差额。如此可得表 2.2.5。

表 2.2.5 行列差额

	销地 B_1/(万元/吨)	销地 B_2/(万元/吨)	销地 B_3/(万元/吨)	销地 B_4/(万元/吨)	行差额
产地 A_1	3	11	3	10	0
产地 A_2	1	9	2	8	1
产地 A_3	7	4	10	5	1
列差额	2	5	1	3	

(2) 从行差额和列差额中选出最大者,选择它所在的行或列中的最小元素。比较该元素所在的行和列的产量与销量,取它们最小者填入产销平衡表相应的位置。同时在单位运价表中划去一行或一列。由于 B_2 的列差额最大,B_2 列中最小元素为 4(即 A_3 行),可确定 A_3 产品优先供应 B_2。比较它们的产量和销量,可知产地 A_3 的产量为 9,销地 B_2 的销量为 6,因此在产销平衡表的 (A_3, B_2) 空格处填入 6。由于销地 B_2 已经满足,在单位运价表中划去 B_2 列。

(3) 根据上述未划去的元素计算出各行、各列的差额。重复步骤(1)和(2),直到给出初始解。

本问题利用伏格尔法给出的初始调运方案,如表 2.2.6 所示。

表 2.2.6 伏格尔法给出的初始调运方案

	销地 B_1/(万元/吨)	销地 B_2/(万元/吨)	销地 B_3/(万元/吨)	销地 B_4/(万元/吨)	产量/吨
产地 A_1			5	2	7
产地 A_2	3			1	4
产地 A_3		6		3	9
销量/吨	3	6	5	6	

由以上分析可见:伏格尔法同最小元素法除在确定供求关系的原则上不同外,其余步骤相同,因而给出的初始调运方案也是基可行解。一般来说,用伏格尔法所求出的初始解比用最小元素法求出的初始解更接近于最优解。本例用伏格尔法给出的初始解的总运费为 85 元。

2. 最优解的判别

得到运输问题的初始基可行解后就要判别这个解是否为最优解,判别的方法是计算非基变量即空格的检验数。因为运输问题的目标函数是要求实现最小化,所以当所有的非基变量检验数全都大于等于 0 时为最优解。下面介绍三种求空格检验数的方法。

1) 闭回路法

在给出调运方案的计算表(表 2.2.4)上,从每一空格出发,找一条闭回路。它以空格为起点,用水平线或垂直线向前划,每碰到一数字格就转 90°后继续前进。直到回到起始空格处。该闭回路除了起始顶点是非基变量外,其他顶点均为基变量(对应着数字格)。可以证明,如果对闭回路的方向不加区别,对任一非基变量而言,以每个空格为起点的闭回路都存在且唯一,如 (A_1, B_1) 空格与 (A_1, B_3)、(A_2, B_3) 和 (A_2, B_1) 三个有数字的格构成一闭回路等。

闭回路计算检验数的经济解释为:在已给出初始解的表 2.2.4 中,可以从任一空格出发,如从 (A_1, B_1) 出发,若让 A_1 的产品调 1 吨给 B_1,为了保持产销平衡,就要依次作出调整。在 (A_1, B_3) 处减少 1 吨,(A_2, B_3) 处增加 1 吨,(A_2, B_1) 处减少 1 吨,即构成了以 (A_1, B_1) 空格为起点,其他为有数字的格的闭回路,如表 2.2.7 所示。各顶点所在格的右上角的数字是单位运价。

表 2.2.7 (A_1, B_1) 为起点的闭回路

	销地 B_1/(万元/吨)	销地 B_2/(万元/吨)	销地 B_3/(万元/吨)	销地 B_4/(万元/吨)	产量/吨
产地 A_1	(+1) 3		4 (−1) 3	3	7
产地 A_2	3 (−1) 1		1 (+1) 2		4
产地 A_3		6		3	9
销量/吨	3	6	5	6	

可见这一调整方案使运费增加了

$$(+1) \times 3 + (-1) \times 3 + (+1) \times 2 + (-1) \times 1 = 1(元)$$

这表明若这样调整运输方式将增加运费。将"1"填入 (A_1, B_1) 格,这就是该空格的检验数。

按以上所述就可以找出所有空格的检验数,如表 2.2.8 所示。

表 2.2.8 空格的检验数

空格	闭回路	检验数
(A_1, B_1)	(1, 1) → (1, 3) → (2, 3) → (2, 1) → (1, 1)	1
(A_1, B_2)	(1, 2) → (1, 4) → (3, 4) → (3, 2) → (1, 2)	2
(A_2, B_2)	(2, 2) → (2, 3) → (1, 3) → (1, 4) → (3, 4) → (3, 2) → (2, 2)	1
(A_2, B_4)	(2, 4) → (2, 3) → (1, 3) → (1, 4) → (2, 4)	−1
(A_3, B_1)	(3, 1) → (3, 4) → (1, 4) → (1, 3) → (2, 3) → (2, 1) → (3, 1)	10
(A_3, B_3)	(3, 3) → (3, 4) → (1, 4) → (1, 3) → (3, 3)	12

这时检验数还存在负数,因为 (A_2, B_4) 空格的检验数为−1,这说明表 2.2.4 给出的调运方案还不是最优解,还需要进一步改进,改进方法见本节后面的基可行解改进的方法。

2）位势法

用闭回路法求检验数时，需要给每一空格找一条闭回路。当产销点很多时，空格的数量很大，计算检验数将十分费时。下面介绍一种较为简便的方法——位势法。

设 $x_{i_1 j_1}, \cdots, x_{i_s j_s}$ $(s = m + n - 1)$ 是一组基可行解，现在引进 $m + n$ 个未知量 $u_1, \cdots, u_m$，$v_1, \cdots, v_n$，由上述基可行解可构造如下方程组：

$$\begin{cases} u_{i_1} + v_{j_1} = c_{i_1 j_1} \\ u_{i_2} + v_{j_2} = c_{i_2 j_2} \\ \vdots \\ u_{i_s} + v_{j_s} = c_{i_s j_s} \end{cases}$$

式中，c_{ij} 为变量 x_{ij} 对应的单位运价。上述方程组共有 $m + n$ 个未知数和 $(m + n - 1)$ 个方程。该方程组的解存在且恰有一个自由变量，称 $u_1, \cdots, u_m$ 为行位势，$v_1, \cdots, v_n$ 为列位势。

定理 2.1 设已给了一组基可行解，则对每一个非基变量 x_{ij} 来说，它所对应的检验数为

$$\sigma_{ij} = c_{ij} - (u_i + v_j)$$

下面举例说明这种方法的具体实施过程。仍以给出的初始基可行解表 2.2.4 为例。

（1）在对应表 2.2.4 的数字格处填入单位运价，如表 2.2.9 所示。

表 2.2.9 初始基可行解对应的运价表

	销地 B_1/(万元/吨)	销地 B_2/(万元/吨)	销地 B_3/(万元/吨)	销地 B_4/(万元/吨)
产地 A_1			3	10
产地 A_2	1		2	
产地 A_3		4		5

（2）在表 2.2.9 中增加一行和一列，列中填入行位势 u_i，行中填入列位势 v_j，得到表 2.2.10。

表 2.2.10 位势计算表

	销地 B_1/(万元/吨)	销地 B_2/(万元/吨)	销地 B_3/(万元/吨)	销地 B_4/(万元/吨)	行位势 u_i
产地 A_1			3	10	0
产地 A_2	1	1	2		−1
产地 A_3		4		5	−5
列位势 v_j	2	9	3	10	

先令 $u_1 = 0$（一般令行和列中数字格（基变量）多的行位势或列位势为 0），然后按 $u_i + v_j = c_{ij}$，$(i, j) \in$ 基变量指标集，相继确定 u_i、v_j。由表 2.2.10 可见，当 $u_1 = 0$ 时，由 $u_1 + v_3 = c_{13} = 3$ 可得 $v_3 = 3$，由 $u_1 + v_4 = c_{14} = 10$ 可得 $v_4 = 10$；在 $v_4 = 10$ 时，由 $u_3 + v_4 = c_{34} = 5$ 可得 $u_3 = -5$。以此类推可确定所有的 u_i、v_j 的值。

（3）按 $\sigma_{ij} = c_{ij} - (u_i + v_j)$，$(i, j) \in$ 非基变量指标集，计算所有的空格检验数：

$$\sigma_{11} = c_{11} - (u_1 + v_1) = 3 - (0 + 2) = 1$$

$$\sigma_{12} = c_{12} - (u_1 + v_2) = 11 - (0 + 9) = 2$$

这些计算可直接在表 2.2.9 上进行。为了方便，特设计了计算表，见表 2.2.11。右上角框内的数为单位运价。

表 2.2.11 检验数计算表

	销地 B_1/(万元/吨)	销地 B_2/(万元/吨)	销地 B_3/(万元/吨)	销地 B_4/(万元/吨)	行位势 u_i
产地 A_1	3 1	11 2	3 0	10 0	0
产地 A_2	1 0	9 1	2 0	8 −1	−1
产地 A_3	7 10	4 0	10 12	5 0	−5
列位势 v_j	2	9	3	10	

在表 2.2.9 中检验数还有小于 0 的，说明还未达到最优解，还需进一步改进。

3）基可行解改进的方法——闭回路调整法

当计算完所有的空格检验数时，如果检验数还有小于 0 的，这表明还未达到最优解。当有两个或两个以上的检验数小于 0 时，一般选择其中最小的小于 0 的检验数，以它对应的空格为调入格，即以它对应的非基变量为换入变量。由表 2.2.9 可知，(A_2, B_4) 为调入格（即以它对应的变量 x_{24} 为换入变量）。以 x_{24} 为出发点，作一闭回路为 $x_{24} \to x_{14} \to x_{13} \to x_{23}$，如表 2.2.12 所示。

表 2.2.12 以（A_2, B_4）为出发点的闭回路

	销地 B_1/(万元/吨)	销地 B_2/(万元/吨)	销地 B_3/(万元/吨)	销地 B_4/(万元/吨)	产量/吨
产地 A_1			4 (+1)	3 (−1)	7
产地 A_2	3		1 (−1)	(+1)	4
产地 A_3		6		3	9
销量/吨	3	6	5	6	

在闭回路上作运量调整，称空格点 x_{24} 为第 1 顶点，x_{14}、x_{13}、x_{23} 分别称为第 2、3、4 顶点，(A_2, B_4) 格的调入量 θ 是选择闭回路上偶数格中运量的最小者，即 $\theta = \min$

{1,3} = 1（其原理与单纯形法中按 θ 规则来确定的换出变量相同），然后在闭回路上的奇顶点加入该调整量，偶顶点减入该调整量，得到调整方案如表2.2.13所示。对于表2.2.13给出的解，再用闭回路法或位势法求各空格的检验数，见表 2.2.14，这时表中的所有检验数全都大于等于 0，所以表 2.2.13 所给出的解为最优解。这时得到的总运费的最小值为 85 元。

表 2.2.13　解的调整表

	销地 B_1/(万元/吨)	销地 B_2/(万元/吨)	销地 B_3/(万元/吨)	销地 B_4/(万元/吨)	产量/吨
产地 A_1			5	2	7
产地 A_2	3			1	4
产地 A_3		6		3	9
销量/吨	3	6	5	6	

表 2.2.14　检验数表

	销地 B_1/(万元/吨)	销地 B_2/(万元/吨)	销地 B_3/(万元/吨)	销地 B_4/(万元/吨)
产地 A_1	0	2		
产地 A_2		2	1	
产地 A_3	9		12	

应当指出的是，产销平衡的运输问题必定存在最优解。那么有唯一最优解还是无穷多个最优解？仍然是看非基变量（即空格处）的检验数是否有为 0 的。若有空格处的检验数为 0 的，则存在无穷多个最优解；否则，只有唯一最优解。由表 2.2.14 可知，空格（A_1，B_1）处的检验数为 0，表明例 2-3 有无穷多个最优解。可在表 2.2.13 中以（A_1，B_1）为调入格，作闭回路（A_1，B_1）→（A_1，B_4）→（A_2，B_4）→（A_2，B_1）。确定 $\theta = \min\{2, 3\} = 2$，经调整后得到另一个最优解，见表 2.2.15。当然，我们的调入量可以是 $0 < \theta < 2$ 中的任一实数，这时的解仍为最优解，但不是基可行解（因为线性规划问题可以在顶点取到最优解，也可以是在非顶点即边界点上取到最优解），本例如表 2.2.16 所示。

表 2.2.15　另一个最优解

	销地 B_1/(万元/吨)	销地 B_2/(万元/吨)	销地 B_3/(万元/吨)	销地 B_4/(万元/吨)	产量/吨
产地 A_1	2		5		7
产地 A_2	1			3	4
产地 A_3		6		3	9
销量/吨	3	6	5	6	

表 2.2.16 最优解

	销地 B_1/(万元/吨)	销地 B_2/(万元/吨)	销地 B_3/(万元/吨)	销地 B_4/(万元/吨)	产量/吨
产地 A_1	θ		5	$2-\theta$	7
产地 A_2	$3-\theta$			$1+\theta$	4
产地 A_3		6		3	9
销量/吨	3	6	5	6	

2.2.2 产销不平衡的运输问题

前面所述的表上作业法，都是以产销平衡为前提的。但实际问题往往是不平衡的。这就需要把产销不平衡的问题转化为产销平衡的问题进行解决。

当产大于销，即 $\sum_{i=1}^{m} a_i > \sum_{j=1}^{n} b_j$ 时，运输问题的数学模型可以写为

$$\min z = \sum_{i=1}^{m}\sum_{j=1}^{n} c_{ij} x_{ij}$$

$$\text{s.t.} \begin{cases} \sum_{j=1}^{n} x_{ij} \leqslant a_i, & i=1,\cdots,m \\ \sum_{i=1}^{m} x_{ij} = b_j, & j=1,\cdots,n \\ x_{ij} \geqslant 0, & i=1,\cdots,m; j=1,\cdots,n \end{cases} \quad (2.2.1)$$

由于总的产量大于销量，就要考虑多余的物资在哪一个产地储存的问题。设 x_{in+1} 是产地 A_i 的储存量，故有

$$\sum_{j=1}^{n} x_{ij} + x_{in+1} = \sum_{j=1}^{n+1} x_{ij} = a_i, \quad i=1,\cdots,m$$

$$\sum_{i=1}^{m} x_{ij} = b_j, \quad j=1,\cdots,n$$

$$\sum_{i=1}^{m} x_{in+1} = \sum_{i=1}^{m} a_i - \sum_{j=1}^{n} b_j = b_{n+1}$$

令 $c'_{ij} = c_{ij}$（$i=1,\cdots,m; j=1,\cdots,n$），$c'_{ij} = 0$（$i=1,\cdots,m; j=1,\cdots,n+1$），将上式代入式（2.2.1）得

$$\min z' = \sum_{i=1}^{m}\sum_{j=1}^{n+1} c'_{ij} x_{ij} = \sum_{i=1}^{m}\sum_{j=1}^{n} c_{ij} x_{ij}$$

$$\text{s.t.} \begin{cases} \sum_{j=1}^{n+1} x_{ij} = a_i, & i=1,\cdots,m \\ \sum_{i=1}^{m} x_{ij} = b_j, & j=1,\cdots,n,n+1 \\ x_{ij} \geqslant 0, & b_{n+1} = \sum_{i=1}^{m} a_i - \sum_{j=1}^{n} b_j \end{cases} \quad (2.2.2)$$

这是一个产销平衡的运输问题。

类似地，当销大于产时，可以在产销平衡表中增加一个假想的产地 $i = m + 1$，该产地的产量为 $\sum_{j=1}^{n} b_j - \sum_{i=1}^{m} a_i$，在单位运价表中令从该产地到各个销售地的单位运价为 $c_{m+1,j} = 0$，同样可以转化为产销平衡的运输问题。

$$\min z' = \sum_{i=1}^{m+1}\sum_{j=1}^{n} c'_{ij} x_{ij} = \sum_{i=1}^{m}\sum_{j=1}^{n} c_{ij} x_{ij}$$

$$\text{s.t.} \begin{cases} \sum_{j=1}^{n} x_{ij} = a_i, & i = 1,\cdots,m, m+1 \\ \sum_{i=1}^{m+1} x_{ij} = b_j, & j = 1,\cdots,n \\ x_{ij} \geq 0, & a_{m+1} = \sum_{j=1}^{n} b_j - \sum_{i=1}^{m} a_i \end{cases} \quad (2.2.3)$$

例 2-4 设有三个化肥厂（A、B、C）供应四个地区（Ⅰ、Ⅱ、Ⅲ、Ⅳ）的农用化肥。假定等量的化肥在这些地区使用的效果相同。各化肥厂年产量、各地区年需求量的数据如表 2.2.17 所示。试求出总的运费最省的化肥调拨方案。

表 2.2.17 数据表（一）

	Ⅰ地区需求/万吨	Ⅱ地区需求/万吨	Ⅲ地区需求/万吨	Ⅳ地区需求/万吨	年产量/万吨
产地 A	16	13	22	17	50
产地 B	14	13	19	15	60
产地 C	19	20	23	—	50
最低需求	30	70	0	10	
最高需求	50	70	30	不限	

解 这是一个产销不平衡的运输问题，总产量为 160 万吨，四个地区的最低需求为 110 万吨，最高需求为无限。根据现有产量，Ⅳ地区每年最多能分配得到 60 万吨，这样最高需求就为 210 万吨，大于产量。为了求得平衡，在产销平衡表中增加一个假想的化肥厂 D，其年产量为 50 万吨。由于各地区的需求量包含两部分，如Ⅰ地区，其中 30 万吨是最低需求，故不能由假想化肥厂 D 供给，令相应的单位运价为 M（任意大的正数）；而另一部分 20 万吨满足或不满足均可以，因此可以由假想化肥厂 D 供给，根据以上分析，可令相应的单位运价为 0。对凡是需求分两种情况的地区，实际上可按照两个地区看待。这样可以写出这个问题的产销平衡及单位运价表（表 2.2.18），并根据表上作业法，可以求得这个问题的最优解如表 2.2.19 所示。

表 2.2.18 产销平衡及单位运价表（一）

	Ⅰ地区需求/万吨	Ⅰ'地区需求/万吨	Ⅱ地区需求/万吨	Ⅲ地区需求/万吨	Ⅳ地区需求/万吨	Ⅳ'地区需求/万吨	年产量/万吨
产地 A	16	16	13	22	17	17	50
产地 B	14	14	13	19	15	15	60
产地 C	19	19	20	23	M	M	50
产地 D	M	0	M	0	M	0	50
销量/万吨	30	20	70	30	10	50	

表 2.2.19 最优调运方案（一）

	Ⅰ地区需求/万吨	Ⅰ'地区需求/万吨	Ⅱ地区需求/万吨	Ⅲ地区需求/万吨	Ⅳ地区需求/万吨	Ⅳ'地区需求/万吨	年产量/万吨
产地 A			50				50
产地 B			20		10	30	60
产地 C	30	20	0				50
产地 D				30		20	50
销量/万吨	30	20	70	30	10	50	

由于在变量个数相等的情况下，表上作业法的计算远比单纯形法的计算简单得多，在解决实际问题时，人们常常尽可能把某些线性规划问题化为运输问题的数学模型。下面举例说明如何把线性规划问题转化为运输问题。

例 2-5 某厂按合同规定须于当年每个季度末分别提供 10 台、15 台、25 台、20 台同一规格的柴油机。已知该厂各季度的生产能力及生产每台柴油机的成本如表 2.2.20 所示。如果生产出来的柴油机当季不交货，每台每季度需存储费、维护费等共 0.15 万元。要求在完成合同的情况下，做出使该厂全年生产费用最小的决策。

表 2.2.20 生产能力与单位成本表

季度	生产能力/台	单位成本/万元
Ⅰ	25	10.8
Ⅱ	35	11.1
Ⅲ	30	11.0
Ⅳ	10	11.3

解 由于每个季度生产出来的柴油机不一定当季交货，设 x_{ij} 表示第 i 季度生产的用于第 j 季度交货的柴油机数。根据合同要求，必须满足

$$x_{11} = 10$$
$$x_{12} + x_{22} = 15$$
$$x_{13} + x_{23} + x_{33} = 25$$
$$x_{14} + x_{24} + x_{34} + x_{44} = 20$$

每季度生产的用于当季和以后各季交货的柴油机数不可能超过该季度的生产能力，故又有

$$x_{11} + x_{12} + x_{13} + x_{14} \leq 25$$
$$x_{22} + x_{23} + x_{24} \leq 35$$
$$x_{33} + x_{34} \leq 30$$
$$x_{44} \leq 10$$

第 i 季度生产的用于第 j 季度交货的每台柴油机的实际成本 c_{ij} 应该是该季度单位成本加上储存、维护等费用。

c_{ij} 的具体数值见表 2.2.21。

表 2.2.21　各季度的生产与交货费用　　　　　　　　　　单位：万元

	Ⅰ季度交货	Ⅱ季度交货	Ⅲ季度交货	Ⅳ季度交货
Ⅰ季度生产	10.8	10.95	11.10	11.25
Ⅱ季度生产		11.10	11.25	11.40
Ⅲ季度生产			11.00	11.15
Ⅳ季度生产				11.30

设用 a_i 表示该厂第 i 季度生产能力，b_j 表示第 j 季度的合同供应量，则问题可写为

$$\min z = \sum_{i=1}^{4}\sum_{j=1}^{4} c_{ij}x_{ij}$$

$$\text{s.t.} \begin{cases} \sum_{j=1}^{4} x_{ij} \leq a_i, & i=1,2,3,4 \\ \sum_{i=1}^{4} x_{ij} = b_j, & j=1,2,3,4 \\ x_{ij} \geq 0 \end{cases}$$

显然这是一个产大于销的运输问题模型。注意到这个问题中当 $i>j$ 时，$x_{ij}=0$，所以应该令对应的 $c_{ij}=M$，M 是充分大的正数，再加上一个假想的需求季度Ⅴ，就可以把这个问题变成产销平衡的运输模型，并写出产销平衡及单位运价表（表 2.2.22）。

表 2.2.22　产销平衡及单位运价表（二）

	Ⅰ季度销售/万元	Ⅱ季度销售/万元	Ⅲ季度销售/万元	Ⅳ季度销售/万元	Ⅴ季度销售/万元	产量/台
Ⅰ季度生产	10.8	10.95	11.10	11.25	0	25
Ⅱ季度生产	M	11.10	11.25	11.40	0	35
Ⅲ季度生产	M	M	11.00	11.15	0	30
Ⅳ季度生产	M	M	M	11.30	0	10
销量/台	10	15	25	20	30	

经用表上作业法求解,可得多个最优方案,表 2.2.23 列出了最优方案之一,即第 I 季度生产 25 台,其中 10 台在当季交货,15 台在第 II 季度交货;第 II 季度生产 5 台用于第III季度交货;第III季度生产 30 台,其中 20 台在当季交货,10 台在第IV季度交货;第 IV 季度生产 10 台用于当季交货。按此方案安排生产,可使该厂总的生产费用最省,即 773 万元。

表 2.2.23　最优调运方案（二）

	I 季度销售/台	II 季度销售/台	III季度销售/台	IV季度销售/台	V季度销售/台	产量/台
I 季度生产	10	15	0			25
II 季度生产			5		30	35
III季度生产			20	10		30
IV季度生产				10		10
销量/台	10	15	25	20	30	

2.2.3　转运问题

所谓转运问题是运输问题的一个扩充,在原来的运输问题中的产地、销地之间再增加中转点。在运输问题中只允许物品从产地运往销地,而在转运问题中还允许把物品从一个产地运往另一个产地或中转点或销地,也允许把物品从一个中转点运往另一个中转点或产地或销地,也允许把物品从一个销地运往另一个中转点或产地。

在每一个产地的供应量都有一个限量,而每一个销地的需求量也都有一个限制,任意两点间的单位物品的运价已知,那么如何使总的运输费最低。

假定有 m 个产地,n 个销地,p 个中转点,变量定义如下。

a_i 表示第 i 产地的产量,$i = 1, 2, \cdots, m$。

b_j 表示第 j 销地的销量,$j = 1, 2, \cdots, n$。

c_{ij} 表示从产地 A_i 到销地 B_j 运输单位物资的运价,$i = 1, 2, \cdots, m$; $j = 1, 2, \cdots, n$。

d_{ik} 表示从产地 A_i 到中转点 T_k 运输单位物资的运价,$i = 1, 2, \cdots, m$; $k = 1, 2, \cdots, p$。

e_{kj} 表示从中转点 T_k 到销地 B_j 运输单位物资的运价,$k = 1, 2, \cdots, p$; $j = 1, 2, \cdots, n$。

x_{ij} 表示从产地 A_i 到销地 B_j 的运输量,$i = 1, 2, \cdots, m$; $j = 1, 2, \cdots, n$。

y_{ik} 表示从产地 A_i 到中转点 T_k 的运输量,$i = 1, 2, \cdots, m$; $k = 1, 2, \cdots, p$。

z_{kj} 表示从中转点 T_k 到销地 B_j 的运输量,$k = 1, 2, \cdots, p$; $j = 1, 2, \cdots, n$。

则转运问题的数学模型为

$$\min z = \sum_{i=1}^{m}\sum_{j=1}^{n} c_{ij}x_{ij} + \sum_{i=1}^{m}\sum_{k=1}^{p} d_{ik}y_{ik} + \sum_{k=1}^{p}\sum_{j=1}^{n} e_{kj}z_{kj}$$

$$\text{s.t.} \begin{cases} \sum_{j=1}^{n} x_{ij} + \sum_{k=1}^{p} y_{ik} = a_i, & i=1,2,\cdots,m \\ \sum_{i=1}^{m} x_{ij} + \sum_{k=1}^{p} z_{kj} = b_j, & j=1,2,\cdots,n \\ \sum_{i=1}^{m} y_{ik} = \sum_{j=1}^{n} z_{kj}, & k=1,2,\cdots,p \\ x_{ij}, y_{ik}, z_{kj} \geqslant 0 \end{cases}$$

模型中第一个约束是产量约束，表示每一个产地的产量等于从该产地直接运往所有销地的运量之和加上从该地运往所有中转点的运量之和；第二个约束是需求量约束，表示从所有产地直接运往某销地的运量之和加上所有中转点运到同一销地的运量之和；第三个约束是中转平衡约束，表示每一个中转点运进的数量等于运出的数量；最后是非负约束。

如果所有产地的物资都要经过中转点运到销地，只需要把模型中关于 x_{ij} 的内容去掉即可，具体模型如下：

$$\min z = \sum_{i=1}^{m}\sum_{k=1}^{p} d_{ik} y_{ik} + \sum_{k=1}^{p}\sum_{j=1}^{n} e_{kj} z_{kj}$$

$$\text{s.t.} \begin{cases} \sum_{k=1}^{p} y_{ik} = a_i, & i=1,2,\cdots,m \\ \sum_{k=1}^{p} z_{kj} = b_j, & j=1,2,\cdots,n \\ \sum_{i=1}^{m} y_{ik} = \sum_{j=1}^{n} z_{kj}, & k=1,2,\cdots,p \\ y_{ik}, z_{kj} \geqslant 0 \end{cases}$$

例 2-6 某公司有三个分厂（A_1、A_2、A_3）生产某种物资，分别运往四个地区（B_1、B_2、B_3、B_4）的销售公司去销售，有关分厂的产量、各销售公司的销量数据如表 2.2.24 所示，给出总的运输费最低的调运方案。

表 2.2.24　数据表（二）

	销地 B_1/吨	销地 B_2/吨	销地 B_3/吨	销地 B_4/吨	产量/吨
产地 A_1	3	11	3	10	7
产地 A_2	1	9	2	8	4
产地 A_3	7	4	10	5	9
销量/吨	3	6	5	6	

这是一个普通的产销平衡运输问题，但是需作出如下假定：
（1）每个分厂的物资不一定直接发送到销地，可以从其中几个产地集中运输；
（2）运往各销地的物资可以先运给其中几个销地，再转运给其他销地；

（3）除产地、销地外，还有几个中转点，在产地之间、销地之间或产地与销地之间转运。

各产地、销地、中转点及相互之间每吨物资的运价如表 2.2.25 所示，那么在考虑产销之间直接运输和非直接运输的各种可能方案的情况下，如何将三个分厂的物资运往销售公司，使总的运输费最低。

表 2.2.25 各产地、销地、中转点单位物资运价　　单位：万元/吨

		产地			中转点				销地			
		A_1	A_2	A_3	T_1	T_2	T_3	T_4	B_1	B_2	B_3	B_4
产地	A_1		1	3	2	1	4	3	3	11	3	10
	A_2	1		—	3	5	—	2	1	9	2	8
	A_3	3	—		1	—	2	3	7	4	10	5
中转点	T_1	2	3	1		1	3	2	2	8	4	6
	T_2	1	5	—	1		1	2	4	5	2	7
	T_3	4	—	2	3	1		2	1	8	2	4
	T_4	3	2	3	2	1	2		1	—	2	6
销地	B_1	3	1	7	2	4	1	1		1	4	2
	B_2	11	9	4	8	5	8	—	1		2	1
	B_3	3	2	10	4	2	2	2	4	2		3
	B_4	10	8	5	6	7	4	6	2	1	3	

解 从表 2.2.25 可以看出，从 A_1 到 B_2 直接运输单价为 11 元，但从 A_1 经 A_3 再到 B_2，运价为 3＋4＝7（元）；从 A_1 经 T_2 再到 B_2，运价为 1＋5＝6（元）；而从 A_1 到 B_2 的最佳途径为 $A_1 \to A_2 \to B_1 \to B_2$，运价为 1＋1＋1＝3（元）。可见转运问题比一般运输问题复杂。现在把转运问题转化为一般运输问题，并做如下处理。

（1）问题中的所有产地、销地、中转点都可以看成产地，也可以看成销地，因此整个问题可以看成一个由 11 个产地和 11 个销地组成的运输问题。

（2）对于扩大的运输问题建立运价表，表中的不可能运输方案的运价用 M 代替。

（3）所有中转站的产量等于销量，即流入量等于流出量。由于运输费最低时不可能出现物资来回倒运的现象，每个中转点的运量不会超过 20 吨，可以规定中转点的产量和销量均为 20 吨，这样就可以得到扩大的产销平衡及单位运价表，如表 2.2.26 所示。

表 2.2.26 产销平衡及单位运价表（三）

	A_1	A_2	A_3	T_1	T_2	T_3	T_4	B_1	B_2	B_3	B_4	产量/吨
A_1	0	1	3	2	1	4	3	3	11	3	10	27
A_2	1	0	M	3	5	M	2	1	9	2	8	24
A_3	3	M	0	1	M	2	3	7	4	10	5	29
T_1	2	3	1	0	1	3	2	2	8	4	6	20

续表

	A_1	A_2	A_3	T_1	T_2	T_3	T_4	B_1	B_2	B_3	B_4	产量/吨
T_2	1	5	M	1	0	1	2	4	5	2	7	20
T_3	4	M	2	3	1	0	2	1	8	2	4	20
T_4	3	2	3	2	1	2	0	1	M	2	6	20
B_1	3	1	7	2	4	1	1	0	1	4	2	20
B_2	11	9	4	8	5	8	M	1	0	2	1	20
B_3	3	2	10	4	2	2	2	4	2	0	3	20
B_4	10	8	5	6	7	4	6	2	1	3	0	20
销量/吨	20	20	20	20	20	20	20	23	26	25	26	240

利用表上作业法求得最优解如表 2.2.27 所示

表 2.2.27　最优调运方案（三）

	A_1	A_2	A_3	T_1	T_2	T_3	T_4	B_1	B_2	B_3	B_4	产量/吨
A_1	20	7										27
A_2		13						6		5		24
A_3			20	3					6			29
T_1					17			3				20
T_2						20						20
T_3							20					20
T_4								20				20
B_1								14			6	20
B_2									20			20
B_3										20		20
B_4											20	20
销量/吨	20	20	20	20	20	20	20	23	26	25	26	240

从表 2.2.27 可以看出，A_1 把 7 吨产量先运到 A_2，然后与 A_2 的 4 吨产量合并一共 11 吨，其中 6 吨运给 B_1，5 吨运给 B_3；把 3 吨通过 T_1 中转点运给了 B_1，6 吨直接运给了 B_1，这样 B_1 一共收到了 9 吨，其余多余的 6 吨转运给 B_4。这就是最佳运输方案，总运输费只有 68 万元。

2.3　整数规划模型

整数线性规划数学模型的一般形式为

$$\max z(或 \min z) = \sum_{j=1}^{n} c_j x_j$$

$$\begin{cases} \sum_{j=1}^{n} a_{ij} x_j = b_i, & i=1,2,\cdots,m \\ x_j \geqslant 0, & j=1,2,\cdots,n 且部分或全部为整数 \end{cases}$$

2.3.1 装箱问题

例 2-7 某厂拟用集装箱托运甲、乙两种货物，每箱的体积、重量、可获利润以及托运所受限制如表 2.3.1 所示。那么两种货物各托运多少箱，可使获得利润为最大。

表 2.3.1 甲乙两种货物情况

货物	体积/(m³/箱)	重量/(百公斤/箱)	利润/(百元/箱)
甲	5	2	20
乙	4	5	10
托运限制	24	13	

解 设 x_1、x_2 分别为甲、乙两种货物的托运箱数，则数学模型可以表示为

$$\max z = 20x_1 + 10x_2$$

$$\begin{cases} 5x_1 + 4x_2 \leqslant 24 \\ 2x_1 + 5x_2 \leqslant 13 \\ x_1, x_2 \geqslant 0, \quad x_1, x_2 为整数 \end{cases}$$

其中，目标函数表示追寻最大的利润，约束条件分别表示装箱的体积和重量限制，决策变量要求装箱数必须为整数。

2.3.2 选址问题

例 2-8 某公司拟在市东、市西、市南三区建立门市部，有 7 个位置 A_i（$i=1,2,\cdots,7$）可供选择，考虑到各地区居民消费水平及居民居住密集度，公司制定了如下规定。

（1）在东区，从 A_1，A_2，A_3 三个点中至多选两个。

（2）在西区，从 A_4，A_5 两个点中至少选一个。

（3）在南区，从 A_6，A_7 两个点中至少选一个。

如选用 A_i 点，设备投资预计为 b_i 元，每年可获利润预计为 c_i 元，由于公司的投资能力及投资策略限制，要求投资总额不能超过 B 元。那么应如何选择可使年利润为最大。

解 设 $x_i(i=1,2,\cdots,7)$ 表示是否在位置 i 建立门市部，有

$$x_i = \begin{cases} 1, & A_i 点被选用 \\ 0, & A_i 点未被选用 \end{cases}, \quad i=1,2,\cdots,7$$

则可以建立如下数学模型：

$$\max z = \sum_{i=1}^{7} c_i x_i$$

$$\text{s.t.} \begin{cases} \sum_{i=1}^{7} b_i x_i \leqslant B \\ x_1 + x_2 + x_3 \leqslant 2 \\ x_4 + x_5 \geqslant 1 \\ x_6 + x_7 \geqslant 1 \\ x_i = 0 或 1 \end{cases}$$

其中，目标函数表示寻求获利最大的设点方案，第一个约束条件表示投资总额限制，之后的三个约束条件分别表示在东区、西区和南区的设点数限制，决策变量取值 0 或 1。

2.3.3 指派问题

在生活中经常会遇到这样的问题：某单位需完成 n 项任务，恰好有 n 个人可承担这些任务。由于每人的专长不同，各人完成任务所需的时间也不同。问题是，应指派哪个人去完成哪项任务，使完成 n 项任务的总体所需总时间最小。这类问题称为指派问题或分配问题（assignment problem）。

例 2-9 有一份中文说明书，需译成英、日、德、俄四种文字，分别记作 E、J、G、R。现有甲、乙、丙、丁四人。他们将中文说明书翻译成不同语种说明书所需时间如表 2.3.2 所示。那么若要求每一翻译任务只分配给一人去完成，每一个人只接受一项任务，应指派何人去完成何工作，使所需时间最少。

表 2.3.2 效率矩阵　　　　　　　　　　单位：小时

	E	J	G	R
甲	2	15	13	4
乙	10	4	14	15
丙	9	14	16	13
丁	7	8	11	9

一般地，称表 2.3.2 为效率矩阵或者系数矩阵，其元素 $c_{ij} > 0 (i, j = 1, 2, \cdots, n)$ 表示指派第 i 个人去完成第 j 项任务所需的时间，或者称为完成任务的工作效率（或时间、成本等）。

解 引入 0-1 变量 x_{ij}：

$$x_{ij} = \begin{cases} 1, & \text{指派第}i\text{人去完成第}j\text{项任务} \\ 0, & \text{不指派第}i\text{人去完成第}j\text{项任务} \end{cases}$$

由此可得到指派问题的数学模型为

$$\min z = \sum_i \sum_j c_{ij} x_{ij}$$

$$\text{s.t.} \begin{cases} \sum_i x_{ij} = 1, & j = 1, 2, \cdots, n \\ \sum_j x_{ij} = 1, & i = 1, 2, \cdots, n \\ x_{ij} = 1 \text{或} 0 \end{cases}$$

目标函数表示 n 个人完成任务所需的时间最少（或效率最高）；第一个约束条件说明第 j 项任务只能由 1 人去完成；第二个约束条件说明第 i 人只能完成 1 项任务。

上述问题可行解 x_{ij} 可写成表格或矩阵形式，本例的一个可行解矩阵为

$$（x_{ij}）=\begin{bmatrix} 0 & 1 & 0 & 0 \\ 0 & 0 & 1 & 0 \\ 1 & 0 & 0 & 0 \\ 0 & 0 & 0 & 1 \end{bmatrix}$$

可以看出，解矩阵(x_{ij})中各行（各列）只能有一个元素是1。

回顾运输问题的数学模型，运输问题中若产量和销量分别等于1，实际上所得到的数学模型与指派问题相同，即指派问题是运输问题的特例，因而可以用运输问题的表上作业法求解。本节利用指派问题的特点介绍一种更为简便的算法。

指派问题的最优解有如下性质：若从系数矩阵(c_{ij})的某一行（列）各元素中分别减去该行（列）的最小元素，得到新矩阵(b_{ij})，那么以(b_{ij})为系数矩阵求得的最优解和用原系数矩阵求得的最优解相同。

用例2-9来理解上述性质，对甲来说，只能完成一项任务，若其无论完成哪项任务都减少相同的时间，这种时间变动并不改变甲在四项任务中的最佳选择；若完成某项任务的四个人都减少相同的时间，同样，这种时间的节省并不改变任务对完成人的最佳选择。

利用这个性质，可使原系数矩阵变换为含有很多0元素的新系数矩阵，而最优解保持不变。在系数矩阵(b_{ij})中，一般称位于不同行不同列的0元素为独立的0元素。若能在系数矩阵(b_{ij})中找出n个独立的0元素，令解矩阵(x_{ij})中对应这n个独立的0元素的元素取值为1，其他元素取值为0，则将其代入目标函数中得到的$z_b=0$，它一定是最小，这就是以(b_{ij})为系数矩阵的指派问题的最优解，也就得到了原问题的最优解。

1955年，库恩（Kuhn）利用匈牙利数学家康尼格（Konig）的一个关于矩阵中0元素的定理，提出了指派问题的解法，称为匈牙利法。该定理证明了以下结论：系数矩阵中独立元素0元素的最多个数等于能覆盖所有0元素的最小直线数。

下面用例2-9来说明该方法的应用步骤。

（1）对指派问题的系数矩阵进行变换，在各行各列中都出现0元素。

①行变换，从系数矩阵的每行元素减去该行的最小元素。

②列变换，再从所得系数矩阵的每列元素中减去该列的最小元素。

例2-9的计算结果为

$$(c_{ij})=\begin{bmatrix} 2 & 15 & 13 & 4 \\ 10 & 4 & 14 & 15 \\ 9 & 14 & 16 & 13 \\ 7 & 8 & 11 & 9 \end{bmatrix} \xrightarrow{\text{行变换}} \begin{bmatrix} 0 & 13 & 11 & 2 \\ 6 & 0 & 10 & 11 \\ 0 & 5 & 7 & 4 \\ 0 & 1 & 4 & 2 \end{bmatrix} \xrightarrow{\text{列变换}} \begin{bmatrix} 0 & 13 & 7 & 0 \\ 6 & 0 & 6 & 9 \\ 0 & 5 & 3 & 2 \\ 0 & 1 & 0 & 0 \end{bmatrix} = (b_{ij})$$

（2）进行试指派，以寻求最优解。

经过变换后，系数矩阵中每行每列都已有了0元素；但需找出n个独立的0元素。若能找出，就以这些独立0元素对应解矩阵(x_{ij})中的元素为1，其余为0，这就得到最优解。当n较小时，可用观察法、试探法去找出n个独立0元素。当n较大时，就必须按一定的步骤去找，常用的步骤如下。

①从只有一个0元素的行（列）开始，给这个0元素加圈，记为◎。这表示对这行所代表的人，只有一种任务可指派。然后划去◎所在列（行）的其他0元素，记为Φ。这表示这列所代表的任务已指派完，不必再考虑别人。

②给只有一个0元素列（行）的0元素加圈，记为◎；然后划去◎所在行的0元素，记为Φ。

③反复进行①和②，直到所有0元素都被圈出和划掉。

④若仍有没有画圈的0元素，且同行（列）的0元素至少有两个（表示对这个可以从两项任务中指派其一），则从剩有0元素最少的行（列）开始，比较这行各0元素所在列中0元素的数目，选择0元素少的那列的这个0元素加圈（表示选择性多的要"礼让"选择性少的）。然后划掉同行同列的其他0元素。可反复进行，直到所有0元素都已圈出和划掉。

⑤若◎元素的数目 m 等于矩阵的阶数 n，则指派问题的最优解已得到。若 $m<n$，则转入步骤③。

根据步骤①，先给 b_{22} 加圈，然后给 b_{31} 加圈，划掉 b_{11},b_{41}；根据步骤②，给 b_{43} 加圈，划掉 b_{44}，最后给 b_{14} 加圈，得到

$$\begin{bmatrix} \Phi & 13 & 7 & \circledcirc \\ 6 & \circledcirc & 6 & 9 \\ \circledcirc & 5 & 3 & 2 \\ \Phi & 1 & \circledcirc & \Phi \end{bmatrix}$$

由 $m=n=4$ 可得最优解为

$$(x_{ij}) = \begin{bmatrix} 0 & 0 & 0 & 1 \\ 0 & 1 & 0 & 0 \\ 1 & 0 & 0 & 0 \\ 0 & 0 & 1 & 0 \end{bmatrix}$$

这表示：指定甲译出俄文，乙译出日文，丙译出英文，丁译出德文，所需最少总时间为 $\min z_b = \sum_i \sum_j b_{ij} x_{ij} = 0$；而 $\min z = \sum_i \sum_j c_{ij} x_{ij} = c_{31} + c_{22} + c_{43} + c_{14} = 28$（小时）。

2.4 图论与网络规划模型

2.4.1 最小支撑树

最小支撑树是网络优化中一个重要的概念，它在交通网、电话网、管道网、电力网等设计中均有广泛的应用。

1. 最小支撑树定义

设有一个连通图 $G=(V,E)$，每一边 $e=[v_i,v_j]$ 有一个权 $w(e)=w_{ij}$，如果 $T=(V,E')$ 是 G 的一个支撑树，称 E' 中所有边的权之和为支撑树 T 的权，记为 $w(T)$：

$$w(T) = \sum_{\langle v_i,v_j \rangle \in T} w_{ij}$$

如果支撑树 T^* 的权 $w(T^*)$ 是 G 的所有支撑树中权数最小的,则称 T^* 是 G 的最小支撑树（也称最小树），即

$$w(T^*) = \min\{w(T) : T 是 G 的支撑树\}$$

树的各条边称为树枝，一般图包含有多个支撑树，最小支撑树是其中树枝总长最小的支撑树。图的最小树一般不唯一。

支撑树删去一条边后，形成两棵子树，所删边的两个端点分别属于两棵子树的顶点集合，原支撑树中所删边连接两个子树。通过支撑树的定义，显然有生成树 T^* 是最小树的充要条件是：对 T^* 中的任何一条弧，将该弧从 T^* 中删除后形成的中割，该弧为最小弧。

2. 寻找最小支撑树的算法

1）破圈法

破圈法的基本思想：从图 G 中任取一圈，去掉这个圈中权数最大的一条边，得一支撑子图 G_1。在 G_1 中再任取一圈，再去掉圈中权数最大的一条边，得 G_2。如此下去，一直到剩下的子图中不再含圈。该子图就是 G_1 的最小支撑树 T^*。

2）Kruskal 算法（避圈法）

Kruskal 算法是 Kruskal 于 1956 年提出的一个产生最小树的算法，该算法的基本思想是：按照边长由小到大排序，先将一条权最小的边加入子图中，并保证不构成圈；然后子图中加入剩余边中权最小的弧，并保证当前弧加入后不形成圈，如此下去当边数达到 ($n-1$) 时，该子图即最小生成树。

例 2-10 用 Kruskal 算法求解如图 2.4.1（a）所示网络的最小树，每条边上的数表示该边的权值。

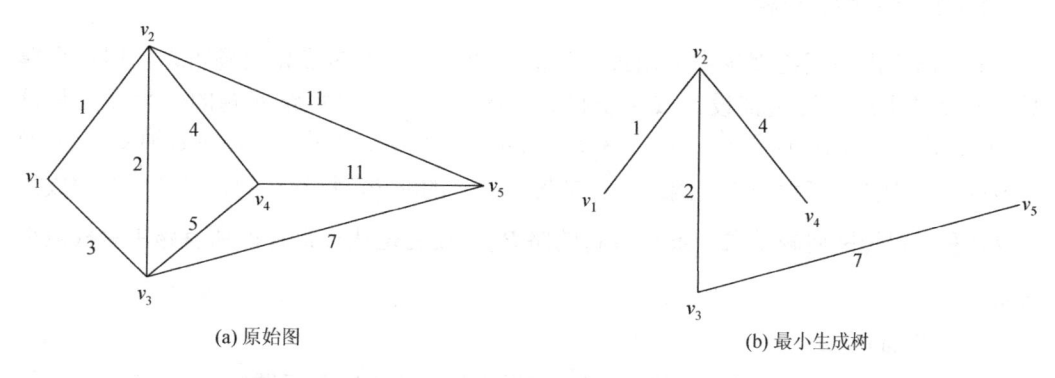

(a) 原始图

(b) 最小生成树

图 2.4.1 原始图和最小生成树

解 从图中任取一圈（v_2, v_4, v_5），去掉圈中权数最大的一条边 11，得一生成子图。然后从生成子图中再取一圈（v_3, v_4, v_5），去掉圈中权数最大的一条边 11。再取圈（v_2, v_3, v_4），去掉圈中权数最大的一条边 5，取圈（v_1, v_2, v_3），去掉圈中权数最大边 3，此时剩下的子图中不再含圈。最小生成树如图 2.4.1（b）所示。

例 2-11 用避圈法求解图 2.4.1（a）中的最小生成树，每条边上的数字表示该边的权值。

解 用避圈法求解的过程见图 2.4.2（a）～图 2.4.2（d），图 2.4.2（d）的实线部分为最小生成树。

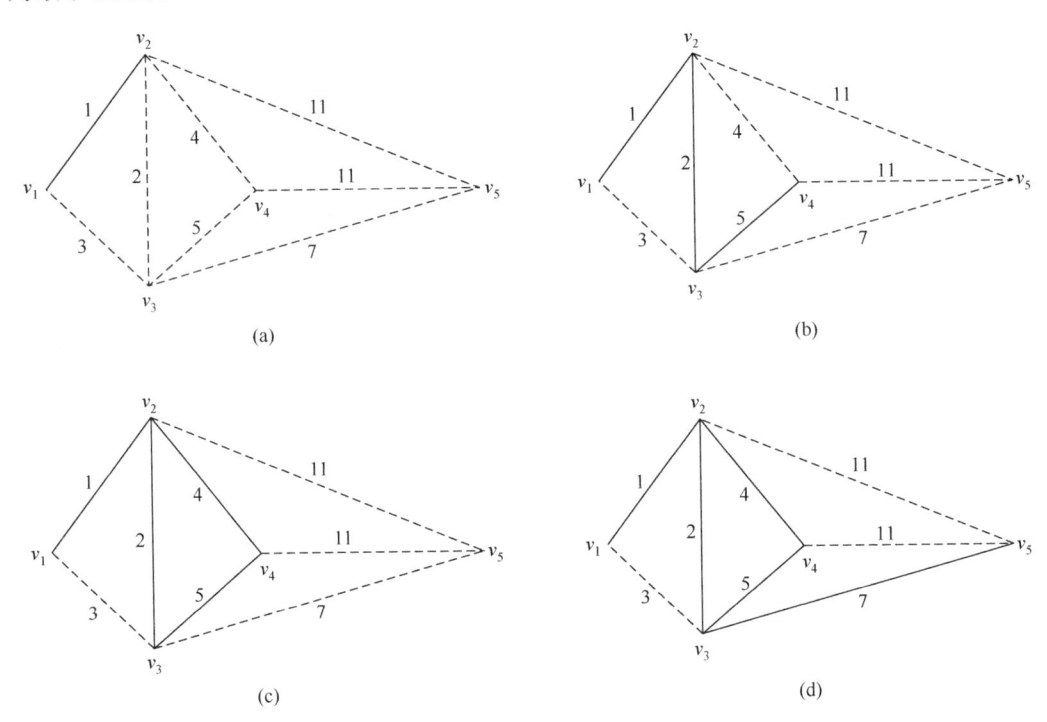

图 2.4.2　避圈法求解全过程

2.4.2 最短路问题

最短路问题是网络理论中应用最广泛的问题之一。许多优化问题可以使用这个模型，如设备更新、管道铺设、线路安排、厂区布局等。最短路问题的一般提法是设 $N=(V,A,W)$ 为网络图，图中各边 (v_i,v_j) 有权 w_{ij}（$w_{ij}=\infty$ 表示 v_i，v_j 之间没有边），v_1 为起始点，v_j 为图中任意一点。网络中有多条 $v_1 \to v_j$ 的路 P，每条路的权是其所有构成弧的权之和。最短路问题是求一条 $v_1 \to v_j$ 的路 $P_{1,j}^*$，使它是从 v_1 到 v_j 的所有路中总权最小的路。

1. Bellman 算法

利用 Bellman 算法，对于无圈网络，可以设计求解最短路问题的算法。Bellman 算法的基本思想基于如下事实：从 v_1 到 v_j 的最短路总是沿着该路先到 v_j 前面的某一点 v_i，然后沿着 (v_i,v_j) 到 v_j；于是，若 v_1 到 v_j 为最短路，则 v_1 到 v_i 亦为最短路。

例 2-12 计算图 2.4.3（a）中 $v_1 \to v_j$ 各点的最短路。

解 这是一个有圈网络图，但 v_1 是起始点，故进入 v_1 的弧可以删去。对顶点进行重新标号，得到网络图如图 2.4.3（b）所示。

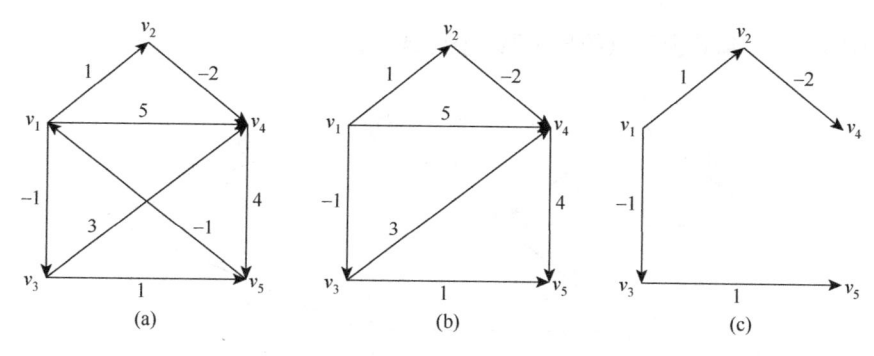

图 2.4.3 Bellman 算法的求解

Bellman 算法的计算：

$$u_1 = 0$$
$$u_2 = \min_{i<2}\{u_i + w_{i2}\} = \min\{0+1\} = 1$$
$$u_3 = \min_{i<3}\{u_i + w_{i3}\} = \min\{0-1\} = -1$$
$$u_4 = \min_{i<4}\{u_i + w_{i4}\} = \min\{0+5, 1+(-2), -1+3\} = -1$$
$$u_5 = \min_{i<5}\{u_i + w_{i5}\} = \min\{-1+1, -1+4\} = 0$$

按照 u_i，求出最短路网络，如图 2.4.3（c）所示。

2. Dijkstra 算法

Dijkstra 算法也称为双标号法。所谓双标号，也就是对图中的每个点 v_j 赋予两个参数（通常称为标号）$(u_j, \text{pred}(j))$：第一个标号 u_j 表示从起点 v_1 到 v_j 的最短路的长度，是距离标号；第二个标号 $\text{pred}(j)$ 称为前趋标号，是记录在 v_1 到 v_j 的最短路上，v_j 前面一个邻点的下标，用来标识最短路路径，从而可对终点到始点进行反向追踪，找到 v_1 到 v_j 的最短路。通过不断修改这些标号，进行迭代计算。

Dijkstra 算法的步骤如下。

（1）给起点 v_1 标号 $(0, s)$，表示从 v_1 到 v_1 的距离为 0，v_s 为起点。$S = \varnothing$。

（2）如果 $S = V$，则 u_j 为 v_1 到 v_j 的最短路的长度，最短路可以按照 $\text{pred}(j)$ 记录的信息，反向追踪即可获得，计算结束。否则，转步骤（3）。

（3）求出弧集 $A = \{(v_i, v_j) | v_i \in S, v_j \in \bar{S}\}$。若 $A = \varnothing$，表明从所有已经赋予标号的顶点出发，不再有这样的弧，它的另一顶点尚未标号，则计算结束。对于已有标号的顶点，可求得从 v_1 到达这个顶点的最短路，对于没有标号的顶点，则不存在从 v_1 到达这个顶点的路。若弧集 $A \neq \varnothing$，转步骤（4）。

（4）对弧集 A 中的每一条弧 (v_i, v_j)，计算 $\min\{u_i + w_{ij} : \langle v_i, v_j \rangle \in A\} = u_{i^*} + w_{i^*j^*}$，则 v_t 赋予双标号 (u_{j^*}, i^*)，其中 $u_{j^*} = u_{i^*} + w_{i^*j^*}$。$S = S \cup v_{j^*}$。转步骤（3）。

经上述一个循环的计算，将求出 v_1 到一个顶点 v_j 的最短路及其长度，从而使一个顶点 v_j 得到双标号。若图中总共有 n 个顶点，则最多计算 $n-1$ 个循环，即可得到最后结果。

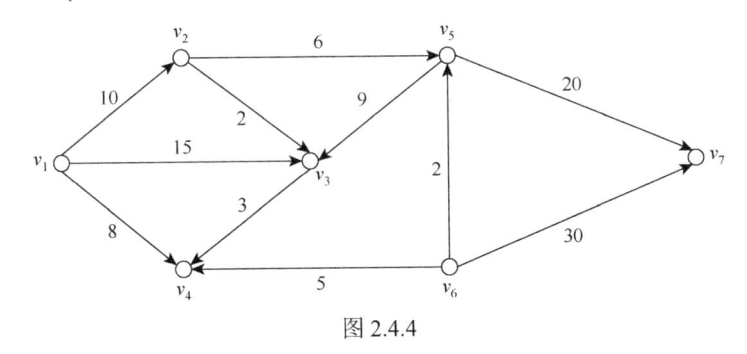

例 2-13 求 v_1 到其余各点的最短路（图 2.4.4）。

图 2.4.4

解 给起点 v_1 标号 $(0,s)$，表示从 v_1 到 v_1 的距离 $p(v_1)=0$，v_1 为起点。

（1）标号的点的集合 $S=\{v_1\}$，没标号的点的集合 $\overline{S}=\{v_2,v_3,v_4,v_5,v_6,v_7\}$，弧集 $A=\{(v_i,v_j)|v_i\in S,v_j\in \overline{S}\}=\{(v_1,v_2),(v_1,v_3),(v_1,v_4)\}$。$u_i+w_{ij}:\langle v_i,v_j\rangle\in A$ 中，v_2 对应的是 $0+10$，v_3 对应的是 $0+15$，v_4 对应的是 $0+8$。v_4 最小，故 v_4 得到双标号（8，1）。8 代表最短路长度，1 代表前趋点 v_1。

（2）标号的点的集合 $S=\{v_1,v_4\}$，没标号的点的集合 $\overline{S}=\{v_2,v_3,v_5,v_6,v_7\}$，弧集 $A=\{(v_i,v_j)|v_i\in S,v_j\in \overline{S}\}=\{(v_1,v_2),(v_1,v_3)\}$。$u_i+w_{ij}:\langle v_i,v_j\rangle\in A$ 中 v_2 对应的是 $0+10$，v_3 对应的是 $0+15$。v_2 最小，v_2 得到双标号（10，1）。10 代表最短路长度，1 代表前趋点 v_1。

（3）标号的点的集合 $S=\{v_1,v_2,v_4\}$，没标号的点的集合 $\overline{S}=\{v_3,v_5,v_6,v_7\}$，给弧 $A=\{(v_i,v_j)|v_i\in I,v_j\in J\}=\{(v_1,v_3),(v_2,v_3),(v_2,v_5)\}$。给弧 $A=\{(v_i,v_j)|v_i\in I,v_j\in J\}=\{(v_1,v_3),(v_2,v_3),(v_2,v_5)\}$。$v_3$ 对应的是 $10+2$，v_5 对应的是 $10+6$，给弧 (v_2,v_3) 的终点 v_3 以双标号（12，2）。

（4）标号的点的集合 $S=\{v_1,v_2,v_3,v_4\}$，没标号的点的集合 $\overline{S}=\{v_5,v_6,v_7\}$，弧集 $A=\{(v_i,v_j)|v_i\in I,v_j\in J\}=\{(v_2,v_5)\}$。给弧 (v_2,v_5) 的终点 v_5 以双标号（16，2）。

（5）标号的点的集合 $S=\{v_1,v_2,v_3,v_4,v_5\}$，没标号的点的集合 $\overline{S}=\{v_6,v_7\}$，弧集 $A=\{(v_i,v_j)|v_i\in I,v_j\in J\}=\{(v_5,v_7)\}$，给弧 (v_5,v_7) 的终点 v_7 以双标号（36，5）。

（6）标号的点的集合 $S=\{v_1,v_2,v_3,v_4,v_5,v_7\}$，没标号的点的集合 $\overline{S}=\{v_6\}$，弧集 $A=\{(v_i,v_j)|v_i\in I,v_j\in J\}=\varnothing$，计算结束。

此时，$J=\{v_6\}$，即 v_6 还未标号，说明 v_1 到 v_6 没有有向路。

至此，自顶点 1 至其余顶点的最短路都已求得。如图 2.4.5 中粗线所示。

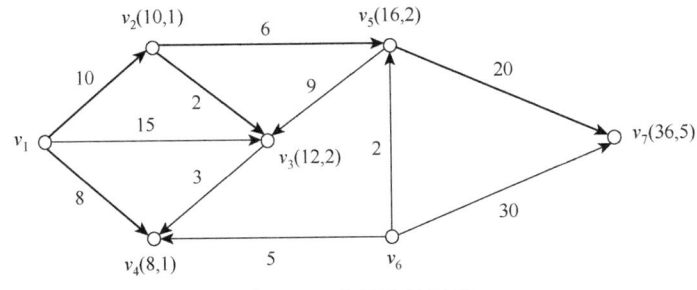

图 2.4.5 求得的最短路

例如，根据v_7的标号（36，5）可知从v_1到v_7的最短路路程长为36，其最短路径中的v_7的前面一点是v_5，从v_5的标号（16，2）可知v_5的前面一点是v_2，从v_2的标号（10，1）可知v_2的前面一点是v_1，即此最短路径为$v_1 \to v_2 \to v_5 \to v_7$；同理，从$v_1$到$v_3$的最短路为$v_1 \to v_2 \to v_3$，路程长为12。

3. Floyd-Warshall 算法

Floyd-Warshall 算法是求网络中任意两点间的最短路的算法，该算法的基本思想就是标号修正。为计算方便，令网络的权矩阵为$\boldsymbol{w} = (w_{ij})_{n \times n}$，$w_{ij}$为$v_i$到$v_j$的距离。

Floyd-Warshall 算法用标号修正算法表示如下：

$$\begin{cases} u_{ii}^1 = 0 \\ u_{ij}^1 = w_{ij}, \quad i \neq j \\ u_{ij}^{k+1} = \min_{l \neq i; l \neq j} \{u_{ij}^k, u_{il}^k + w_{lj}\} \end{cases}$$

在 Floyd-Warshall 算法中，u_{ij}^k是第k次迭代得到的v_i到v_j的临时性标号，u_{ij}^k是在v_i到v_j的路中边数不超过k条的路中最短路的长度，是最短路长度的近似。这个算法在迭代n次后，如果各顶点对之间存在最短路，u_{ij}^n为v_i到v_j的最短路长度，临时性标号变成永久性标号。如果u_{ij}^{n+1}还没有收敛，即存在两个顶点v_i和v_j，使得$u_{ij}^{n+2} < u_{ij}^{n+1}$，这说明网络中存在负圈。

Floyd-Warshall 算法可以通过矩阵的迭代实现。每次标号的修正都是一个距离矩阵的迭代和更新。

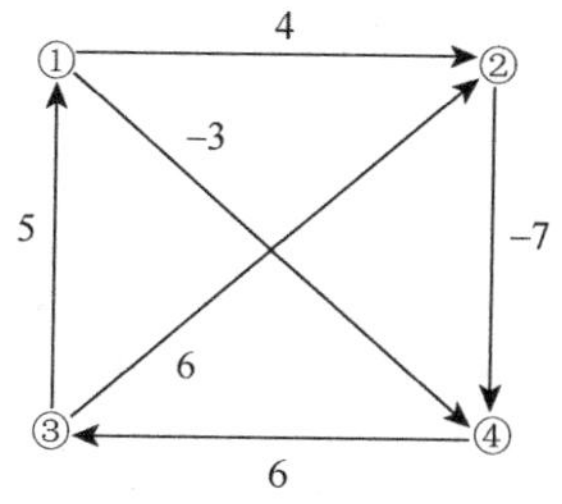

例2-14 求图2.4.6所示的网络图G中任意两点间的最短路。弧旁的数字表示弧的长度。

解 用$D^{(k)}$表示各顶点对之间通过不超过k条弧所能够到达的最短路的长度矩阵，则计算结果如下。

图 2.4.6 网络图 G

首先给出通过不超过 1 条弧即可到达的长度矩阵：

$$\boldsymbol{D}^{(1)} = \begin{bmatrix} 0 & 4 & +\infty & -3 \\ +\infty & 0 & +\infty & -7 \\ 5 & 6 & 0 & +\infty \\ +\infty & +\infty & 6 & 0 \end{bmatrix}$$

①到②不超过 2 条弧即可到达的长度：

$$\min \begin{Bmatrix} 4+0 \\ 0+4 \\ 6+\infty \\ \infty+-3 \end{Bmatrix} = 4$$

①到③不超过 2 条弧即可到达的长度：

$$\min\begin{Bmatrix}\infty+0\\\infty+4\\0+\infty\\6+-3\end{Bmatrix}=3$$

①到④不超过 2 条弧即可到达的长度：

$$\min\begin{Bmatrix}-3+0\\-7+4\\\infty+\infty\\0+-3\end{Bmatrix}=-3$$

其他算法同上。

得到各顶点对之间通过不超过 2 条弧所能够到达的最短路的长度矩阵：

$$\boldsymbol{D}^{(2)}=\begin{pmatrix}0 & 4 & 3 & -3\\+\infty & 0 & -1 & -7\\5 & 6 & 0 & -1\\11 & 12 & 6 & 0\end{pmatrix}$$

各顶点对之间通过不超过 $k(3,4)$ 条弧所能够到达的最短路的长度矩阵：

$$\boldsymbol{D}^{(3)}=\begin{bmatrix}0 & 4 & 3 & -3\\4 & 0 & -1 & -7\\5 & 6 & 0 & -1\\11 & 12 & 6 & 0\end{bmatrix}$$

$$\boldsymbol{D}^{(4)}=\begin{bmatrix}0 & 4 & 3 & -3\\4 & 0 & -1 & -7\\5 & 6 & 0 & -1\\11 & 12 & 6 & 0\end{bmatrix}$$

我们看到 $\boldsymbol{D}^{(3)}=\boldsymbol{D}^{(4)}$，则 $\boldsymbol{D}^{(3)}$ 中的长度就是最短路长度。若记 $\boldsymbol{D}^{(2)}=(d_{ij}^{(2)})$，则 $(d_{ij}^{(2)})$ 等于 $\boldsymbol{D}^{(1)}$ 中第 i 行与 j 列对应元素之和的最小值；$\boldsymbol{D}^{(3)}=(d_{ij}^{(3)})$，则 $(d_{ij}^{(3)})$ 等于 $\boldsymbol{D}^{(1)}$ 中第 i 行元素与 $\boldsymbol{D}^{(2)}$ 中第 j 列对应元素之和的最小值。

2.4.3 网络最大流问题

最大流问题是一类应用极为广泛的问题，如在交通运输网络中有人流、车流、货物流，供水网络中有水流，金融系统中有现金流，通信系统中有信息流，等等。20 世纪 50 年代，福特（Ford）、富克逊（Fulkerson）建立的"网络流理论"是网络应用的重要组成部分。

所谓的最大流问题就是：给一个带收发点的网络（一般收点用 v_t 表示，发点用 v_s 表示，其余为中间点），其每条弧的权值称为容量，在不超过每条弧的容量的前提下，要求确定每条弧的流量，使得从发点到收点的流量最大。求解网络最大流问题可以使用 Ford-Fulkerson 标号法。

例 2-15 试用 Ford-Fulkerson 标号法求图 2.4.7 所示的网络最大流,括号中第一个数字是容量,第二个数字是流量。

解 (1) 图中已经给出可行流 f。

(2) 首先给 v_s 标以 $(0,+\infty)$,此时 $V_0=\{v_s\},V_s=\varnothing,\overline{V}_s=\{v_1,v_2,v_3,v_4,v_t\}$。检查点 v_s:

对于弧 $(v_s,v_1),f_{s1}=c_{s1}=3$,为饱和弧,所以对 v_1 不标号。

对于弧 $(v_s,v_2),f_{s2}<c_{s2}$,为非饱和弧,所以给点 v_2 标号,$v_2(v_s,L(v_2))$。其中
$$L(v_2)=\min\{+\infty,(c_{s2}-f_{s2})\}=\min\{+\infty,(5-1)\}=4$$
此时 $V_0=\{v_2\},V_s=\{v_s\},\overline{V}_s=\{v_1,v_3,v_4,v_t\}$。

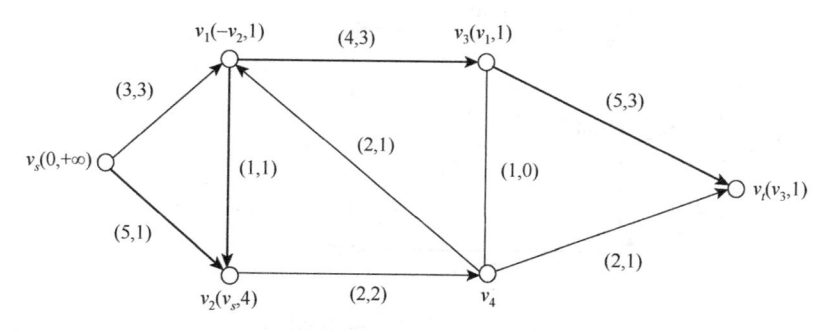

图 2.4.7 网络最大流标号

① 检查点 v_2。

对于弧 (v_2,v_4),$f_{24}=c_{24}=2$,为饱和弧,所以对 v_4 不标号。

对于弧 (v_1,v_2),$f_{12}=1>0$,为非零流弧,所以给 v_1 标号,$v_1(-v_2,L(v_1))$,其中
$$L(v_1)=\min\{L(v_2),f_{12}\}=\min\{4,1\}=1$$
此时
$$V_0=\{v_1\},V_s=\{v_s,v_2\},\overline{V}_s=\{v_3,v_4,v_t\}$$

② 检查点 v_1。

对于弧 (v_1,v_3),$f_{13}<c_{13}$,为非饱和弧,所以给点 v_3 标号,$v_3(v_1,L(v_3))$,其中
$$L(v_3)=\min\{L(v_1),(c_{13}-f_{13})\}=\min\{1,(4-3)\}=1$$

对于弧 (v_4,v_1),$f_{41}=1>0$,为非零流弧,所以给 v_4 标号,$v_4(-v_1,L(v_4))$,其中
$$L(v_4)=\min\{L(v_1),f_{41}\}=\min\{1,1\}=1$$
此时
$$V_0=\{v_3,v_4\},V_s=\{v_s,v_2,v_1\},\overline{V}_s=\{v_t\}$$

③ 检查点 v_3。

对于弧 (v_3,v_t),$f_{3t}<c_{3t}$,为非饱和弧,所以给点 v_t 标号,$v_t(v_3,L(v_t))$,其中
$$L(v_t)=\min\{L(v_3),(c_{3t}-f_{3t})\}=\min\{1,(5-3)\}=1$$

由于 v_t 已标号,不需再检查 v_4。

(3) 利用各点已标号的第一个分量,从 v_t 反向追踪得增广链 $\mu=\{v_s,v_2,v_1,v_3,v_t\}$,如图 2.4.7 中粗箭头线所示,其中 $\mu^+=\{(v_s,v_2),(v_1,v_3),(v_3,v_t)\}$,$\mu^-=\{(v_1,v_2)\}$。

由 v_t 标号的第二个分量可知 $\theta=1$,于是在 μ 上进行调整:

$$f'_{ij} = \begin{cases} f'_{s2} = f_{s2} + \theta = 1+1 = 2, & (v_s, v_2) \in \mu^+ \\ f'_{13} = f_{13} + \theta = 3+1 = 4, & (v_1, v_3) \in \mu^+ \\ f'_{3t} = f_{st} + \theta = 3+1 = 4, & (v_3, v_t) \in \mu^+ \\ f'_{12} = f_{12} - \theta = 1-1 = 0, & (v_3, v_t) \in \mu^- \\ f_{ij}, & (v_i, v_j) \notin \mu \end{cases}$$

调整后的可行流如图 2.4.8 所示。对这个新的可行流重新在图中进行标号，寻找新的增广链。

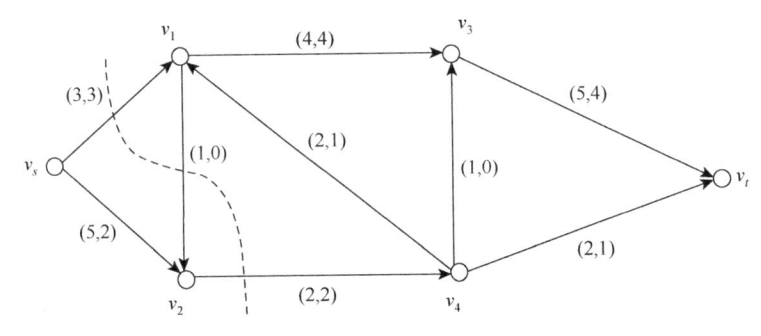

图 2.4.8 新可行流的网络图标号

（4）再标号。

同上述第（2）步标号，当给 v_2 标号 $(v_s,3)$ 后，无法再进行下去，此时，$V_0 = \varnothing$，$V_s = \{v_s, v_2\}$，$\overline{V}_s = \{v_1, v_3, v_4, v_t\}$。因此，目前所得到的可行流就是最大流，最小截集为 $(V_s^*, \overline{V}_s^*) = \{(v_s, v_1), (v_2, v_4)\}$，最大流量为 $V(f^*) = C(V_s^*, \overline{V}_s^*) = c_{s1} + c_{24} = 3+2 = 5$。

由以上分析可以看出，最小截集中各弧的容量总和构成最大流问题的瓶颈，在实际问题中，为提高网络中的总流量，必须首先着力改善最小截集中各弧的弧容量。

2.4.4 最小费用最大流

最小费用最大流问题是经济学和管理学中的一类典型问题。在 2.4.3 节最大流问题中，每一个可行流在现实生活中，还对应着一定的费用，许多情况下优化目标不但要求流量尽可能大，还要求费用尽可能小。在一个网络中每条弧都有"容量"和"费用"两个限制的条件下，寻求 v_s 到 v_t 的最大流，使该最大流在所有最大流中费用达到最小。下面介绍求解最小费用最大流问题的方法，其基本思想是在寻求最大流的算法过程中，不但通过增广链使流量逐步增加，还要考虑费用的约束，即每次可行流的调整都使费用增加最小。

（1）取零流为初始最小费用可行流，记为 $f(0)$。

（2）若第 k 步得到最小费用可行流 $f(k)$，则构造一个新赋权图 $D(f(k))$，在 $D(f(k))$ 中寻求 $v_s \to v_t$ 最短路。若不存在最短路，则目前的可行流 $F(k)$ 为网络 D 的最小费用最大流；若存在最短路，则在原网络 D 中得到了相应的最小费用增广链 μ，对 $F(k)$ 进行调整，调整量为 $\theta = \min\{\min_{u^+}(c_{ij} - f_{ij}^{(k)}), \min_{u^-}(f_{ij}^{(k)})\}$。

（3）调整方法如下：

$$f_{ij}(k+1) = \begin{cases} b_{ij}(k) + \theta, & \langle v_i, v_j \rangle \in \mu^+ \\ b_{ij}(k) - \theta, & \langle v_i, v_j \rangle \in \mu^- \end{cases}$$

重复进行上述步骤，直到找不出增广链为止。

例 2-16 求网络（图 2.4.9）的最小费用最大流，弧旁的数字为（b_{ij}, c_{ij}）。

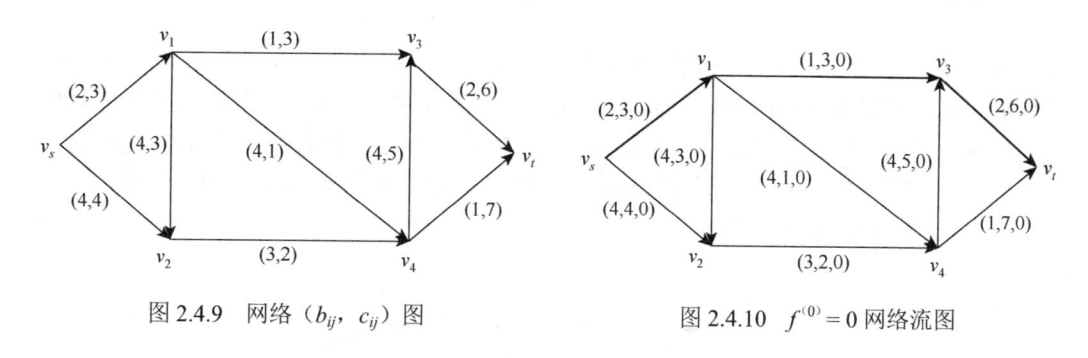

图 2.4.9 网络（b_{ij}, c_{ij}）图

图 2.4.10 $f^{(0)} = 0$ 网络流图

解 （1）取零流为初始最小费用可行流，得到 $f^{(0)} = 0$ 的流图，如图 2.4.10 所示。弧旁的数字为（b_{ij}, c_{ij}, f_{ij}）。

（2）在 $f^{(0)} = 0$ 的网络流图 2.4.10 中构造新赋权图 $D(f^{(0)})$，并在 $D(f^{(0)})$ 中寻求从 v_s 到 v_t 的最短路，如图 2.4.11 中粗线所示，由此得到最小费用增广链。

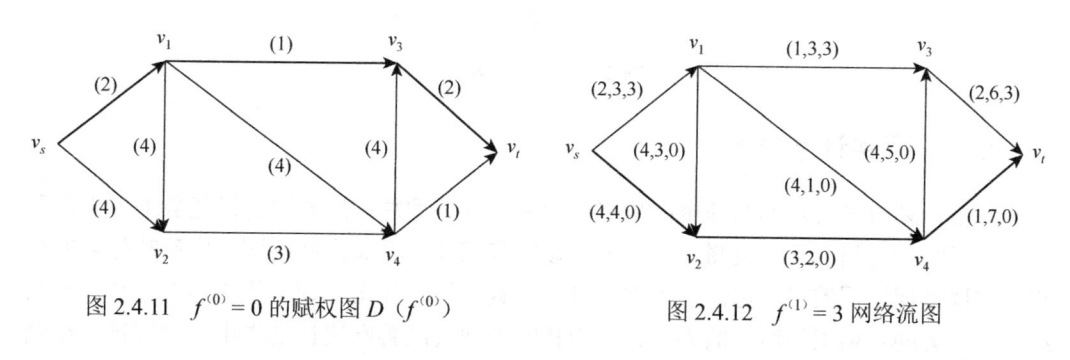

图 2.4.11 $f^{(0)} = 0$ 的赋权图 $D(f^{(0)})$

图 2.4.12 $f^{(1)} = 3$ 网络流图

利用最小费用增广链对可行流进行调整，调整量为 min{3−0, 3−0, 6−0} = 3，调整后的新可行流 $f^{(1)} = 3$ 见图 2.4.12。

（3）在 $f^{(1)} = 3$ 网络流图中构造新赋权图 $D(f^{(1)})$，其中弧（v_s, v_1）和弧（v_1, v_3）已是饱和弧，只能作为后向弧，而弧（v_3, v_t）是非饱和弧，既可以作为前向弧也可以作为后向弧，新赋权图如图 2.4.13 所示，并在 $D(f^{(1)})$ 中寻求从 v_s 到 v_t 的最短路，如图 2.4.13 中粗线所示，由此得到最小费用增广链。

在 $f^{(1)} = 3$ 的网络流图的最小费用增广链上对可行流进行增加流量的调整，调整量为 min{4−0, 2−0, 7−0} = 2，因此，新可行流 $f^{(2)} = 2$ 的网络流图见图 2.4.14。

图 2.4.13 $f^{(1)}=3$ 的赋权图 $D(f^{(1)})$ 　　　图 2.4.14 $f^{(2)}=2$ 网络流图

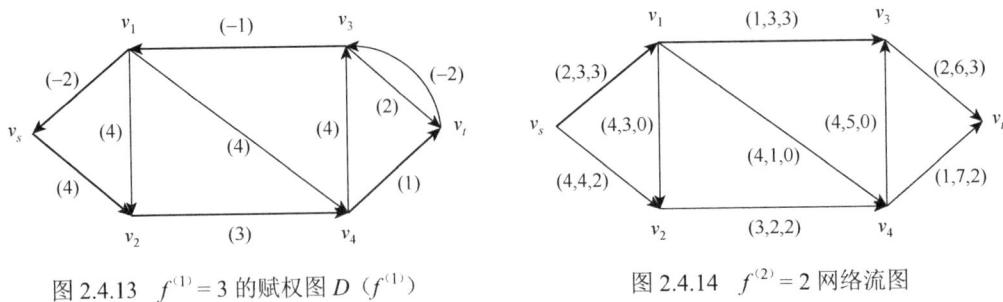

（4）在 $f^{(2)}=2$ 网络流图中构造新赋权图 $D(f^{(2)})$，其中弧 (v_s, v_2) 和弧 (v_2, v_4) 已是饱和弧，只能作为后向弧，而弧 (v_4, v_t) 是非饱和弧，既可以作为前向弧也可以作为后向弧，新赋权图如图 2.4.15 所示，此时在 $D(f^{(2)})$ 中已没有从 v_s 到 v_t 的最短路，也就是没有增广链了，即图 2.4.15 所示的可行流即最小费用最大流，最大流值 $v(f)=f^{(0)}+f^{(1)}+f^{(2)}=5$，其费用为 31。

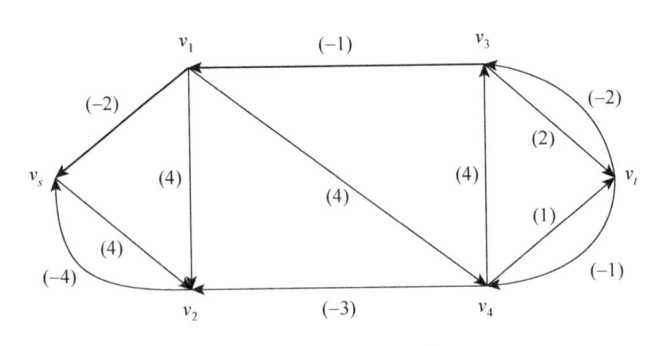

图 2.4.15 新赋权图

2.4.5 网络计划技术

网络计划技术的基本原理是：从需要管理的任务的总进度着眼，以任务中各工作所需要的工时为时间因素，按照工作的先后顺序和相互关系做出网络图，以反映任务的全貌，实现管理过程的模型化；然后进行时间参数计算，找出计划中的关键工序和关键路线，对任务的各项工作所需的人力、物力和财力通过改善网络计划作出合理安排，得到最优方案并付诸实施。

1. 网络图与关键路径

为了编制网络计划，首先需绘制网络图。网络图是由节点（点）、弧及权所构成的有向图。即有向的赋权图。

节点表示一个事项（或事件），它是一个或若干个工序的开始或结束，是相邻工序在时间上的分界点。节点用圆圈和里面的数字表示，数字表示节点的编号，如①，②，…。它不需要占用时间和资源，只代表某项工序的开始或结束。

弧表示一个工序（或作业、工作），工序是指为了完成工程项目，在工艺技术和组织管理上相对独立的具体的工作或活动。一项工程由若干个工序组成。工序需要一定的人力、物力等资源和时间。弧用箭线"→"表示。在网络图上，一项工序用一条箭线来表示，箭尾表示工序的开始，箭头表示工序的结束。

权表示为完成某个工序所需要的时间或资源等数据。通常标注在箭线下面或其他合适的位置上。

虚工序用虚箭线"-→"表示。它不是一项具体的工作，不需要人力、物力等资源和时间，即不消耗任何资源的虚构工作。在网络图中仅表明一项工序与另一项工序间的前行后继关系，或表示某工序必须在另外一个工序结束后才能开始。

例 2-17 某项研制新产品工程的各个工序与所需时间以及它们之间的相互关系如表 2.4.1 所示。要求编制该项工程的网络计划。

表 2.4.1 某机械工程任务分解图

工序代号	工序说明	所需时间/天	紧后工序
a	产品设计与工艺设计	60	b, c, d, e
b	外购配套件	45	l
c	下料、锻件	10	f
d	工装制造 1	20	g, h
e	木模、铸件	40	h
f	机械加工 1	18	l
g	工装制造 2	30	k
h	机械加工 2	15	l
k	机械加工 3	25	l
l	装配调试	35	—

根据表 2.4.1 的已知条件，绘制的网络如图 2.4.16 所示。

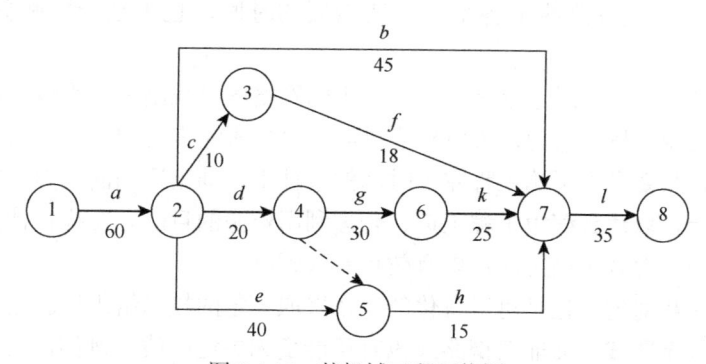

图 2.4.16 某机械工程网络图

在图 2.4.16 中，箭线 $a, b, \cdots, l$ 分别代表各个工序。箭线下面的数字表示完成该工序所需的时间（天数）；节点①，②，⋯，⑧分别表示某一或某些工序的开始和结束。例如，节点②表示 a 工序的结束和 b、c、d、e 工序的开始，即 a 工序结束后，这四个工序才能开始。

在绘制网络图中，用一条弧和两个节点表示一个确定的工序。例如，②→⑦表示一个确定的工序 b。工序开始的节点称为箭尾节点，如 b 工序的②；工序结束的节点称为箭头节点，如 b 工序的⑦。②称为箭尾事项，⑦称为箭头事项。工序的箭尾事项与箭头事项称为该工序的相关事项。在一张网络图上只能有始点和终点两个节点，分别表示工程的开始和结束，其他节点既表示上一个（或若干个）工序的结束，又表示下一个（或若干个）工序的开始。

在网络图中，从始点开始，按照各个工序的顺序，连续不断地到达终点的一条通路称为路线。如在图 2.4.16 中，共有五条路线，五条路线的组成及所需要的时间如表 2.4.2 所示。

表 2.4.2　五条路线及时间

路线	路径	各工序所需的时间之和/天
1	①→②→⑦→⑧	60 + 45 + 35 = 140
2	①→②→③→⑦→⑧	60 + 10 + 18 + 35 = 123
3	①→②→④→⑥→⑦→⑧	60 + 20 + 30 + 25 + 35 = 170
4	①→②→④→⑤→⑦→⑧	60 + 20 + 15 + 35 = 130
5	①→②→⑤→⑦→⑧	60 + 40 + 15 + 35 = 150

所谓关键路线，就是完成各个工序需要时间最长的路线。该路线所需要的时间决定了整个任务的总工期，关键路线上的工序称为关键工序。在表 2.4.2 中，第三条路线就是关键路线，图 2.4.16 中的粗线为关键路线，关键工序为 a、d、g、k、l。显然，如果能够缩短关键工序所需的时间，就可以缩短工程的完工时间。而缩短非关键路线上的各个工序所需要的时间，却不能使工程的完工时间提前。即使在一定范围内适当地拖长非关键路线上各个工序所需要的时间，也不至于影响整个工程的完工时间。

编制网络计划的基本思想就是在一个庞大的网络图中找出关键路线。对于各关键工序，优先安排资源，挖掘潜力，采取相应措施，尽量压缩需要的时间。而对于非关键路线上的各工序，只要在不影响工程完工时间的条件下，抽出适当的人力、物力等资源，用在关键工序上，以达到缩短工程工期、合理利用资源的目的。在执行计划过程中，可以明确工作重点，对各关键工序加以有效控制和调度。

关键路线是相对的，也是可以变化的。在采取一定的技术组织措施之后，关键路线有可能变为非关键路线。而非关键路线也有可能变为关键路线。例如，在图 2.4.16 中，从始点①到终点⑥共有八条路线，各路线所需的时间如表 2.4.3 第三列所示，关键路线为①→③→④→⑥（图 2.4.17 中粗线），关键工序为 b、e、g，总工期为 16 天。当某些工作的完工时间调整后，可能引起关键路线和总工期的变化。将工序 e 的时间缩短为 2 天，各路线所需的时间见表 2.4.3 第四列，关键路线变化为①→③→⑤→⑥（图 2.4.18 中粗线），总工期为 13 天，关键工序为 b、f、h。

表 2.4.3　八条路线及时间

路线	路径	调整前的路线时间/天	调整后的路线时间/天
1	①→②→④→⑥	1+2+5=8	1+2+5=8
2	①→②→④→⑤→⑥	1+2+0+3=6	1+2+0+3=6
3	①→②→③→⑤→⑥	1+3+5+3=12	1+3+5+3=12
4	①→②→③→④→⑥	1+3+6+5=15	1+3+2+5=11
5	①→②→③→④→⑤→⑥	1+3+6+0+3=13	1+3+2+0+3=9
6	①→③→④→⑤→⑥	5+6+0+3=14	5+2+0+3=10
7	①→③→④→⑥	5+6+5=16	5+2+5=12
8	①→③→⑤→⑥	5+5+3=13	5+5+3=13

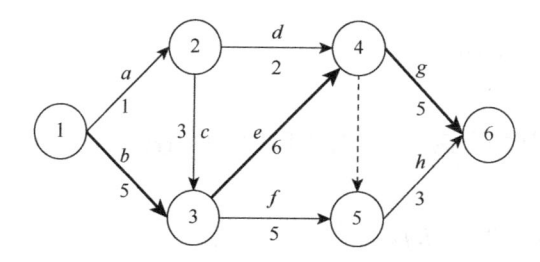

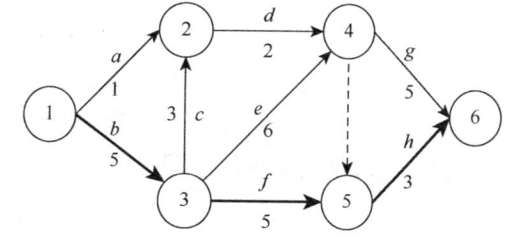

图 2.4.17　调整前的关键路线和关键工序　　　　图 2.4.18　调整后的关键路线和关键工序

2. 网络时间参数的计算

在统筹法的应用中，不但要找出关键路线，而且要采取措施保证关键路线的顺利完工，为此要计算网络图中各个事项和各个作业的有关时间参数，称它们为网络时间参数。计算网络图中有关的时间参数，其主要目的就是找出关键路线，为网络优化、调整和执行提供明确的时间概念。下面分别介绍各种网络时间参数。

1）工序的作业时间

为完成某一工序 (i,j) 所需要的时间称为该工序的作业时间，用 $T(i,j)$ 表示。

2）事项时间

（1）事项最早时间 $T_E(j)$。

通常是按箭头事项计算事项最早时间，用 $T_E(j)$ 表示，它等于从始点事项起到本事项最长路线的时间长度。计算时，假定始点事项的最早时间等于零，即 $T_E(1)=0$，每个箭头事项的最早时间等于箭尾事项最早时间加上作业时间，自左向右逐个事件向前计算。当同时有两个或若干个箭线指向箭头事项时，箭头事项的最早时间要选择各工序的箭尾事项最早时间与各自工序作业时间之和的最大值，即

$$T_E(j) = \max\{T_E(i) + T(i,j)\}, \quad j=2,3,\cdots,n$$

式中，$T_E(j)$ 为箭头事项的最早时间；$T_E(i)$ 为箭尾事项的最早时间。

（2）事项最迟时间 $T_L(i)$。

事项最迟时间通常是按箭头事项各工序的最迟必须结束时间，或箭尾事项各工序的最迟必须开始时间，用 $T_L(j)$ 表示。若 n 为终点事项，终点事项的最迟时间，即 $T_L(n)=T_E(n)$。

计算时，从右向左反顺序进行，箭尾事项的最迟时间等于箭头事项的最迟时间减去该工序的作业时间。当箭尾事项同时引出多个箭线时，该箭尾事项的最迟时间必须同时满足这些工序的最迟必须开始时间。所以在这些工序的最迟必须开始时间中选一个最早（时间值最小）的时间，即

$$T_L(i) = \min\{T_L(j) - T(i,j)\}, \quad i = n-1, \cdots, 2, 1$$

式中，$T_L(i)$为箭尾事项的最迟时间；$T_L(j)$为箭头事项的最迟时间。

3）工序(i,j)的最早开始时间、最早结束时间、最迟结束时间与最迟开始时间

（1）工序(i,j)的最早开始时间$T_{ES}(i,j)$。

任何一个工序都必须在其紧前工序结束后才能开始，所以其紧前工序最早结束时间即工序最早可能开始时间，简称为工序最早开始时间，用$T_{ES}(i,j)$表示。它等于该工序箭尾事项的最早时间，即

$$T_{ES}(i,j) = T_E(i)$$

（2）工序(i,j)最早结束时间$T_{EF}(i,j)$。

工序最早结束时间等于工序最早开始时间加上该工序的作业时间，用$T_{EF}(i,j)$表示工序(i,j)的最早结束时间，即

$$T_{EF}(i,j) = T_{ES}(i,j) + T(i,j)$$

（3）工序(i,j)的最迟结束时间$T_{LF}(i,j)$。

在不影响工程最早结束时间的条件下，工序最迟必须结束时间被简称为工序最迟结束时间，用$T_{LF}(i,j)$表示。它等于工序的箭头事项的最迟时间，即

$$T_{LF}(i,j) = T_L(j)$$

（4）工序(i,j)的最迟开始时间$T_{LS}(i,j)$。

在不影响工程最早结束时间的条件下，工序最迟必须开始的时间被简称为工序最迟开始时间，用$T_{LS}(i,j)$表示。它等于工序最迟结束时间减去工序的作业时间，即

$$T_{LS}(i,j) = T_{LF}(i,j) - T(i,j)$$

（5）工序(i,j)的总时差$TF(i,j)$。

在不影响工程总工期的条件下，将工序最早开始（或结束）时间可以推迟的时间称为该工序的总时差，用$TF(i,j)$表示，即工序的完工期可以推迟的时间：

工序总时差 = 最迟开始 − 最早开始：$TF(i,j) = T_{LS}(i,j) - T_{ES}(i,j)$

或

工序总时差 = 最迟结束 − 最早结束：$TF(i,j) = T_{LF}(i,j) - T_{EF}(i,j)$

工序总时差越大，表明该工序在整个网络中的机动时间越大，可以在一定范围内将该工序的人力、物力资源利用到关键工序中，以达到缩短工程结束时间的目的。

（6）工序(i,j)的单时差$FF(i,j)$。

在不影响紧后工序最早开始时间的条件下，工序最早结束时间可以推迟的时间被称为该工序的单时差，用$FF(i,j)$表示：

$$FF(i,j) = T_{ES}(j,k) - T_{EF}(i,j)$$

式中，$T_{ES}(j,k)$ 为工序 (i,j) 的紧后工序的最早开始时间。工序总时差、单时差及其紧后工序的最早开始时间、最迟开始时间的关系如图 2.4.19 所示。

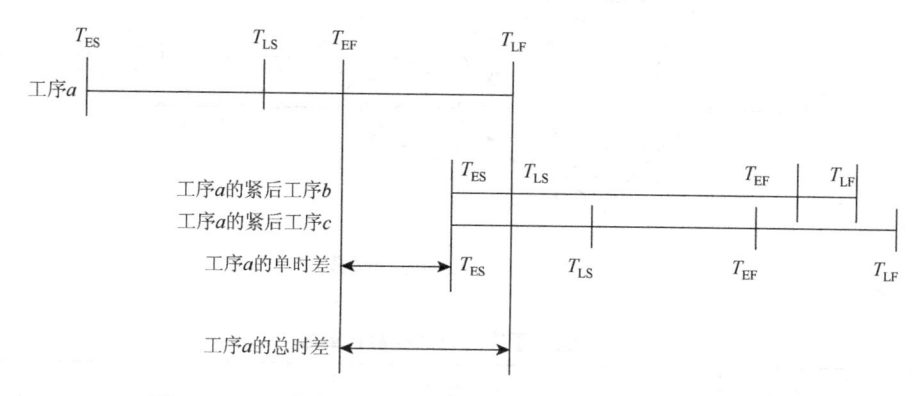

图 2.4.19　工序总时差、单时差及其紧后工序的时间参数关系

从图 2.4.19 中可以看出，工序 b 与工序 c 同为工序 a 的紧后工序。工序 a 的单时差不影响紧后工序的最早开始时间，而其总时差不仅包含了本工序的单时差，而且包含了工序 b,c 的时差，使工序 c 失去了部分时差，而使工序 b 失去了全部自由机动时间。占用某一工序的总时差虽然不影响整个任务的最短工期，却可能使其紧后工序失去自由机动的时间。

总时差为零的工序，它的开始和结束的时间没有一点机动的余地。因此，由这些工序所组成的路线就是网络中的关键路线，对应的工序就是关键工序。用计算工序总时差的方法确定网络中的关键工序和关键路线是确定关键路线最常用的方法。网络时间参数的计算过程具有一定的规律和严格的程序，可以在计算机上进行计算，也可以用表格法计算。

例 2-18　求下面调查项目网络图（图 2.4.20）的关键路线和工期。

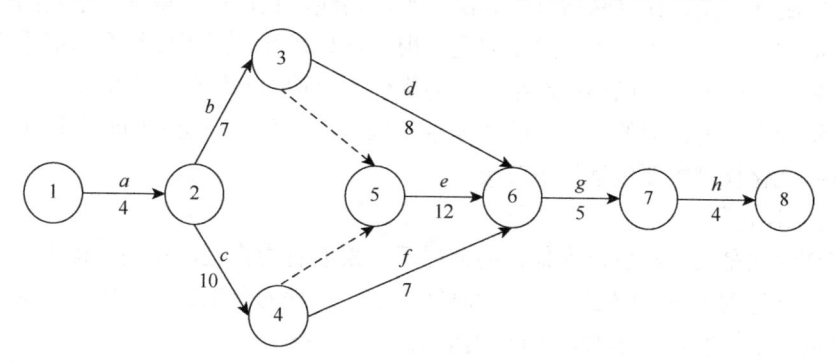

图 2.4.20　调查项目网络图

解　事项的时间参数如图 2.4.21 所示。

由表 2.4.4 可得各作业的时间参数，关键工序为总时差为 0 的工序，即工序 a、c、e、g、h，由关键工序组成的路线就是所求的关键路线，即①→②→④→⑤→⑥→⑦→⑧，工期为 35 天。

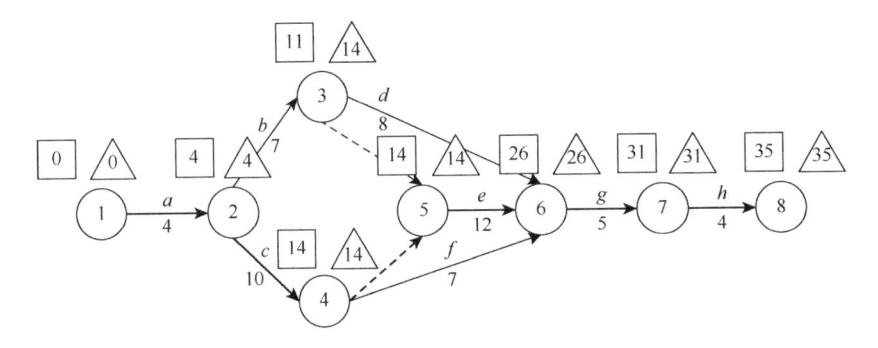

图 2.4.21 事项的时间参数

表 2.4.4 工序的时间参数计算表

作业代号	作业时间 $T(i,j)$/天	紧前作业	最早时间 开始 T_{ES}/天	最早时间 结束 T_{EF}/天	最迟时间 开始 T_{LS}/天	最迟时间 结束 T_{LF}/天	总时差 TF/天
a	4	—	0	4	0	4	0
b	7	a	4	11	7	14	3
c	10	a	4	14	4	14	0
d	8	b	11	19	18	26	7
e	12	b, c	14	26	14	26	0
f	7	c	14	21	19	26	5
g	5	d, e, f	26	31	26	31	0
h	4	g	31	35	31	35	0

3. 网络优化模型

通过绘制网络图，计算网络时间和确定关键路线，我们可以得到一个初始的网络计划方案，但方案仅考虑了工程的进度问题。根据计划目标，还需要综合考虑进度、资源和成本等多方面的因素，以实现网络计划的优化。所谓的网络优化方案是以时间、资源和成本的综合平衡为前提的，尽可能在成本最低、资源合理分配的同时实现工程的工期最短。网络优化模型主要包括以下三类。

1）总工期优化

总工期优化是在工程资源有保证的前提下，采取有力措施，加快工程进度，缩短工期。因为网络计划中各关键工序的作业时间决定了工程的总工期，所以应集中资源缩短关键工序的作业时间，可采取以下两种措施。

（1）采取技术措施。通过增加新设备，采取新工艺，或者设计网络计划的平行作业、交叉作业等能够缩短关键工序的作业时间。为加快进程，常常把一项作业分为多项并行子作业同时进行，这时需要引入虚作业，如图 2.4.22 所示。同样为加快进程，也常常把几项作业分段交叉进行，这也需要引入虚作业，如图 2.4.23 所示。

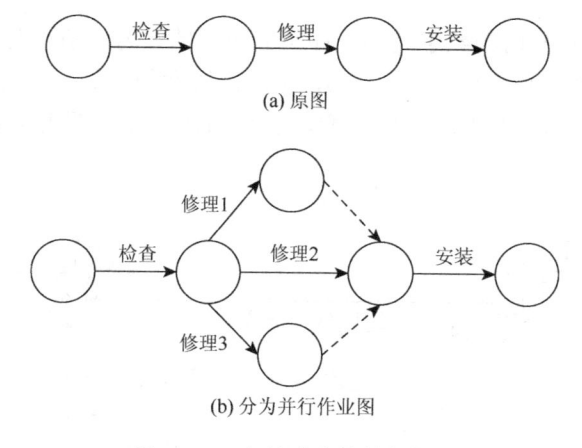

图 2.4.22 加快进度的并行作业

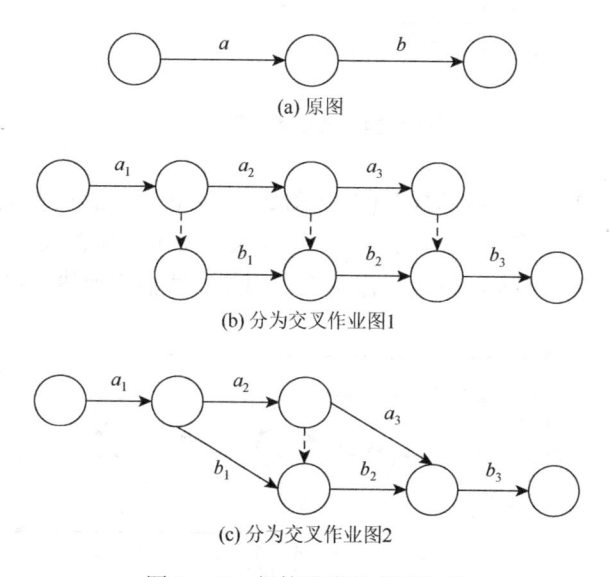

图 2.4.23 加快进度的交叉作业

（2）采取组织措施。找出网络计划中时差不为零的非关键工序，利用非关键工序的机动时间，调整和合理利用非关键工序所需的人力、物力等资源，支援关键工序的作业，缩短关键工序的作业时间。

2）工期资源优化

一项任务的可用资源总是有限的，因此在编制网络计划，安排工程进度时，我们要合理地利用现有的资源，使工程进度与资源利用都得到合理安排，通常采用以下做法。

（1）优先安排关键工序所需的资源。

（2）利用非关键工序的时差，错开各工序的开始时间，拉平资源需要量的高峰。

（3）要统筹兼顾工程进度的要求和现有资源的限制，往往要经过多次综合平衡，才能得到比较合理的计划方案。

例 2-19 现有一项工程，其网络图如图 2.4.24 所示，图中箭线下面的数字是工序的时间（单位：天），括号内的数字是该工序每天所需的人力，节点时间参数记在方框和三角形内。可见，关键工序为 c、f、g、h，关键路线为①→②→③→⑤→⑥，总工期为 2 + 2 + 3 + 4 = 11（天）。如果总工期不变，那么如何使在工期内各时间段的人力相对平衡。

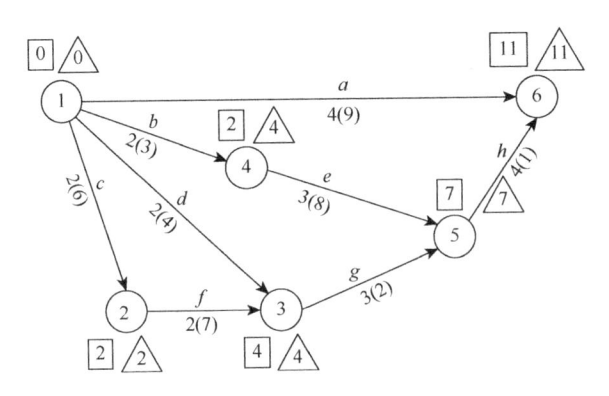

图 2.4.24 某工程的网络图

如果让各工序都按最早开始时间开始（图 2.4.25（a）），各时期所需人数如图 2.4.25（b）所示。可以看出，在整个施工期，各时间段人力安排差异较大，在第 3、4 两天每天需要 24 人，而在 7~11 天，每天只需 1 人。因此，我们需要进行网络计划的优化。

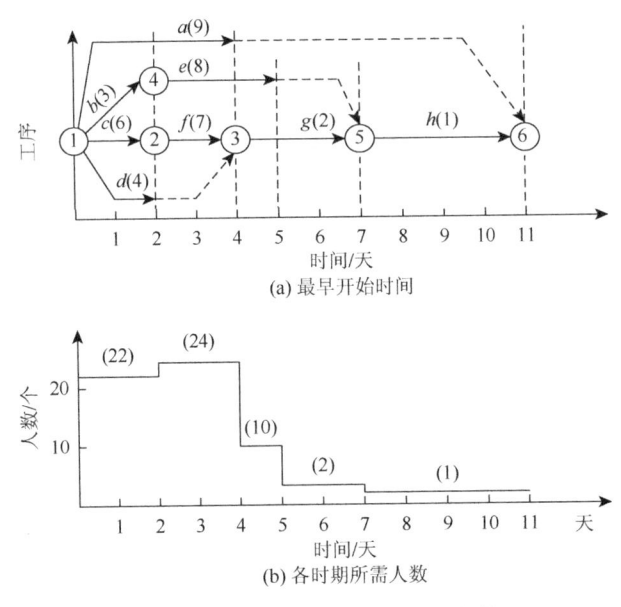

图 2.4.25 工序尽早开工的人力安排

优化时可以利用各工序的时差，对非关键工序进行调整，尽量使人力的需要量达到平衡。具体做法是：使工序 a 推迟 7 天开工；工序 e 和工序 b 向后推迟 2 天开工。这样安排可得各时期所需人力如图 2.4.26 所示。

(a) 最早开始时间

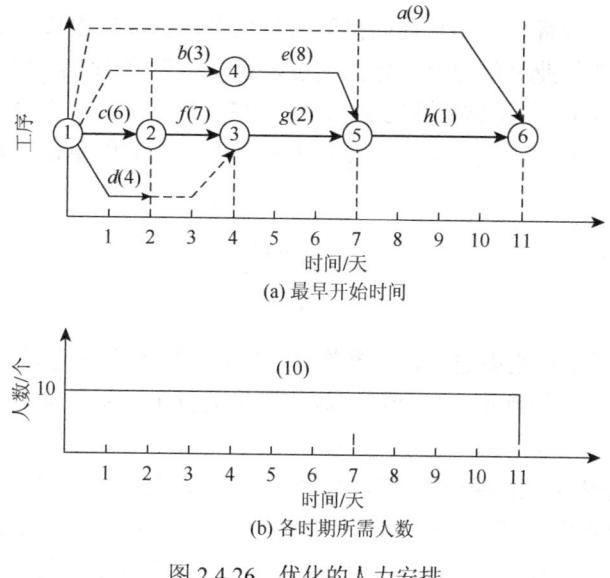

(b) 各时期所需人数

图 2.4.26　优化的人力安排

3）工期费用优化

工期费用优化问题是指在保证既定的工程完工时间的条件下，研究如何使工程所需要的费用最少；或者在限制费用的条件下，工程完工时间最短。这就是时间-费用优化所要研究和解决的问题。任何一项任务的成本一般包括直接费用和间接费用两部分。直接费用包括直接生产工人的工资及附加费、设备、能源、工具及材料消耗等与完成工序直接有关的费用。为缩短工序的作业时间，需要采取一定的技术组织措施，相应地，要增加一部分直接费用。在一定条件下和一定范围内，工序的作业时间越短，直接费用就越多。间接费用包括管理人员的工资、办公费用等。间接费用，通常按照施工时间的长短分摊，在一定生产规模内，工序的作业时间越短，分摊的间接费用就越少。它们之间的关系如图 2.4.27 所示。

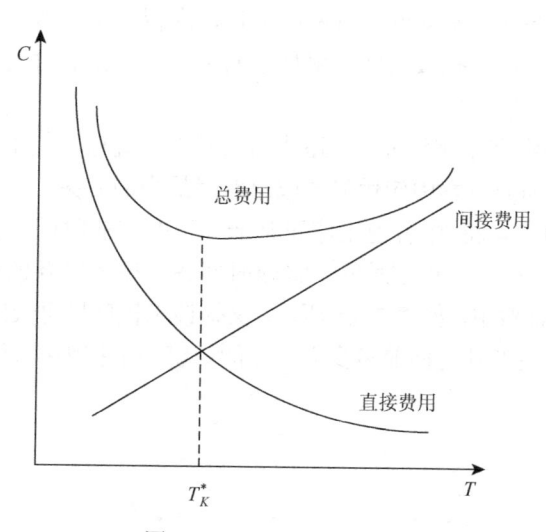

图 2.4.27　工期总费用图

工期缩短时，直接费用要增加而间接费用将减少，总成本由直接费用和间接费用相加而得。缩短工序的作业时间也有一定的限度，这个限度称为工序的最快完成时间（极限时间）。设工序 (i,j) 的正常完成时间为 T_{ij}；直接费用为 C_{ij}；工序 (i,j) 的最快完成时间为 t_{ij}；间接费用为 c_{ij}。这样可以计算出缩短工序 (i,j) 的单位工期所增加的费用，用 P_{ij} 表示：

$$P_{ij} = \frac{c_{ij} - C_{ij}}{T_{ij} - t_{ij}}$$

显然，工序的极限费用率越大，缩短单位工期时间所需要的直接费用就越多。因此，未来在缩短工期的同时得到最少的费用，应该选择关键工序中极限费用率最低的组合来压缩工序作业时间。

下面采用线性规划方法寻求工期费用问题的优化方案，并运用启发式算法求解。设 x_{ij} 为工序 (i,j) 的完成时间，这里为决策变量，x_j 为网络图的事项 i 的最早时间，这里也为决策变量，T_E 为工程工期，极限费用率为 P_{ij}，单位时间的间接费用为 Q。要求工期不超过 T_E，且总费用（直接费用与间接费用之和）最低的工期和各工序完成时间的数学模型为

$$\min z = \sum_{i,j} P_{ij}(T_{ij} - x_{ij}) + Qx_n$$

$$\text{s.t.} \begin{cases} x_j - x_i \geq x_{ij}, & \forall (i,j) \\ t_{ij} \leq x_{ij} \leq T_{ij}, & \forall (i,j) \\ x_n \leq T_E \\ x_i \geq 0, & i = 1, 2, \cdots, n \end{cases}$$

该模型含有多个约束，用单纯形法求解比较复杂，下面介绍一种启发式算法。该算法通过对网络中的工序进行合理压缩来求解，其基本思想如下。

（1）以完成各工序的正常时间进行网络分析，求得关键路线、工期及其总费用。

（2）在关键路线上，寻找极限费用率最小的工序进行作业时间的缩减，使工期缩短最多直到次长路线的长度。

（3）缩短工期必须针对所有的关键路线的共有工序进行，使工期进一步缩短。

（4）在所有可压缩的方案中应优先选取总费用最少的方案。

例 2-20 已知图 2.4.28 中各道工序正常情况下的作业时间（已标在各条弧线的下方），其极限时间以及对应于正常时间、极限时间各工序所需要的直接费用和每缩短一天工期需要增加的直接费用，如表 2.4.5 所示，又知该工程项目每天的间接费用为 400 元。那么各工序应比正常完工时间提前多少天，才能使整个工程因缩短工期而发生的总费用最少。

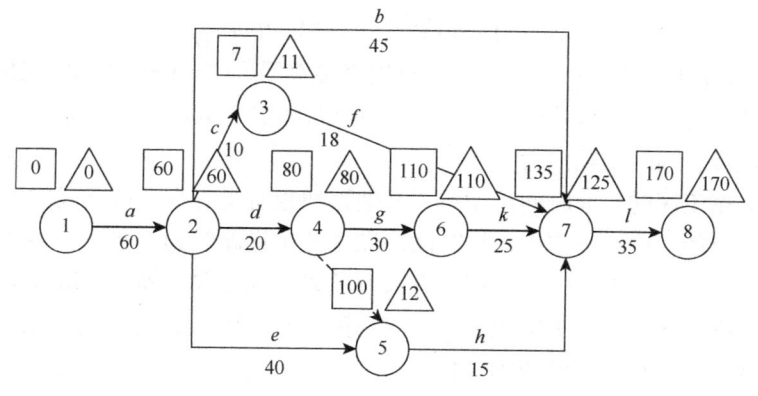

图 2.4.28　工序作业时间

表 2.4.5　某机械工程的工序资料

工序代号	正常情况		采取措施后		极限费用率/(元/天)
	正常时间/天	直接费用/元	极限时间/天	直接费用/元	
a	60	10 000	35	10 000	—
b	45	4 500	30	6 300	120
c	10	2 800	5	4 300	300
d	20	7 000	10	11 000	400
e	40	10 000	35	12 500	500
f	18	3 600	10	5 440	230
g	30	9 000	20	12 500	350
h	15	3 750	10	5 750	400
k	25	6 250	15	9 150	290
l	35	12 000	60	12 000	—

（1）以正常的作业时间求得关键路线及其总费用。关键路线为①→②→④→⑥→⑦→⑧，这时工期为 170 天，以正常作业时间的施工方案称为初始 0 方案，此方案的总费用为直接费用与间接费用之和，即

$$68\,900 + 400 \times 170 = 136\,900(元)$$

（2）在关键路线上选取极限费用率最低的工序进行完工时间的缩减。由于正常作业的次关键路线长度为 150 天，可以考虑关键工序中 a、d、g、k、l 极限费用率低的工序进行完工时间的缩减，其中工序 k 和 g 的极限费用率低，各自能缩减完工时间 10 天，此时总工期可以缩短到 170−10−10 = 150 天，把该方案称为优化 1 方案，此方案的直接费用增加到：

$$68\,900 + 290 \times 10 + 350 \times 10 = 75\,300(元)$$

间接费用减少到：

$$400 \times 170 - 400 \times 20 = 60\,000(元)$$

优化 1 方案的总费用为

$$75\,300 + 400 \times 150 = 135\,300(元)$$

事实上，优化 1 方案缩短工期消耗的日均直接费用为 $(75\,300-68\,900)/20 = 320$（元），而缩短工期节省的日均间接费用为 $(68\,000-60\,000)/20 = 400$（元），且前者小于后者，否则经济上就没有缩短工期的必要了。

（3）原关键工序的作业时间压缩后，其他路线也有上升为关键路线的可能，需对各个关键路线共有的工序继续压缩，这时网络图中的关键路线为两条，①→②→④→⑥→⑦→⑧ 与 ①→②→⑤→⑦→⑧，它们没有共有的可压缩工序，停止缩减，即找到经济上有利的工时压缩方案：工序 k 缩短 10 天，工序 g 缩短 10 天，总费用为 135 300 元。当前的工期 170 天也被称为最低成本日程。

上述计算结果可汇总如表 2.4.6 所示。

表 2.4.6 工序、路线与工序可压缩时间

工序代号		a	b	c	d	e	f	g	h	k	l	路线长度/天	
极限费用率/(元/天)		—	120	300	400	500	230	350	400	290	—	0 方案	1 方案
①→②→⑦→⑧		✓	✓								✓	140	140
①→②→③→⑦→⑧		✓		✓			✓				✓	123	123
①→②→④→⑥→⑦→⑧		✓			✓			✓		✓	✓	170	150
①→②→④→⑦→⑧		✓			✓				✓		✓	130	130
①→②→⑤→⑦→⑧		✓				✓			✓		✓	150	150
可压缩时间/天	0 方案	0	15	5	10	5	8	10	5	10	0		
	1 方案	0	15	5	10	5	8	0	5	0	0		

2.5 存储论模型

在人类社会生产和商品交换过程中，存储是一种普遍的现象。本章通过科学的管理方法，解决有关的存储问题，包括建立表达存储特点的数学模型，并求出合理的存货量、订货量和订货时间。在存储问题中根据需求是确定的还是随机的规律性，可将用于库存控制的存储模型分为确定性存储模型和单周期随机性存储模型。

2.5.1 确定性存储模型

对于存储模型中期与量的参数均确定的类型称为确定性存储模型。本节假设在单位时间 t 内的需求量是已知常数，其订货策略形成 t 循环策略，模型的目标函数是以总成本（总订货成本 + 总存储成本 + 总缺货成本）最小为准则建立的。在建立确定性存储模型时，定义的参数及其符号如表 2.5.1 所示。

表 2.5.1 参数及符号含义

参数	含义
R	需求率
c_1	单位时间内单位货物的存储费

续表

参数	含义
c_2	单位时间内单位货物的缺货损失费
c_3	一次订货费，即订购费或生产准备费
k	货物单价
Q	订货批量或生产批量
S	最大缺货量
n	单位时间内的订货次数

确定性存储模型主要包括以下几个模型。

1. 模型 1——基本经济订购批量模型

该模型是针对以一个固定需求量从库存中提出货物的情况而设计的。模型有两个假设：①订购的物品在需要时立即到达，即瞬时补充；②货物不允许缺货。在一定时期内的周期订货，当订货批量小时，存储费少，但订货次数频繁，增加了订货费；当订货量大时，存储费多，但订货次数减少，减少了订货费。经济订货批量模型的目的是找出一个最经济的订购批量 Q（模型的决策变量），使库存货物满足需求发生的总费用最省。

设周期性订货满足的时间间隔为 t，需求率为 R，存储费为 c_1，此时订货量 $Q = Rt$。观察 t 时间内存储量随着订货与需求而发生的变化状态图（图 2.5.1），并将满足可比性要求的订货费和存储费进行加总。由于需求率为常数，在 t 时间内的平均存储量为 $Q/2$，如图 2.5.1 中虚线所示。

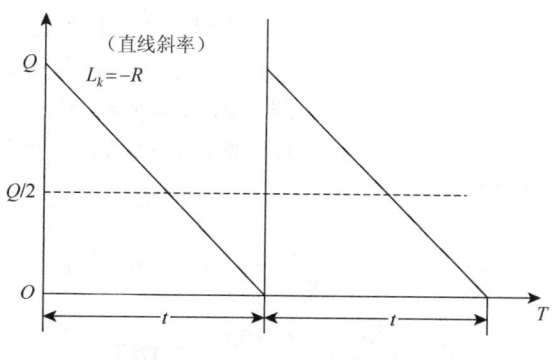

图 2.5.1 存储量变化状态图

单位时间内的平均存储费用函数为

$$C_1(t) = c_1 \frac{Q}{2} = \frac{1}{2} c_1 Rt$$

又有订货费（订购费或装配调整费）为 c_3，单位成本或货物单价为 k，订货支出费为 $c_3 + kQ$，单位时间内的平均订货费用函数为 $\frac{c_3}{t} + k\frac{Q}{t} = \frac{c_3}{t} + kR$，不考虑货物本身的成本时，单位时间内的平均订货费用函数为第一项，记为

$$C_3(t) = \frac{c_3}{t}$$

存储策略的总费用可由存储费和订货费表示，由此可得一个订货周期时间 t 内的平均总费用函数为

$$C(t) = C_1(t) + C_3(t) = \frac{1}{2}c_1 Rt + \frac{c_3}{t}$$

最优存储策略即平均总费用最小的订购批量，求导得最佳订货周期为

$$t^* = \sqrt{\frac{2c_3}{c_1 R}}$$

由 $Q = Rt$ 得经济订货批量为

$$Q^* = Rt^* = \sqrt{\frac{2c_3 R}{c_1}}$$

上式为著名的经济批量公式，简称 EOQ 公式，该公式是在 1915 年由美国经济学家 Harris 提出的，至今仍有应用。

当不考虑货物本身的成本时，经济订购批量的最小费用为

$$C^*(t^*) = \sqrt{2c_1 c_3 R}$$

上式也可由平均总费用函数 $C(t)$ 的算数-几何平均值不等式得到，当 $C_1(t) = C_3(t)$ 时，平均总费用函数的最小值为 C^*（图 2.5.2）。

例 2-21 某公司平均每天销售某项物资 2 吨，不允许缺货。已知每次的订货费为 100 元，单位物资每月的存储费为 60 元。求该公司经济订购批量、最佳订货周期及一年订购物资的最佳次数。

解 需求率 $R = 2$ 吨/天，订货量 $c_3 = 100$ 元/次，存储费 $c_1 = 60/30 = 2$ 元/(吨·天)。经济订购批量及最佳订货周期分别为

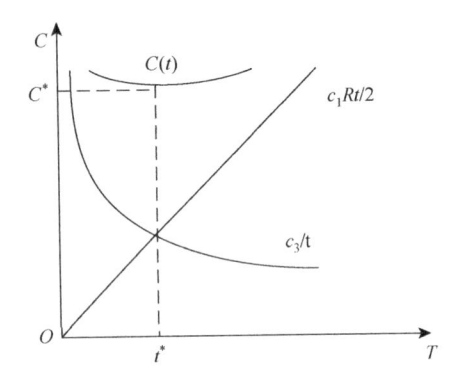

图 2.5.2 平均总费用函数

$$Q^* = \sqrt{\frac{2c_3 R}{c_1}} = \sqrt{\frac{2 \times 100 \times 2}{2}} \approx 14.1 (吨)$$

$$t^* = \sqrt{\frac{2c_3}{c_1 R}} = \sqrt{\frac{2 \times 100}{2 \times 2}} \approx 7.07 (天)$$

一年订购物资的最佳次数为

$$n^* = \left\lceil \frac{T}{t^*} \right\rceil = \left\lceil \frac{360}{7.07} \right\rceil = \lceil 50.92 \rceil \approx 51 (次)$$

式中，$\lceil x \rceil$ 表示上取整，即不小于 x 的最小整数。

还需要说明一点，实际订货量 Q 与最佳订货批量为 Q^* 往往会有偏差，这时需考虑订货偏差对费用的影响。设实际偏差率为 δ，则订购批量应是 $Q = (1+\delta)Q^*$，这时实际订货周期和订货费分别为

$$t = \frac{Q}{R} = \frac{(1+\delta)Q^*}{R} = (1+\delta)t^*$$

$$C(t) = \frac{c_3}{t} + \frac{1}{2}Qc_1$$

$$= \sqrt{2c_1c_3R} + \frac{\delta^2}{2(1+\delta)}\sqrt{2c_1c_3R}$$

$$= C^*(t) + \frac{\delta^2}{2(1+\delta)}\sqrt{2c_1c_3R}$$

上式第二项为实际批量偏差而增加的费用，费用偏差系数可以表示为

$$\Delta(\delta) = \frac{\delta^2}{2(1+\delta)}$$

当实际订货偏差率 δ 改变时，费用偏差系数计算结果如表 2.5.2 所示。

表 2.5.2 偏差率和偏差系数对应表

δ	−0.5	−0.2	−0.1	0.1	0.2	0.3	0.5	1
$\Delta(\delta)$	0.27	0.027	0.006	0.0047	0.017	0.037	0.083	0.27

由表 2.5.2 可以看出，实际批量较最佳批量 10%以内，费用仅增 0.47%；而当实际批量较最佳批量多 100%或 50%时，费用仅增 2.7%。即偏差引起的费用增加并不明显（即很小），这是 EOQ 公式的一大优点。

2. 模型 2——允许缺货的 EOQ 模型

该模型是基本 EOQ 模型的变形，其不同之处在于允许计算内的缺货，当缺货发生时，受影响的客户将需要等待至再次得到该货物，且客户的缺货量将在补充库存的货物到达时得到满足。模型假设：①订购的货物在补充库存时立即到达，即瞬时可以补充；②货物允许缺货。

设周期性订货满足的时间间隔为 t，期初存储量为 S（最大库存量），需求率为 R，订购量 $Q=Rt$，订货费为 c_1，单位存储费为 c_3，缺货损失费为 c_2。观察 t 时间内存储量随着订货与需求而发生变化的状态图（图 2.5.3），满足可比性要求的订货费、缺货损失费和存储费可以由如下函数获得。

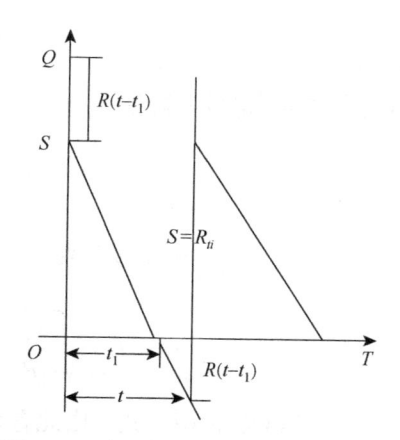

图 2.5.3 允许缺货的存储量变化状态图

在 $[0,t_1]$ 时间段，平均存储量为 $S/2$，且 $t_1 = S/R$，则平均存储费用函数为

$$C_1(S) = c_1 \frac{1}{2}St_1 = c_1 \frac{S^2}{2R}$$

在 $[t_1,t]$ 时间段存储量为 0，平均缺货量为 $\frac{1}{2}R(t-t_1)$。t 时间内平均缺货损失费用函数为

$$C_2(t,S) = c_2 \frac{1}{2} R(t-t_1)^2 = c_2 \frac{(Rt-S)^2}{2R}$$

不考虑货物本身的成本时，在单位时间内平均订货费用函数为

$$C_3(t) = \frac{c_3}{t}$$

由此得到一个订货周期时间 t 内的单位时间平均总费用函数为

$$C(t,s) = C_1(S) + C_2(t,S) + C_3(t) = \frac{1}{t}\left[c_1 \frac{S^2}{2R} + c_2 \frac{(Rt-S)^2}{2R} + c_3\right]$$

最优存储策略是指一定时间内平均总费用最小的订货批量，利用多元函数求极值方法，可解得最佳订货周期为

$$t^* = \sqrt{\frac{2c_3(c_1+c_2)}{c_1 c_2 R}}$$

最大库存量为

$$S^* = \sqrt{\frac{2c_2 c_3 R}{c_1(c_1+c_2)}}$$

将它们代入总费用函数得最小费用为

$$C^*(t^*, S^*) = \sqrt{\frac{2c_1 c_2 c_3 R}{c_1+c_2}}$$

同时，由 $Q^* = Rt^*$ 得最佳的经济批量订货量为

$$Q^* = \sqrt{\frac{2Rc_3(c_1+c_2)}{c_1 c_2}}$$

由 $q^* = Q^* - S^*$ 得最大缺货量为

$$q = Q^* - S^* = \sqrt{\frac{2Rc_1 c_3}{c_2(c_1+c_2)}}$$

注意，当 c_2（缺货损失费）很大时，$\frac{c_2}{c_1+c_2} \to 1(c_2 \to \infty)$，这时以上公式可化为

$$t^* = \sqrt{\frac{2c_3}{c_1 R}}, \quad s^* = \sqrt{\frac{2c_3 R}{c_1}}, \quad Q^* = \sqrt{2c_1 c_3 R}$$

此即 EOQ 模型公式。由此看来模型 1 为模型 2 的特例。

3. 模型 3——有数量折扣的 EOQ 模型

有数量折扣的 EOQ 模型建模的基本思路是：先计算经济订货批量，然后代入不同折扣的单价，计算总的采购费用（含货物本身的成本），取最小者的订货数量。当需求率和单位存储费确定时，该模型可以指导用户如何通过采购适合的数量，使总的采购费用最低。模型假设：①订购的货物在补充库存时立即到达，即瞬时补充；②货物不允许缺货；③不同采购数量有不同的采购单价；④每次及不同采购数量的订货费不同。

设订货费为 c_3，存储费为 c_1，采购数量在区间 $[Q_i, Q_{i+1})$ 内的货物单价为 $k_i(i=1, 2, \cdots, n)$，价格折扣的采购数量分界点 Q_i，显然有 $Q_1 < Q_2 < \cdots < Q_n, k_1 > k_2 > \cdots > k_n$。当存储周期为 t 时，考虑货物价格 k_i 的平均总费用函数为

$$\frac{1}{2}c_1Rt + \frac{c_3}{t} + k_iRt$$

由采购数量 $Q_i = Rt$ 得 $t = Q_i/R$，将其代入平均总费用函数，有数量折扣的平均总费用函数为

$$\mathrm{TC}^{(i)} = \frac{1}{2}c_1Q_i + \frac{c_3R}{Q_i} + k_iR, \quad i = 1, 2, \cdots, n$$

有数量折扣的 EOQ 模型求解步骤如下。

（1）求出忽略折扣的经济订购批量 $\tilde{Q} = \sqrt{\dfrac{2c_3R}{c_1}}$，若 $Q_i \leqslant \tilde{Q} \leqslant Q_{i+1}$，则计算此时的平均总费用为 $\mathrm{TC}(\tilde{Q}) = \dfrac{1}{2}c_1\tilde{Q} + \dfrac{c_3R}{\tilde{Q}} + k_0R$。

（2）计算 $\mathrm{TC}^{(j)} = \dfrac{1}{2}c_1Q_j + \dfrac{c_3R}{Q_j} + k_jR \,(j = i+1, i+2, \cdots, n)$。

（3）若 $\min\limits_{\tilde{Q}, Q_j}\{\mathrm{TC}(\tilde{Q}), \mathrm{TC}^{(i+1)}, \mathrm{TC}^{(i+2)}, \cdots, \mathrm{TC}^{(n)}\} = \mathrm{TC}^*$，则 TC^* 对应的批量为最小费用订购批量 Q^*，最小费用对应的订购周期为 $t^* = Q^*/R$。

例 2-22 某小型航空公司每年需要航空快餐 20 000 套，每次订货费为 36 元，年存储费为 4 元。当采购量小于 500 套时，单价为 11 元；当采购量大于或等于 500 套且小于 800 套时，单价为 10 元；当采购量大于或等于 800 套且小于 1200 套时，单价为 9 元；当采购量大于或等于 1200 套时，单价为 8 元。试计算最优采购快餐的批量及订购周期。

解 $R = 20\,000$ 套/年，$c_3 = 36$ 元/次，$c_1 = 4$ 元/(套·年)，分段的单位快餐价格函数为

$$k(Q) = \begin{cases} 11, & 1 \leqslant Q < 500 \\ 10, & 500 \leqslant Q < 800 \\ 9, & 800 \leqslant Q < 1200 \\ 8, & 1200 \leqslant Q \end{cases}$$

先忽略单位零件价格函数的影响，计算 $\tilde{Q} = \sqrt{\dfrac{2c_3R}{c_1}} = 600$ 套，故单位快餐价格为 10 元，此批量订货的总成本为

$$\begin{aligned}
\mathrm{TC}(\tilde{Q}) &= \frac{1}{2}c_1\tilde{Q} + \frac{c_3R}{\tilde{Q}} + k_0R \\
&= \frac{1}{2} \times 4 \times 600 + \frac{36 \times 20\,000}{600} + 10 \times 20\,000 \\
&= 202\,400(\text{元})
\end{aligned}$$

再分别计算 $Q_2 = 800$ 和 $Q_3 = 1200$ 时的总成本，即

$$\mathrm{TC}^{(2)} = 182\,500(\text{元})$$

$$TC^{(3)} = 163\,000(元)$$

比较总成本可知，有 $\min\{TC(\tilde{Q}), TC^{(2)}, TC^{(3)}\} = TC^* = 163\,000(元)$

所以，最小费用订购批量 $Q^* = 1200$，即采用每批订货 1200 套的折扣批量，此时订购周期 $t^* = Q^*/R = 0.06$ 年。

2.5.2 单周期随机性存储模型

对于确定性存储模型，我们都假设各时期产品的需求量是确定的，但实际问题中，需求量往往是不确定的值。单周期模型是讨论某些货物为满足一个特定时期的需要做一次性订货的最优订货策略。本节分析的单周期的存储模型是指周期内只能提出一次订货，发生短缺时不允许再提出订货，周期结束时，剩余货物可以处理。对随机性存储模型进行评价时，常采用损失期望值最小或获利期望值最大的准则。

1. 离散需求的随机性存储模型

报童问题：报童每天售出的报纸份数（即报纸需求量）X 是一个离散随机变量，已知概率 $P(X = x_i) = p_i$，$\sum_{i=0}^{\infty} p_i = 1$。报童每售出一份报纸能赚 k 元；如剩报纸，每剩一份赔 h 元。那么报童每天应进货多少份报纸。

设报童每天应进货 Q 份报纸。先采用损失期望值最小准则来确定 Q。

当供过于求（$X \leq Q$）时，损失的期望值为

$$\sum_{x_i=0}^{Q} h(Q - x_i) p_i$$

当供不应求（$X > Q$）时，损失的期望值为

$$\sum_{x_i=Q+1}^{\infty} k(x_i - Q) p_i$$

报童每天总的损失期望值为

$$C(Q) = h \sum_{x_i=0}^{Q} (Q - x_i) p_i + k \sum_{x_i=Q+1}^{\infty} (x_i - Q) p_i$$

损失期望最小值的必要条件是最佳进货量 Q 满足

$$\begin{cases} C(Q) \leq C(Q-1) \\ C(Q) \leq C(Q+1) \end{cases}$$

即求解

$$\begin{cases} h \sum_{x_i=0}^{Q} (Q-1-x_i) p_i + k \sum_{x_i=Q+1}^{\infty} (x_i - Q + 1) p_i \geq C(Q) \\ h \sum_{x_i=0}^{Q} (Q+1-x_i) p_i + k \sum_{x_i=Q+1}^{\infty} (x_i - Q - 1) p_i \geq C(Q) \end{cases}$$

得

$$\frac{h}{h+k} \leq \sum_{x_i=0}^{Q} p_i \qquad (2.5.1)$$

满足式（2.5.1）成立的最佳进货量为 Q^*，称

$$N = \frac{h}{h+k} \qquad (2.5.2)$$

为损益转折概率或最优服务水平，即选择最佳进货量 Q^* 使得避免缺货的概率不低于这一服务水平，此时总成本的期望值最小。由式（2.5.1）计算 Q^* 的要点：将 x_i 对应的概率 p_i 逐个累加，当累加到刚好达到或超过 N 对应的进货量时就是最佳进货量 Q^*。

例 2-23 已知某商品销售量 X 服从泊松分布，平均销售量为 6 件。该商品每件进价为 40 元，售价为 77 元。商品过期后将削价为每件 20 元，并一定可以售出。试计算该商品的最佳订货量。

解 已知 $P(X=x_i) = \dfrac{e^{-\lambda}\lambda^{x_i}}{x_i!}$，$\lambda = 6$。由式（2.5.2）计算损益转折概率为 $N = \dfrac{35}{35+20} = 0.6364$。查泊松概率分布表得知，0.6364 的累计概率对应的销售量在 6 和 7 之间，故最佳进货量为 7 件。

2. 连续需求的随机性存储模型

假定单位货物进价为 k，单位售价为 p，存储费为 c_1。当需求量 X 是连续随机变量时，其概率密度函数为 $p(x)$，$\int_0^{+\infty} p(x)\mathrm{d}x = 1$。那么货物的订货量 Q 为何值时，盈利期望值最大。

当货物的订购量（或生产量）为 Q，需求量为 X 时，实际销售量为 $\min[X,Q]$，因而实际销售收入为 $p\min[X,Q]$，进货成本为 kQ，货物存储费为

$$C_1(Q) = \begin{cases} c_1(Q-X), & X \leq Q \\ 0, & X > Q \end{cases}$$

记订货量 Q 的盈利为 $W(Q)$，即

$$W(Q) = p\min[X,Q] - kQ - C_1(Q)$$

盈利的期望值为

$$\begin{aligned}
E[W(Q)] &= \left[\int_0^Q px\varphi(x)\mathrm{d}x + \int_Q^\infty pQ\varphi(x)\mathrm{d}x\right] - (kQ-q) - \int_0^Q c_1(Q-x)\varphi(x)\mathrm{d}x \\
&= \left[\int_0^\infty px\varphi(x)\mathrm{d}x - \int_Q^\infty px\varphi(x)\mathrm{d}x + \int_Q^\infty pQ\varphi(x)\mathrm{d}x\right] - kQ - \int_0^Q c_1(Q-x)\varphi(x)\mathrm{d}x \\
&= pE(x) - \left[\int_Q^\infty p(x-Q)\varphi(x)\mathrm{d}x + \int_0^Q c_1(Q-x)\varphi(x)\mathrm{d}x + kQ\right]
\end{aligned}$$

式中，$pE(x)$ 为平均盈利，与订货量 Q 无关，记减项

$$E[\mathrm{TC}(Q)] = \int_Q^\infty p(x-Q)\varphi(x)\mathrm{d}x + \int_0^Q c_1(Q-x)\varphi(x)\mathrm{d}x + kQ$$

为期望损失值（含货物进货成本），则 $\max E[W(Q)]$ 可转换为 $\min E[\mathrm{TC}(Q)]$，求导可得

$$\begin{aligned}
\frac{\mathrm{d}E[T(Q)]}{\mathrm{d}Q} &= -p\int_Q^\infty \varphi(x)\mathrm{d}x + c_1\int_0^Q \varphi(x)\mathrm{d}x + k \\
&= -(p-k) + (c_1+p)\int_0^Q \varphi(x)\mathrm{d}x
\end{aligned}$$

令 $\dfrac{dE[T(Q)]}{dQ}=0$，有

$$F(Q)=\int_0^Q \varphi(x)dx = \dfrac{p-k}{c_1+p}$$

由上式确定的订购量为最佳订货量，记为 Q^*，此时的损失期望值最小（图 2.5.4）。

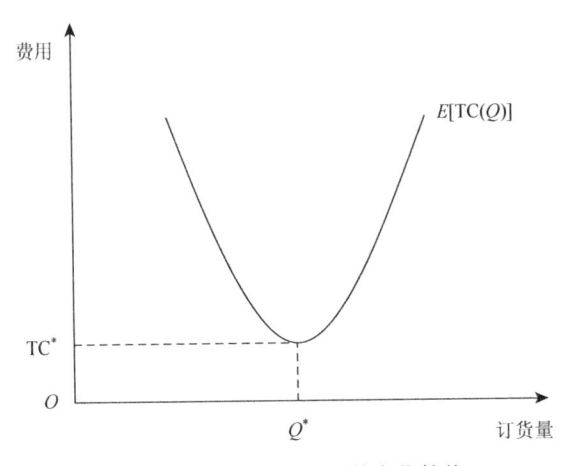

图 2.5.4 损失期望值函数变化趋势

当 $p-k<0$ 时，上面公式不成立，这种情况表示订购货物无利可图，故不应订购，即 $Q^*=0$。

当缺货损失不但要考虑销售收入的减少，还要考虑赔偿对方的损失时，缺货损失费为 c_2，有 $c_2>p$，只需在前面推导过程中用 c_2 代替 p 即可。这种情况的最佳订货量由下面公式确定：

$$F(Q)=\int_0^Q \varphi(x)dx = \dfrac{c_2-k}{c_1+c_2}$$

例 2-24 已知某商品的需求量 x 服从区间 $[0,10]$ 上的均匀分布，$h=0.5$ 元，$g=4.5$ 元，$c=0.5$，那么该存储系统的最优策略是什么。

解 先计算临界数：

$$\dfrac{c_2-k}{c_1+c_2}=\dfrac{4.5-0.5}{4.5+0.5}=0.8$$

再由

$$\int_0^Q \varphi(x)dx = \int_0^Q \dfrac{1}{10}dx = 0.8$$

得

$$\dfrac{1}{10}Q = 0.8$$

即

$$Q=8$$

所以该系统的最优策略是订货 8 个单位，若 q 为期初存货量，则需订货 $(8-q)$ 个单位。

例 2-25 某钢铁厂生产的某型优质钢材需求量 X 服从正态分布，期望 $\mu=60$，标准差 $\sigma=3$。每吨钢材成本为 220 百元，售价为 320 百元，每月单位存储费为 10 百元。那么工厂每月生产该钢材多少吨，可使获利的期望值最大。

解 已知 $k=220$，$p=320$，$c_1=10$。需求量 $x \sim N(60,3^2)$，计算可得

$$F(Q)=\int_0^Q \varphi(x)\mathrm{d}x=\frac{p-k}{c_1+p}=0.3030$$

查正态分布函数表得

$$Q=58.5$$

故该钢铁工厂每月应生产这种钢材 58.5 吨。

第 3 章

高等运筹学

前面章节主要对初等运筹学理论进行了介绍，但实际生活中很多问题涉及的模型更加复杂，如非线性规划、排队问题等，单纯的线性规划等理论方法并不能解决这类问题，这就需要高等运筹学的理论知识。本章主要对高等运筹学的相关理论进行了阐述，包括动态规划、排队论、非线性规划和多目标规划。

3.1 动态规划

动态规划（dynamic programming）是求解多阶段决策问题的一种最优化方法。20 世纪 50 年代初，Bellman 等在研究多阶段决策过程（multiple step decision process）的优化问题时，提出了著名的最优化原理（principle of optimality），即把多阶段决策过程转化为一系列单阶段问题，逐个求解，创立了解决这类多阶段优化问题的新方法——动态规划。1957 年 Bellman 出版了 *Dynamic Programming*，这是该领域的第一本著作。

动态规划问世以来，在经济管理、生产调度、工程技术、博弈论和最优控制等方面得到了广泛的应用。如最短路线、库存管理、资源分配、设备更新、排序、装载等问题，用动态规划方法比用其他方法求解更为方便。

虽然动态规划主要用于求解以时间划分阶段的动态过程的优化问题，但是一些与时间无关的静态规划（如线性规划、非线性规划），其本质是一个多阶段决策问题，可以人为地引入时间因素，把它视为多阶段决策过程，也可以用动态规划方法方便地求解。

应指出，动态规划是求解某类问题的一种方法，是考察问题的一种途径，而不是一种特殊算法。因而，它不像线性规划那样有一个标准的数学表达式和明确定义的一组规则，而必须对具体问题进行具体分析处理，面向特定问题，建立动态规划模型。因此，在学习时，除了要对基本概念和方法正确理解外，应以丰富的想象力去建立模型，用创造性的技巧去求解问题，通过案例揣摩解题精髓。

3.1.1 多阶段决策过程与方法

动态规划是目前解决多阶段决策过程问题的基本方法之一。所谓多阶段决策过程，是指这样一类的决策问题：由问题的特性可将整个决策过程按时间、空间等标志划分为若干个互相联系又互相区别的阶段。在它的每一阶段都需要作出决策，从而使整个过程达到最好的效果。因此,各个阶段的决策不是任意确定的,它依赖于当前面临的状态,又影响以后的发展,当各个阶段决策确定后,就组成了一个决策序列,因而也就决定了整个决策过程的一条活动路线,这样一个前后关联具有链状结构的多阶段决策过程就称为多阶段决策过程,也称为序贯决策过程(图 3.1.1),这种问题称为多阶段决策问题。

图 3.1.1 序贯决策过程

在多阶段决策问题中,各个阶段采取的决策,一般来说是与时间有关的,决策依赖于当前的状态,又随即引起状态的转移,一个决策序列就是在变化的状态中产生出来的,故有"动态"的含义,因此处理这种问题的方法称为动态规划方法。

例 3-1 如图 3.1.2 所示,给定一个线路网络,两点之间连线上的数字表示两点间的距离(或费用)。试求一条由 A 到 E 的线路,使总长度最小(或总费用最小)。

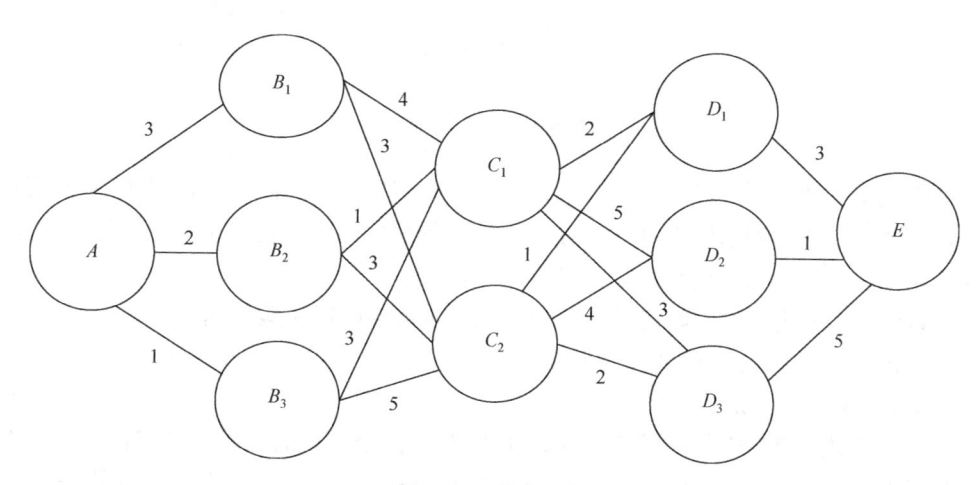

图 3.1.2 线路网络

这是一个以空间位置为特征的多阶段决策问题,决策顺序为 $A \to B \to C \to D \to E$。

例 3-2 工厂生产某种产品,每单位(千件)的成本为 1(千元),每次开工的固定成本为 3(千元),工厂每季度的最大生产能力为 6(千件)。经调查,市场对该产品的需求量第一、二、三、四季度分别为 2、3、2、4(千件)。如果工厂在第一、二季度将全年的需求都生产出来,自然可以降低成本(少付固定成本费),但是对于第三、四季度才能上市的产品需付存储费,每季每千件的存储费为 0.5(千元)。还规定年初和年末这种产品均无库存。试制订一个生产计划,即安排每个季度的产量,使一年的总费用(生产成本和存储费)最少。

显然,这是一个以时间为特征的多阶段决策问题。

例 3-1 通常称为最短路径问题,这是一个简单而又十分典型的多阶段决策问题。我们以它为例来说明用动态规划求解多阶段决策问题的特点与方法原理。

从图 3.1.2 可以看出,从 A 到 E 一共有 $3\times 2\times 3\times 1=18$ 条不同的线路,即 18 种不同的方案。显然其中必存在一条从全过程看效果最好的线路,称为最佳线路。对最佳线路来说,它具有如下的重要性质:设最佳线路第一、二、三阶段决策的结果是选择 $B_i(1\leq i\leq 3)$,$C_j(1\leq j\leq 3)$,$D_t(1\leq t\leq 3)$(图 3.1.3),则其中从第二阶段初始状态 B_i 到 E 点的路径也是从 B_i 到 E 点一切可能路径中的最佳路径,这性质很容易用反证法证明:设从 B_i 到 E 另有一条更短的路线 $B_i\to C_j'\to D_t'\to E$,则用 $A\to B_i$ 再加上这条路径就比 $A\to B_i\to C_j\to D_t\to E$ 更短。这与后者是一切路径中最短路径相矛盾。因此,$B_i\to C_j\to D_t\to E$ 必然也是从 $B_i\to E$ 一切路径中最短路径。显然这个性质不仅对 $B_i\to E$ 是成立的,而且对最短路径中的任意一个中间点都是成立的。因此,最佳路径中任意一个状态(中间点)到最终状态(最终点)的路径也是该状态到最终状态一切可能路径中的最短路径。

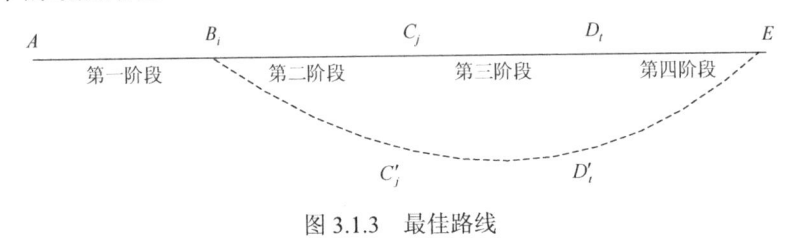

图 3.1.3 最佳路线

利用这个性质,则可以从最后一段开始,由终点向起点逐阶递推,寻求各点到终点的最短路径,当递推到起始点 A 时,便是全过程的最短路径。这种由后向前逆向递推的方法正是动态规划中常用的逆序法(逆向归纳法)。

仍以例 3-1 为例,说明如何用逆向归纳法来求解多阶段决策问题。

根据图 3.1.3,将决策全过程分为四个阶段。从最后一个阶段开始计算。

(1)$k=4$,第四阶段。

在第四阶段,有三个初始状态:D_1、D_2 与 D_3。而全过程的最短路径究竟是经过 D_1、D_2、D_3 中的哪一点,目前无法肯定,因此只能将各种可能都考虑,若全过程的最短路径经过 D_1,则从 D_1 到终点的最短路径距离为 $f_4(D_1)=3$;而类似可得 $f_4(D_2)=1$,$f_4(D_3)=5$。

(2)$k=3$,第三阶段。

在第三阶段有两个初始状态:C_1 与 C_2。同样无法确定全过程的最短路径是经过 C_1 还是 C_2。因此两种状态都要计算。

若全过程最短路径是经过 C_1,则由 C_1 到 E 有三条支路:$C_1\to D_1\to E$、$C_1\to D_2\to E$ 及 $C_1\to D_3\to E$,而对支路 $C_1\to D_1\to E$,其最短路径应为从 $C_1\to D_1$ 的距离 $d_3(C_1,D_1)$,再加上 $D_1\to E$ 的最短路径 $f_4(D_1)$,故有

$$C_1\to D_1\to E:\ d_3(C_1,D_1)+f_4(D_1)=2+3=5$$
$$C_1\to D_2\to E:\ d_3(C_1,D_2)+f_4(D_2)=5+1=6$$
$$C_1\to D_3\to E:\ d_3(C_1,D_3)+f_4(D_3)=3+5=8$$

由前述性质可知,若全过程最短路径经过 C_1,则 C_1 到终点 E 应是一切可能路径中最短路径,因此有

$$f_3(D_1) = \min \begin{Bmatrix} d_3(C_1,D_1) + f_4(D_1) \\ d_3(C_1,D_2) + f_4(D_2) \\ d_3(C_1,D_3) + f_4(D_3) \end{Bmatrix} = d_3(C_1,D_1) + f_4(D_1) = 5$$

即由 $C_1 \to E$ 的最短路径为 $C_1 \to D_1 \to E$，最短距离为 5。

同理，有

$$f_3(C_2) = \min \begin{Bmatrix} d_3(C_2,D_1) + f_4(D_1) \\ d_3(C_2,D_2) + f_4(D_2) \\ d_3(C_2,D_3) + f_4(D_3) \end{Bmatrix} = \min \begin{Bmatrix} 1+3 \\ 4+1 \\ 2+5 \end{Bmatrix} = d_3(C_2,D_1) + f_4(D_1) = 4$$

即由 $C_2 \to E$ 的最短路径为 $C_2 \to D_1 \to E$，最短距离为 4。

（3）$k=2$，第二阶段。

第二阶段有三种初始状态：B_1、B_2、B_3。同理可得到：

$$f_2(B_1) = \min \begin{Bmatrix} d_2(B_1,C_1) + f_3(C_1) \\ d_2(B_1,C_2) + f_3(C_2) \end{Bmatrix} = \min \begin{Bmatrix} 4+5 \\ 3+4 \end{Bmatrix} = d_2(B_1,C_2) + f_3(C_2) = 7$$

$$f_2(B_2) = \min \begin{Bmatrix} d_2(B_2,C_1) + f_3(C_1) \\ d_2(B_2,C_2) + f_3(C_2) \end{Bmatrix} = \min \begin{Bmatrix} 1+5 \\ 3+4 \end{Bmatrix} = d_2(B_2,C_1) + f_3(C_1) = 6$$

$$f_2(B_3) = \min \begin{Bmatrix} d_2(B_3,C_1) + f_3(C_1) \\ d_2(B_3,C_2) + f_3(C_2) \end{Bmatrix} = \min \begin{Bmatrix} 3+5 \\ 5+4 \end{Bmatrix} = d_2(B_3,C_1) + f_3(C_1) = 8$$

因此从 $B_1 \to E$ 的最短路径为 $B_1 \to C_2 \to D_1 \to E$，最短距离为 7；从 $B_2 \to E$ 的最短路径为 $B_2 \to C_1 \to D_1 \to E$，最短距离为 6；从 $B_3 \to E$ 的最短路径为 $B_3 \to C_1 \to D_1 \to E$，最短距离为 8。

（4）$k=1$，第一阶段。

第一阶段只有一种初始状态 A，可计算

$$f_1(A) = \min \begin{Bmatrix} d_3(A,B_1) + f_2(B_1) \\ d_3(A,B_2) + f_2(B_2) \\ d_3(A,B_3) + f_2(B_3) \end{Bmatrix} = \min \begin{Bmatrix} 3+7 \\ 2+6 \\ 1+8 \end{Bmatrix} = d_3(A,B_2) + f_2(B_2) = 8$$

即从 $A \to E$ 的最短路径为 $A \to B_2 \to C_1 \to D_1 \to E$，最短距离为 8。

从以上的计算过程可以看出，动态规划方法的基本思想是，把一个比较复杂的问题分解成一系列同一类型的更容易求解的子问题，对每个子问题，计算过程单一化，便于应用计算机。同时由于对每个子问题都考虑到最优效果，于是就系统地删去了大量的中间非最优化的方案组合，使得计算工作量比穷举法大大减少，但是其本质还是穷举法。

根据上述分析，可将动态规划方法求解多阶段决策问题的特点归纳如下。

（1）每个阶段的最优决策过程只与本阶段的初始状态有关，而与以前各阶段的决策（即为了到达本阶段的初始状态而采取的决策组合）无关。换言之，本阶段之前的状态与决策，只是通过系统在本阶段所处的初始状态来影响系统的未来。具有这种性质的状态称为无后效性（即马尔可夫性）状态，动态规划方法适用于求解具有无后效性的多阶段决策问题。

（2）最佳路径（最优决策过程）所经过的各个阶段，其中每个阶段始点到全过程终点的路径，也是子决策中的最佳路径，整体最优必然有局部最优。这就是 Bellman 提出的著名的最优化原理。

（3）在逐段递推过程中，每阶段选择最优决策时，不应只从本阶段的直接效果出发，而应从本阶段开始的往后全过程的效果出发，即应该考虑两种效果：一是本阶段初到本阶段终（即下阶段初）所选决策的直接效果；二是由所选决策确定的下阶段初往后直到终点的所有决策过程的总效果，也称为间接效果。这两种效果的结合必须是最优的。

（4）经过递推计算得到各阶段的有关数据后，反方向即可求出相应的最优决策过程。

3.1.2 动态规划的基本概念和递归方程

1）阶段

阶段（step）是对整个决策过程的自然划分。通常根据时间顺序或空间顺序的特征来划分阶段，以便按阶段的次序解优化问题。阶段变量一般用 $k=1,2,\cdots,n$ 表示。

2）状态

状态（state）表示每个阶段开始时决策过程所处的自然状况。它应能描述过程的特征并且无后效性，即当某阶段的状态变量给定时，这个阶段以后过程的演变与该阶段以前各阶段的状态无关。通常要求状态是直接的或间接可以观测的。

描述状态的变量称为状态变量（state variable）。变量允许取值的范围称为允许状态集合（set of admissible states）。用 x_k 表示第 k 阶段的状态变量，它可以是一个数或一个向量。用 X_k 表示第 k 阶段的允许状态集合，有 $x_k \in X_k$。n 个阶段的决策过程有 $n+1$ 个状态变量，x_{n+1} 表示 x_n 演变的结果。根据过程演变的具体情况，状态变量可以是离散的或连续的。为了方便计算，有时将连续变量离散化，为了方便分析，有时又将离散变量视为连续的。状态变量简称为状态。

3）决策

当一个阶段的状态确定后，可以作出各种选择从而演变到下一阶段的某个状态，这种选择过程称为决策（decision），在最优控制问题中也称为控制（control）。

描述决策的变量称为决策变量（decision variable），变量允许取值的范围称允许决策集合（set of admissible decisions）。用 $u_k(x_k)$ 表示第 k 阶段处于状态 x_k 时的决策变量，它是 x_k 的函数，用 $U_k(x_k)$ 表示 x_k 的允许决策集合，决策过程就是选择 $u_k(x_k) \in U_k(x_k)$ 的过程。决策变量简称决策。

4）策略

决策组成的序列称为策略（policy）。由初始状态 x_1 开始的全过程的策略记为 $p_{1n}(x_1)$，即

$$p_{1n}(x_1) = \{u_1(x_1), u_2(x_2), \cdots, u_n(x_n)\}$$

由第 k 阶段的状态 x_k 开始到终止状态的后部子过程的策略记为 $p_{kn}(x_k)$，即

$$p_{kn}(x_k) = \{u_k(x_k), \cdots, u_n(x_n)\}, \quad k = 1, 2, \cdots, n-1$$

类似地，由第 k 到第 j 阶段的子过程的策略记为

$$p_{kj}(x_k) = \{u_k(x_k), \cdots, u_j(x_j)\}$$

可供选择的策略有一定的范围，称为允许策略集合（set of admissible policies），用 $P_{1n}(x_1), P_{kn}(x_k), P_{kj}(x_k)$ 表示。

5) 状态转移方程

在确定性决策过程中，一旦某阶段的状态和决策为已知，下阶段的状态便完全确定，这个过程称为状态转移。用状态转移方程（equation of state transition）表示这种演变规律，可写为

$$x_{k+1} = T_k(x_k, u_k), \quad k = 1, 2, \cdots, n$$

6) 指标函数和最优值函数

指标函数（objective function）是衡量决策过程和决策结果优劣的数量指标，它是定义在全过程和所有后部子过程上的数量函数，用 $V_{kn}(x_k, u_k, x_{k+1}, \cdots, x_{n+1})$ 表示（$k = 1, 2, \cdots, n$）。指标函数应具有可分离性，即 V_{kn} 可表示为 $x_k, u_k, V_{k+1\,n}$ 的函数，记为

$$V_{kn}(x_k, u_k, x_{k+1}, \cdots, x_{n+1}) = \varphi_k(x_k, u_k, V_{k+1\,n}(x_{k+1}, u_{k+1}, x_{k+2}\cdots, x_{n+1}))$$

决策过程在第 j 阶段的阶段指标取决于状态 x_j 和决策 u_j，用 $v_j(x_j, u_j)$ 表示，为对整体目标函数的贡献。整体指标函数由 $v_j (j = 1, 2, \cdots, n)$ 组成，常见的形式包括如下。

阶段指标之和，即

$$V_{kn}(x_k, u_k, x_{k+1}, \cdots, x_{n+1}) = \sum_{j=k}^{n} v_j(x_j, u_j)$$

阶段指标之积，即

$$V_{kn}(x_k, u_k, x_{k+1}, \cdots, x_{n+1}) = \prod_{j=k}^{n} v_j(x_j, u_j)$$

阶段指标之极大（或极小），即

$$V_{kn}(x_k, u_k, x_{k+1}, \cdots, x_{n+1}) = \max_{k \leqslant j \leqslant n}(\min) v_j(x_j, u_j)$$

这些形式下第 k 到第 j 阶段子过程的指标函数为 $V_{kj}(x_k, u_k, x_{k+1}\cdots, x_{j+1})$。

根据状态转移方程，指标函数 V_{kn} 还可以表示为状态 x_k 和策略 p_{kn} 的函数，即 $V_{kn}(x_k, p_{kn})$。在 x_k 给定时，指标函数 V_{kn} 对 p_{kn} 的最优值称为最优值函数（optimal value function），记为 $f_k(x_k)$，即

$$f_k(x_k) = \underset{p_{kn} \in P_{kn}(x_k)}{\mathrm{opt}} V_{kn}(x_k, p_{kn})$$

实际上，$f_k(x_k)$ 是从状态 x_k 开始的后继最优决策的目标函数值。

7) 最优策略和最优轨线

使指标函数 V_{kn} 达到最优值的策略是从 k 开始的后部子过程的最优子策略，记为 $p_{kn}^* = \{u_k^*, \cdots, u_n^*\}$。$p_{1n}^*$ 是全过程的最优策略，简称最优策略（optimal policy）。从初始状态 $x_1(= x_1^*)$ 出发，决策过程按照 p_{1n}^* 和状态转移方程演变所经历的状态序列 $\{x_1^*, x_2^*, \cdots, x_{n+1}^*\}$ 称为最优轨线（optimal trajectory）。

8）递归方程

如下方程称为递归方程：
$$\begin{cases} f_{n+1}(x_{n+1}) = 0 \text{ 或 } 1 \\ f_k(x_k) = \underset{u_k \in U_k(x_k)}{\text{opt}} \{v_k(x_k, u_k) \otimes f_{k+1}(x_{k+1})\}, \quad k = n, \cdots, 1 \end{cases}$$

式中，$f_{n+1}(x_{n+1})$ 称为边界条件。在递归方程中，当 $\otimes$ 为加法时，$f_{n+1}(x_{k+1}) = 0$；当 $\otimes$ 为乘法时，$f_{n+1}(x_{k+1}) = 1$。动态规划递归方程是动态规划的最优化原理的基础，即最优策略的子策略，构成最优子策略。用状态转移方程和递归方程求解动态规划的过程，是由 $k = n+1$ 逆推至 $k = 1$，故这种解法称为逆序解法。当然，对某些动态规划问题，也可采用顺序解法。

3.1.3 最优化原理与建模方程

1）Bellman 最优化原理

作为整个过程的最优策略，无论过去的状态和决策如何，对前面的决策形成状态而言，余下的决策必构成最优策略，即若 M 是从 A 到 B 最优路线上的任一点，则从 M 到 B 的路线也是最优路线（图 3.1.4）。

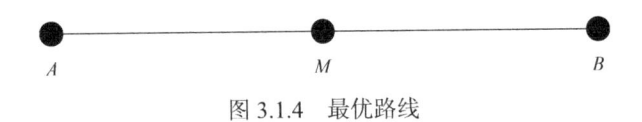

图 3.1.4 最优路线

2）动态规划的递归方程

设阶段数为 n 的多阶段决策过程，其阶段编号为 $k = 0, 1, \cdots, n-1$。

允许策略 $p_{0,n-1}^* = (u_0^*, u_1^*, \cdots, u_{n-1}^*)$ 是最优策略的充要条件，对任一个 k ($0 < k < n-1$) 和 $s_0 \in S_0$，有

$$V_{0,n-1}(s_0, p_{0,n-1}^*) = \underset{p_{0,n-1} \in p_{0,k-1}(s_0)}{\text{opt}} \left\{ V_{0,k-1}(s_0, p_{0,k-1}) \otimes \underset{p_{k,n-1} \in p_{k,n-1}(s_k)}{\text{opt}} V_{k,n-1}(s_k, p_{k,n-1}) \right\}$$

式中，$p_{0,n-1}^* = (p_{0,k-1}, p_{k,n-1})$。它是由给定的初始状态 s_0 和子策略 $p_{0,k-1}$ 所确定的 k 段状态。当 V 是效益函数时，opt 取 max；当 V 是损失函数时，opt 取 min。

推论：若允许策略 $p_{0,n-1}^*$ 是最优策略，则对任意的 k ($0 < k < n-1$)，它的子策略 $p_{k,n-1}^*$ 对于 $s_k^* = T_{k-1}(s_{k-1}^*, u_{k-1}^*)$ 为起点的 k 到 $n-1$ 子过程来说，必是最优策略。

3）动态规划的求解步骤

（1）将决策过程划分成恰当的阶段。

（2）正确选择状态变量 x_k，使它既能描述过程的状态，又满足无后效性，同时确定允许状态集合 X_k。

（3）选择决策变量 u_k，确定允许决策集合 $U_k(x_k)$。

（4）写出状态转移方程。

（5）确定阶段指标 $v_k(x_k, u_k)$ 及指标函数 V_{kn} 的形式（阶段指标之和、阶段指标之积、阶段指标之极大或极小等）。

（6）写出基本方程，即最优值函数满足的递归方程，以及边界条件。

建立动态规划模型，基本上是按照上述顺序，逐步确定（1）～（6）的内容。

建模是解决实际问题的第一步，也是比较困难的一步，动态规划不像线性规划那样有统一的模型和统一的处理方法，必须针对具体问题做具体分析，综合考虑多方面的因素。例如，如何划分阶段，如何选择正确的状态变量和决策变量，如何构造递归方程，等等，确实需要一定的技巧，需多练习，不断总结和积累经验。

3.2 排队论

本节将详细介绍排队论的理论构成、模型分析以及数学求解过程，分析不同排队模型的效率，介绍排队的生灭过程和流的稳定求解理论，优化服务机构所关心的容客量、服务强度和服务台数量。

3.2.1 排队论基本概念

排队论又称随机服务系统理论，是指对服务对象的到来时间及服务时间进行统计研究，得出一系列的数量指标（等待时间、排队长度、忙期长短等）的统计规律，然后根据这些规律来改进服务系统的结构或者重新组织被服务对象，使得服务系统既能满足服务对象的需要，又能使服务机构的费用最经济或某些指标最优的理论。

3.2.2 排队系统的组成

排队系统整体上分为服务机构和服务对象（顾客）两部分。一个排队系统可以描述为：为了获得服务的顾客到达服务设施前排队，等待服务，服务完毕后自行离开，服务对象的到达和离开称为排队系统的输入和输出，如图 3.2.1 所示。

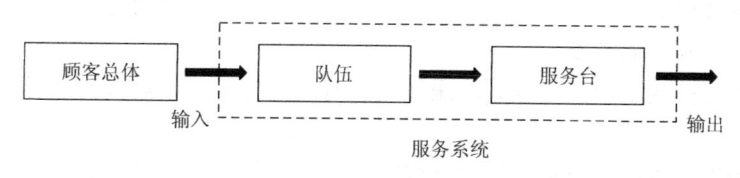

图 3.2.1 服务系统

一般的排队系统有三个基本组成部分：输入过程、排队及排队规则和服务机构。

1. 输入过程

输入即顾客到达排队系统，输入的指标包括顾客源的情况、顾客到达系统的方式、顾客到达服务系统的时间间隔。

顾客源的情况：顾客的来源可以是多种多样的，顾客源可以是有限的，如厂房内机器设备发生故障后待维修的对象为有限的总体；也可以是无限的，如日常生活中超市收银台、银行柜面、医院的挂号服务台的顾客来源就是无限的。

顾客到达系统的方式：单个到达或者成批到达。常见的排队系统顾客都是按单个到达服务台的，但是如旅行社抱团旅行，以及仓储货物的入库和出库调用我们就可以认为服务对象是成批到达的。

顾客到达服务系统的时间间隔：这是输入过程中最重要的指标，根据到达时间间隔的不同可以将输入过程分为确定型和随机型。在自动装配线上装配的各部件必须是按照确定的时间间隔到达装配点的，以及定期的航班、车次等都属于确定型；而日常生活中大部分情况的排队系统输入过程都是随机型的，即 t 时间内顾客到达数量 $n(t)$ 服从一定的概率分布，例如，服从泊松分布，则 t 时间内到达 n 个顾客的概率为

$$P_n(t) = \frac{\mathrm{e}^{-\lambda t}(\lambda t)^n}{n!}, \quad n = 0,1,\cdots,N$$

式中，λ 为单位时间顾客期望到达数量，称为平均到达率；$1/\lambda$ 为平均间隔时间。当顾客到达服从其他随机型概率分布时，我们也将其分布的期望值作为平均到达率来进行模型求解。

2. 排队及排队规则

排队规则是指顾客来到排队系统后如何排队等候服务的规则，一般有即时制、等待制和混合制三大类。

（1）即时制，又称为损失制排队规则，即顾客到达服务系统时，如果所有服务台均被占用，顾客随即离去，不进行等待或者服务机构不允许等待。旅店客满谢客、停车场位满拒绝停车等就是典型的损失制。

（2）等待制指顾客到达系统时，若所有服务台被占用，顾客就加入排队队列进行等待服务。这也是生活中最常见的。只有在研究等待制排队系统的时候，排队规则和系统优化才有意义。

（3）混合制分为两种情况：一是队长有限制，当顾客排队等候的人数超过一定数量时，后到的顾客就自动离去，服务机构一般都会具有一定的容纳量与等待空间，超过等待空间的顾客就需要另外寻求服务机构接受服务；二是等候时间有限制，当顾客排队等候超过一定时间就自动离去。

在等待制的排队系统中，常见的服务规则有先到先服务、后到先服务、优先服务和随机服务等。

（1）先到先服务：按照到达次序接受服务，这是最常见的情形。

（2）后到先服务：如仓库中存放的货物常常是后放入的先被出库使用。

（3）优先服务：医院会对病情严重的患者以及紧急意外的患者进行优先处理与治疗。

（4）随机服务：随机挑选队列中的对象进行服务，常见的就是电信与通信行业，如电话交换台接通热线时就是随机接通的。

3. 服务机构

服务机构主要包括服务台的数量及其连接形式（串联或者并联），顾客单个接受服务还是成批接受服务以及服务时间的分布。常见的服务机构模型如图 3.2.2 所示。

需要区分的是单队列多服务台和多队列多服务台模型。单队列多服务台系统中，顾客到达后在同一队列中等待，任何一个服务台服务完毕，则队列中先到者上前接受服务；多队列多服务台相当于多个单队列多服务台的并联，服务机构可能分别在不同的服务台

提供不同质的服务或者服务机构有强制隔离队列的设施。这两种系统本质上较为相似，我们会在后面内容对两种模型的效率进行分析与比较。

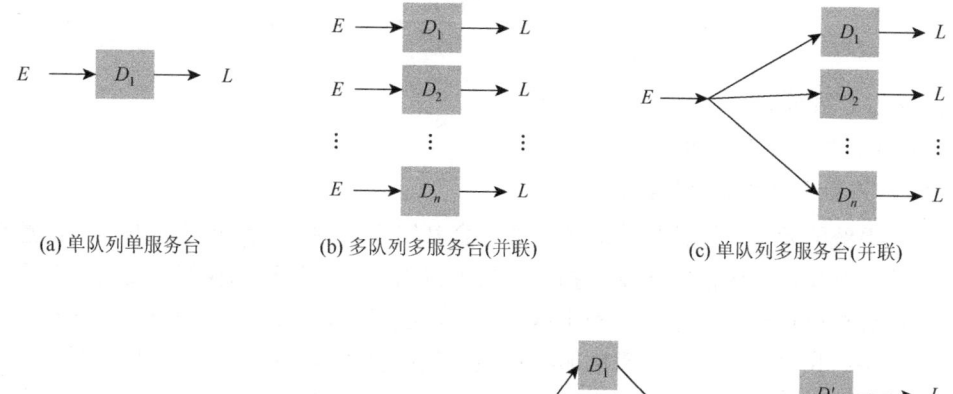

(a) 单队列单服务台

(b) 多队列多服务台(并联)

(c) 单队列多服务台(并联)

(d) 单队列多服务台(串联)

(e) 多服务台混合形式

图 3.2.2　服务机构模型

E 表示顾客到达开始排队；D 和 D' 表示服务台；L 表示顾客接受完服务离开服务台

服务台的服务时间一般也分为确定型和随机型两种。例如，洗衣房的自动洗衣机每一次服务的时长是固定的，因而是确定型。而绝大多数情况下服务时间是随机的，服从一定的概率分布，如果服务时间 v 服从负指数分布，其分布函数为

$$P(v \leqslant t) = 1 - e^{-\mu t} \quad t \geqslant 0$$

式中，μ 为平均服务率，$1/\mu$ 为平均服务时间。当服务时长服从其他随机型概率分布时，我们也将其分布的期望值作为平均服务率来进行模型求解。

3.2.3　排队系统的符号表示以及指标

1. 排队系统的符号表示

排队论中广泛采用的是 20 世纪 50 年代初 Kendall 提出的 Kendall 符号。经过扩展后的基本形式为

$$X/Y/Z/A/B/C$$

式中，X 为顾客到达时间间隔的分布；Y 为指服务时长的概率分布；Z 为并列的服务台的数量；A 为服务机构的容量，取非负整数或∞；B 为顾客源的数目，取非负整数或∞；C 为服务规则（先来先服务、后来先服务、优先服务和随机服务等），在无说明的情况下一般服务机构容量默认为∞，顾客源默认为∞，服务规则默认为先来先服务。

顾客到达间隔时间和服务时长的分布一般有以下几种。

（1）M：负指数分布。顾客到达时间间隔为独立的负指数分布，称为泊松流。

（2）D：定长分布，即顾客到达时间间隔一定或服务时长一定。E_k 为 k 阶 Erlang 分布，密度函数为

$$b(t) = \frac{k\mu(k\mu t)^{k-1}}{(k-1)!}e^{-k\mu t}$$

式中，μ 为非负常数。

（3）G：一般随机分布。

2. 排队系统的主要衡量指标

排队系统的效率、运营机构服务台的综合利用率、顾客到达与接受服务的满意程度等是评价一个排队系统的重要衡量指标，为了得出这一系列指标我们需要对排队系统进行定量的分析以得出最终指标。利用这些指标，我们可以在服务机构设置之前对服务机构的规模进行预测，来设置合理的服务规模，也可以在服务机构成立之后，对服务机构现有的运营效率进行评估，来提供决策支持，以通过调整服务台数量、适当影响顾客到达的时间分布或提高服务效率来使得服务机构综合成本最低。常用的指标包括如下。

（1）平均队长 L_s 和平均排队长 L_q。平均队长 L_s 指一个排队系统的顾客平均数（其中包括正在接受服务的顾客）。平均排队长 L_q 指在队列中等待服务的顾客平均数。

（2）平均逗留时间 W_s 和平均等待时间 W_q。平均逗留时间 W_s 指进入系统的顾客逗留时间（包括接受服务的时间）的平均值，平均等待时间 W_q 是指顾客在队列中等待接受服务的平均时长。

（3）忙期和闲期。闲期是指所有服务台均闲置的状态，相应的忙期即服务系统中有顾客的时期。忙期和闲期的长短直接体现出服务台的利用效率。

（4）服务强度 ρ。每个服务台单位时间内的平均服务时间。

其中，L_s、L_q、W_s、W_q 是排队系统最重要的定量统计指标。它们的取值越小，系统队长越短，顾客等待时间越短，系统性能越好。

还有其他一些表示各种意义的符号，包括前面提到过的 λ 和 μ，分别为顾客平均到达率即输入强度和顾客平均服务时间即服务强度；服务强度 $\rho = \dfrac{\lambda}{\mu}$；$P_j$ 表示在进行平衡的统计的时候，排队系统中恰好有 j 个顾客的概率。

3. 生灭过程

排队论中，一个顾客到达使得系统状态从 n 到 $n+1$，这一过程称为生；一个顾客离开使得系统状态从 n 到 $n-1$，这一过程称为灭。排队系统状态的转移过程可以用图 3.2.3 来表示。

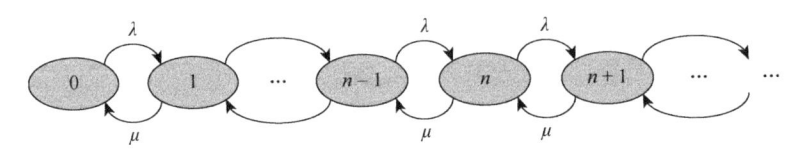

图 3.2.3　生灭过程状态转移图

根据图 3.2.3 的转移形式以及流的平衡原理，可以得出排队论基本模型的求解方法。流的平衡原理就是在稳定状态下，流入任一节点的流量等于流出该节点的流量。这一原理在排队论中有广泛的适用性。

3.2.4 基本模型求解

1. 标准的 $M/M/1/\infty/\infty$ 系统

根据流的平衡原理对每一个节点进行平衡求解得方程组：

$$\begin{cases} \lambda P_0 = \mu P_1 \\ \lambda P_{n-1} + \mu P_{n+1} = (\mu + \lambda) P_n \end{cases}$$

得到

$$\begin{cases} P_1 = \dfrac{\lambda}{\mu} P_0 \\ P_n = \left(\dfrac{\lambda}{\mu}\right)^n P_0 \end{cases}, \quad n = 1, 2, \cdots$$

直观上来说，要使得一个排队系统达到平衡，则不能使得顾客到达率高于服务率，即输入强度 λ 要小于服务强度 μ，这样才能使得系统能把正在排队的顾客服务完，才能使得系统的忙期和闲期交替出现，如果 λ 大于 μ，那么排队的队伍会无限增长（假设容量源和容量为∞）。因此排队系统达到稳态平衡的条件为

$$\rho = \frac{\lambda}{\mu} < 1$$

由

$$\begin{cases} \sum_{n=0}^{\infty} P_n = 1 \\ P_n = \rho^n P_0 \end{cases}$$

得

$$P_0 = \left(\sum_{n=0}^{\infty} \rho^n\right)^{-1} = \left(\frac{1}{1-\rho}\right)^{-1} = 1 - \rho$$

进而有

$$P_n = (1-\rho)\rho^n, \quad n = 1, 2, \cdots$$

式中，P_0 为系统中顾客数为 0 的概率，也就是系统空闲的概率，可见 $P_0 = 1 - \rho$，相应地，系统繁忙的概率为 ρ，通常称 ρ 为服务强度，由稳态平衡的条件可知 $\rho < 1$，且 ρ 越接近于 1，说明系统的服务强度越大，服务机构越繁忙。

在平衡条件下系统的平均队长 L_s 为

$$L_s = \sum_{n=0}^{\infty} nP_n = \sum_{n=0}^{\infty} n(1-\rho)\rho^n = (\rho + 2\rho^2 + 3\rho^3 + \cdots) - (\rho^2 + 2\rho^3 + 3\rho^4 + \cdots)$$
$$= \rho + \rho^2 + \rho^3 + \cdots = \frac{\rho}{1-\rho}$$

或

$$L_s = \frac{\lambda}{\mu - \lambda}$$

则平均排队长 L_q 为

$$L_q = \sum_{n=0}^{\infty} (n-1)P_n = L_s - \rho = \frac{\rho^2}{1-\rho}$$

即

$$L_q = \frac{\lambda^2}{\mu(\mu - \lambda)}$$

顾客在系统中逗留的时间为 T，服从参数为 $\mu - \lambda$ 的负指数分布，即顾客在系统中逗留时间超过 t 的概率为

$$P\{T \succ t\} = e^{-(\mu - \lambda)t}, \quad t \geqslant 0$$

得到平均逗留时间 W_s 为

$$W_s = E(T) = \frac{1}{\mu - \lambda}$$

或

$$W_s = \frac{L_s}{\lambda} = \frac{1}{\lambda} \frac{\lambda}{\mu - \lambda} = \frac{1}{\mu - \lambda}$$

平均等待时间 W_q 为

$$W_q = W_s - \frac{1}{\mu} = \frac{\lambda}{\mu(\mu - \lambda)} = \frac{\rho}{\mu - \lambda}$$

或

$$W_q = \frac{L_q}{\lambda} = \frac{\lambda}{\mu(\mu - \lambda)} = \frac{\rho}{\mu - \lambda}$$

2. 有限等待空间的 $M/M/1/N/\infty$ 系统

有限等待空间的 $M/M/1/N/\infty$ 系统的状态转移图如图 3.2.4 所示，相比于标准的 $M/M/1/\infty/\infty$ 系统，该系统有了最大等待空间的限制（即最大容客量），因而生灭过程有了右端点。同样由流的平衡原理得出该系统平衡方程组：

$$\begin{cases} \lambda P_0 = \mu P_1 \\ \lambda P_{n-1} + \mu P_{n+1} = (\mu + \lambda)P_n, \quad 1 \leqslant n \leqslant N-1 \\ \lambda P_{N-1} = \mu P_N \end{cases}$$

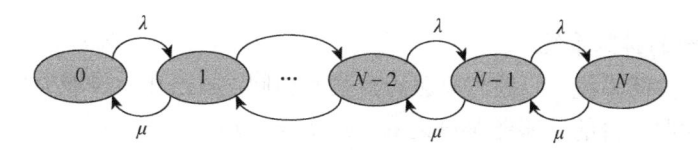

图 3.2.4　M/M/1/N/∞排队系统的状态转移图

关键指标的求解与标准的 M/M/1/∞/∞ 系统的求解类似。得到如下关键指标。

（1）平均队长：

$$L_s = \sum_{n=0}^{N} nP_n = \frac{\rho}{1-\rho} - \frac{(N+1)\rho^{N+1}}{1-\rho^{N+1}}$$

当 $N \to \infty(\rho < 1)$ 时，有

$$L_s = \frac{\rho}{1-\rho} - \frac{(N+1)\rho^{N+1}}{1-\rho^{N+1}} \to \frac{\rho}{1-\rho}$$

（2）平均排队长：

$$L_q = L_s - \frac{\lambda_e}{\mu} = L_s - (1-P_0)$$

（3）平均逗留时间：

$$W_s = \frac{L_s}{\lambda_e} = \frac{L_s}{\mu(1-P_0)}$$

（4）平均等待时间：

$$W_q = W_s - \frac{1}{\mu}$$

3. 有限顾客源的 M/M/1/∞/m 系统

其生灭过程状态转移图如图 3.2.5 所示。

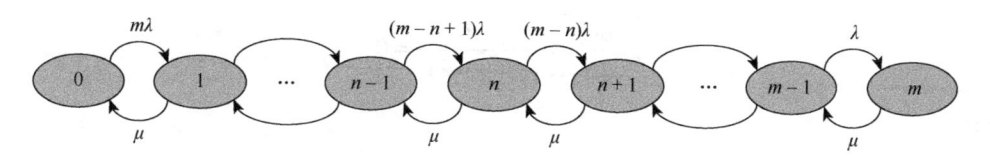

图 3.2.5　生灭过程状态转移图

需要说明的是，顾客总体为 m 个，每个顾客被服务之后，仍然可以回到原来的总体中去。设每个顾客的到达率都是相同的 λ（如每台机器单位运转时间内发生故障的概率或平均次数），这时在系统外的顾客平均数为 $(m-L_s)$，系统的有效到达率变为 $\lambda_e = \lambda(m-L_s)$。

平衡状态下的方程组与求解和前两种模型类似，不再进行详细求解。

4. 多服务台的排队系统

多服务台的排队系统，原理与单服务台基本相同，区别在于多服务台的服务强度 μ_e 要用正在服务的服务台的总服务强度之和，即 $\mu_e = c\mu$。

因而当正在接受服务的顾客量小于服务台数量 c 时，此时系统服务强度为 $n\mu(0 < n < c)$，当顾客量大于服务台数量时，系统的服务强度为 $c\mu$。

要达到平衡同样要求：

$$\rho = \frac{\lambda}{c\mu} < 1$$

3.2.5 排队系统优化

1. 最优等待空间

排队系统的评价条件中，顾客满意度是非常重要的指标。顾客在队列中等待的时间越长，则满意度会越低，理想状况是顾客一到达服务台就能接受服务。

在顾客容量有限制的排队系统里，为满足一定比率 $a(0 \leq a \leq 1)$ 的顾客到达后有等待空间，应设置 m 个等待空间，则

$$P(n \leq m) = \sum_{n=0}^{m} P_n = \sum_{n=0}^{m} (1-\rho)\rho^n \geq a$$

$$\rho^{m+1} \leq 1-a \rightarrow m \geq \frac{\ln(1-a)}{\ln \rho} - 1$$

由此得出为满足一定顾客满意度所需要设置的最小等待空间 m。

2. 最优服务率

设进入系统的顾客单位时间带来的损失为 c_1，单位时间服务台每服务一位顾客的服务成本为 c_2，则单位时间总费用的期望为

$$C(\mu) = c_1 L(\mu) + c_2 \mu = \frac{\lambda}{\mu - \lambda} c_1 + \mu c_2$$

由

$$\frac{\mathrm{d}c}{\mathrm{d}\mu} = c_2 - \frac{\lambda c_1}{(\mu - \lambda)^2} = 0$$

解得

$$\mu = \lambda \pm \sqrt{\frac{\lambda c_1}{c_2}}$$

再由

$$\frac{\mathrm{d}^2 c}{\mathrm{d}\mu^2} = \frac{2\lambda c_1}{(\mu - \lambda)^3} > 0$$

以及

$$\rho = \frac{\lambda}{\mu} < 1$$

解得最优服务率为

$$\mu^* = \lambda + \sqrt{\frac{\lambda c_1}{c_2}}$$

需要说明的是,最优服务率是指系统效率最高即综合成本最低的理想服务率,而不是系统固有的指标。由上面的公式可知,最优服务率 μ^* 随着进入系统的顾客数 λ 和损失费 c_1 的增加而增加,随着服务成本 c_2 的增加而减小。

3. 不同组合方式排队模型的比较

两种模型的概念区别在前面已经提到过。这里主要说的是单队列多服务台和多队列多服务台的效率比较。

以 M/M/2 系统和两个 M/M/1 系统为例。

(1) M/M/2 系统:

$$\rho_2 = \frac{\lambda}{2\mu} < 1$$

$$L_2 = \frac{2\rho_2}{1-\rho_2^2}$$

$$L_q = L_2 - 2\rho_2 = \frac{2\rho_2^3}{1-\rho_2^2}$$

$$W_2 = \frac{L_2}{\lambda} = \frac{2\rho_2}{\lambda(1-\rho_2^2)}$$

$$W_q = \frac{L_q}{\lambda} = \frac{2\rho_2^3}{\lambda(1-\rho_2^2)}$$

(2) 两个 M/M/1 系统:

$$\rho = \frac{\lambda/2}{\mu} = \frac{\lambda}{2\mu} = \rho_2$$

$$L_1' = \frac{\rho_2}{1-\rho_2}, \quad 2L_1' = \frac{2\rho_2}{1-\rho_2} > L_2$$

$$L_q' = \frac{\rho_2}{1-\rho_2} - \rho_2 = \frac{\rho_2^2}{1-\rho_2}, \quad 2L_q' = \frac{\rho_2^2}{1-\rho_2} > L_q$$

$$W_1' = \frac{L_1'}{\lambda/2} = \frac{2\rho_2}{\lambda(1-\rho_2)} > W_2$$

$$W_q' = \frac{L_q'}{\lambda/2} = \frac{2\rho_2^2}{\lambda(1-\rho_2)} > W_q$$

从以上的比较来看,如果不考虑服务的异质性,仅从等待时间和等待队长考虑,应该让顾客只排一个队。

4. 最优服务台数量

设顾客等待单位时间带来的损失为 c_1，单位时间服务台的服务成本为 c_2，则单位时间总费用的期望值为

$$C(s) = c_1 L_q(s) + c_2 s$$

最优服务台数目满足

$$\min_{s \in N} C(s) = \min_{s \in N}[c_1 L_q(s) + c_2 s]$$

当 $C(s^*)$ 取最小值时应满足

$$\begin{cases} C(s^*) \leqslant C(s^* - 1) \\ C(s^*) \leqslant C(s^* + 1) \end{cases}$$

将 $C(s^*)$ 的表达式代入上面的不等式约束条件得

$$L(s^*) - L(s^* + 1) \leqslant \frac{c_2}{c_1} \leqslant L(s^* - 1) - L(s^*)$$

对于 $s = 1, 2, \cdots$，依次计算 L_s 以及 $\Delta L(s) = L(s) - L(s+1)$。当已知 c_2/c_1 满足

$$L(s^*) - L(s^* + 1) \leqslant \frac{c_2}{c_1} \leqslant L(s^* - 1) - L(s^*)$$

时，可确定最优值 $s = s^*$。

3.3 非线性规划

如果目标函数或约束条件的变量中含有一个或多个非线性函数，那么称这类规划问题为非线性规划（nonlinear programming，NP）。

一般地，解非线性规划问题要比解线性规划问题困难得多，因为它不像解线性规划问题有单纯形法这一通用的方法，非线性规划目前还没有适合于各种问题的一般算法，各个方法都有自己特定的应用范围。

3.3.1 基本概念

1. 非线性规划的数学模型

数学模型的一般描述：

$$\begin{cases} \min f(\boldsymbol{x}) \\ g_j(\boldsymbol{x}) \geqslant 0, \quad j = 1, 2, \cdots, \ell \end{cases} \quad \text{或} \quad \begin{cases} \min f(\boldsymbol{x}) \\ h_i(\boldsymbol{x}) = 0, \quad i = 1, 2, \cdots, m \\ g_j(\boldsymbol{x}) \geqslant 0, \quad j = 1, 2, \cdots, \ell \end{cases}$$

式中，$\boldsymbol{x} = (x_1, x_2, \cdots, x_n)^T$；$f(\boldsymbol{x})$、$h_i(\boldsymbol{x})$、$g_j(\boldsymbol{x})$ 分别为非线性函数。

2. 非线性规划的图示

例 3-3　求解如下非线性规划问题：

$$\begin{cases} \min f(x) = (x_1 - 2)^2 + (x_2 - 2)^2 \\ x_1 + x_2 - 6 = 0 \end{cases}$$

解 做 $f(x)$ 的等值线，即 $f(x)=c$ （常数），如图 3.3.1 所示，等值线与直线相切于 D 点，在 D 点得到最优解 $x_1^*=x_2^*=3$，最小值 $\min f(x)=f(x^*)=2$。

分析：若 $h(x)=x_1+x_2-6\leqslant 0, x_1^*=2, x_2^*=2, f(x^*)=0$，最优解位于可行域内部，此时 $h(x)\leqslant 0$ 事实上不起约束作用，x^* 直接由 $\min f(x)$ 求得。

3. 极值问题

极值存在的条件如下。

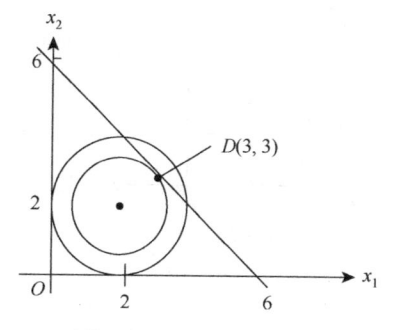

图 3.3.1 $f(x)$ 及其等值线

定理 3.1（必要条件） 设 R 为 n 维欧氏空间 E^n 上的某一开集，$f(x)$ 在 R 上有一阶连续偏导数，若 $f(x^*)$ 为局部极值，则必有 $f(x)$ 在 x^* 的梯度 $\nabla f(x^*)=0$。其中，$\nabla f(x^*)=\left(\dfrac{\partial f}{\partial x_1},\dfrac{\partial f}{\partial x_2},\cdots,\dfrac{\partial f}{\partial x_n}\right)_{|x=x^*}$。

$\nabla f(x)$ 的方向为 $f(x)$ 等值面（线）在 x 处的法线方向，沿这个方向函数值增加最快。满足 $\nabla f(x^*)=0$ 的点称为平稳点或驻点。在区内部极值点必为平稳点，但平稳点不一定是极值点。

定理 3.2（充分条件） 设 R 为 n 维欧氏空间 E^n 上的某一开集，$f(x)$ 在 R 上有二阶连续偏导数，若 $x^*\in R$，且 $f(x)$ 在 x^* 处的黑塞矩阵 $H(x^*)$ 正定，则 x^* 为 $f(x)$ 的严格局部极小值点。其中

$$H(x^*)=\begin{bmatrix} \dfrac{\partial^2 f}{\partial x_1^2} & \dfrac{\partial^2 f}{\partial x_1 \partial x_2} & \cdots & \dfrac{\partial^2 f}{\partial x_1 \partial x_n} \\ \dfrac{\partial^2 f}{\partial x_2 \partial x_1} & \dfrac{\partial^2 f}{\partial x_2^2} & \cdots & \dfrac{\partial^2 f}{\partial x_2 \partial x_n} \\ \vdots & \vdots & & \vdots \\ \dfrac{\partial^2 f}{\partial x_n \partial x_1} & \dfrac{\partial^2 f}{\partial x_n \partial x_2} & \cdots & \dfrac{\partial^2 f}{\partial x_n^2} \end{bmatrix}_{|x=x^*}$$

4. 凸函数与凸规划

1）凸函数与凹函数

设 R 为凸集，$\forall X^{(1)}, X^{(2)}\in R$ 及 $\alpha\in(0,1)$。

（1）若 $f(\alpha X^{(1)}+(1-\alpha)f(X^{(2)}))\leqslant \alpha f(X^{(1)})+(1-\alpha)f(X^{(2)})$，则称 $f(X)$ 为 R 上的凸函数，如图 3.3.2（a）所示。

（2）若 $f(\alpha X^{(1)}+(1-\alpha)f(X^{(2)}))< \alpha f(X^{(1)})+(1-\alpha)f(X^{(2)})$，则称 $f(X)$ 为 R 上的严格凸函数。

（3）若 $f(\alpha X^{(1)}+(1-\alpha)f(X^{(2)}))\geqslant \alpha f(X^{(1)})+(1-\alpha)f(X^{(2)})$，则称 $f(X)$ 为 R 上的凹函数，如图 3.3.2（b）所示。

（4）若 $f(\alpha X^{(1)}+(1-\alpha)f(X^{(2)}))> \alpha f(X^{(1)})+(1-\alpha)f(X^{(2)})$，则称 $f(X)$ 为 R 上的严格凹函数。

（5）若两者大小关系不能确定，则称 $f(X)$ 为 R 上的非凹非凸函数，如图 3.3.2（c）所示。

(a) 凸函数

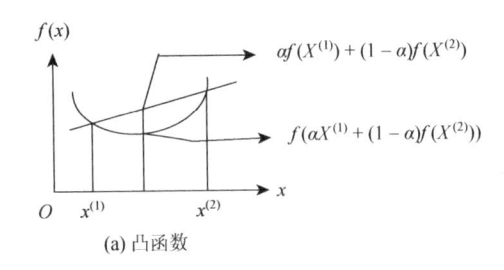

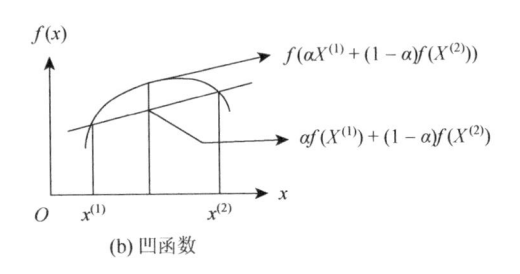

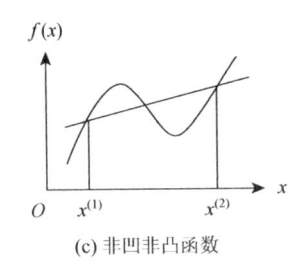

(b) 凹函数

(c) 非凹非凸函数

图 3.3.2　函数的三种凹凸类型

2）凸性的判别

（1）一阶条件。

设 R 为开凸集，$f(X)$ 在 R 上有一阶连续偏导数，则 $f(X)$ 在 R 上为凸函数的充要条件是对任意 $X^{(1)}$，$X^{(2)} \in R, X^{(1)} \neq X^{(2)}$ 恒有 $f(X^{(2)}) \geqslant f(X^{(1)}) + \nabla f(X^{(1)})^{\mathrm{T}}(X^{(2)} - X^{(1)})$。

（2）二阶条件。

设 R 为开凸集，$f(X)$ 在 R 上有二阶连续偏导数，则 $f(X)$ 在 R 上为凸函数的充要条件是 $f(x)$ 的黑塞矩阵 $H(X)$ 在 R 上半正定。若 $H(X)$ 正定，则 $f(X)$ 在 R 上为严格凸函数。

3）凸函数的极值

对于定义在凸集上的凸函数，其极小点就是最小点，极小值就是最小值。

4）凸规划

下述问题为凸规划：

$$\begin{cases} \min\limits_{X \in R} f(X) \\ R = \{X \mid g_j(X) \geqslant 0, j = 1, \cdots, l\} \end{cases}$$

式中，$f(X)$ 为凸函数；$g_j(X)$ 为凹函数。

凸规划的局部最优解为全局最优解，当凸规划的目标函数为严格凸函数时，若存在最优解，则最优解必定唯一。

凸规划是一类比较简单而又具有重要理论意义的非线性规划。

5）下降迭代算法

（1）选定某一初始点 $X^{(0)}$，令 $k=0$，观察是否为最小点。通过迭代得 $X^{(k)}$，若 $X^{(k)}$ 不是极小点则转步骤（2）。

（2）确定搜索方向 $P^{(k)}$。

（3）确定步长 λ_k。

（4）令 $X^{(k+1)} = X^{(k)} + \lambda_k P^{(k)}$，应有 $f(X^{(k+1)}) < f(X^{(k)})$。

（5）检查，若 $X^{(k+1)}$ 为极小值点（近似极小值点），则停止迭代，否则令 $k = k+1$ 转步骤（2），继续迭代。

几种终止迭代的准则如下。

1^0 绝对误差：

$$\left\| X^{(k+1)} - X^{(k)} \right\| < \varepsilon_1$$

$$\left| f(X^{(k+1)}) - f(X^{(k)}) \right| < \varepsilon_2$$

2^0 相对误差：

$$\frac{\left\| X^{(k+1)} - X^{(k)} \right\|}{\left\| X^{(k)} \right\|} < \varepsilon_3$$

$$\frac{\left| f(X^{(k+1)}) - f(X^{(k)}) \right|}{\left| f(X^{(k)}) \right|} < \varepsilon_4$$

3^0 $\nabla f(X)$ 的模：

$$\left\| \nabla f(X^{(k)}) \right\| < \varepsilon_5$$

式中，ε_1、ε_2、ε_3、ε_4、ε_5 为事先给定的足够小的正数。

3.3.2 无约束非线性规划的解法

无约束非线性规划的数学描述为

$$\min_{X \in E^n} f(X)$$

式中，$f(X)$ 为非线性函数。

解法分类如下。

解析法是利用函数的解析性，如一阶或二阶导数，主要包括梯度法、共轭梯度法、变尺度法等。

直接法是利用问题的函数值，经常使用的是步长加速法。

下面介绍梯度法的基本原理和求解步骤。

1. 基本原理

设 $f(X)$ 有一阶连续偏导数，X^* 为极小点，$X^{(k)}$ 表示极小点的第 k 次近似，在 $X^{(k)}$ 沿方向 $P^{(k)}$ 做射线 $X = X^{(k)} + \lambda P^{(k)} (\lambda > 0)$。将 $f(X)$ 在 $X^{(k)}$ 展开成泰勒级数：

$$f(X) = f(X^{(k)}) + \lambda \nabla f(X^{(k)})^{\mathrm{T}} P^{(k)} + o(\lambda)$$

式中

$$\lim_{\lambda \to 0} \frac{o(\lambda)}{\lambda} = 0$$

对于充分小的 λ，只要

$$\nabla f(X^{(k)})^{\mathrm{T}} P^{(k)} < 0$$

就有

$$f(X^{(k)} + \lambda P^{(k)}) < f(X^{(k)})$$

取 $X^{(k+1)} = X^{(k)} + \lambda P^{(k)}$，可使 $f(X)$ 得到改善。

寻找使 $\nabla f(X^{(k)})^T P^{(k)}$ 取最小的 $P^{(k)}$。

$$\nabla f(X^{(k)})^T P^{(k)} = \|\nabla f(X^{(k)})\| \cdot \|P^{(k)}\| \cos\theta$$

式中，θ 为 $\nabla f(X^{(k)})$ 与 $P^{(k)}$ 的夹角。当 $\theta = 180°$ 时

$$\cos\theta = -1$$

取 $P^{(k)} = -\nabla f(X^{(k)})$，此外，应确定 λ，使

$$f(X^{(k)} - \lambda \nabla f(X^{(k)})) < f(X^{(k)})$$

2. 求解步骤

（1）给定精度 $\varepsilon > 0$，任找一点 $X^{(0)}$。

（2）一般地，若 $\|\nabla f(X^{(0)})\|^2 \leq \varepsilon$，则极小点为 $X^* \approx X^{(0)}$；若 $\|\nabla f(X^{(0)})\|^2 > \varepsilon$，则要找下一点。

$$X^{(k+1)} = X^{(k)} - \lambda_k \nabla f(X^{(k)})^T$$

式中

$$\lambda_k = \frac{\nabla f(X^{(k)})^T \nabla f(X^{(k)})}{\nabla f(X^{(k)})^T H(X^{(k)}) \nabla f(X^{(k)})}$$

$$\nabla f(X^{(k)}) = \left[\frac{\partial f}{\partial x_1} \frac{\partial f}{\partial x_2} \cdots \frac{\partial f}{\partial x_n} \right]^T_{X = X^{(k)}}$$

$$H(X^{(k)}) = \begin{bmatrix} \frac{\partial^2 f}{\partial x_1^2} & \cdots & \frac{\partial^2 f}{\partial x_1 \partial x_n} \\ \vdots & & \vdots \\ \frac{\partial^2 f}{\partial x_n \partial x_1} & \cdots & \frac{\partial^2 f}{\partial x_n^2} \end{bmatrix}_{X = X^{(k)}}$$

重复迭代，直至满足精度为止。

3.3.3 有约束的非线性规划

有约束的非线性规划数学描述为

$$\begin{cases} \min f(X) \\ h_i(X) = 0, \quad i = 1, \cdots, m \\ g_j(X) \geq 0, \quad j = 1, \cdots, l \end{cases}$$

或

$$\begin{cases} \min f(X) \\ g_j(X) \geq 0, \quad j = 1, \cdots, l \end{cases}$$

或

$$\begin{cases} \min f(X), \quad X \in R \subset E^n \\ R = \{X | g_j(X) \geq 0, \quad j=1,\cdots,l\} \end{cases}$$

式中，$f(X)$、$h_i(X)$、$g_j(X)$ 为非线性函数。

1. Kuhn-Tucker（K-T）条件

假设 X^* 是非线性规划的极小点，且 X^* 点所有起作用的约束的梯度 $\nabla h_i(X^*)$ 与 $\nabla g_j(X^*)$ 线性无关，则存在向量 $\boldsymbol{\Lambda}^* = (\lambda_1^*, \lambda_2^*, \cdots, \lambda_m^*)^T$ 及 $\boldsymbol{\gamma}^* = (\gamma_1^*, \gamma_2^*, \cdots, \gamma_l^*)^T$ 时下式成立：

$$\begin{cases} \nabla f(X^*) - \sum_{i=1}^{m} \lambda_i^* \nabla h_i(X^*) - \sum_{j=1}^{l} \gamma_j^* \nabla g_j(X^*) = 0 \\ \gamma_j^* g_j(X^*) = 0 \\ \gamma_j^* \geq 0, \quad j=1,2,\cdots,l \end{cases}$$

式中，λ_i^*、γ_j^* 为广义拉格朗日乘子，满足上式中点 X^* 为 K-T 点。

说明：

（1）根据 $\gamma_j^* g_j(X^*) = 0$，若 $g_j(X^*) = 0, \gamma_j^* \neq 0$，说明最优解在起作用约束的边界上。

（2）若 $g_j(X^*) > 0, \gamma_j^* = 0$，说明最优解在约束边界内，$g_j(X^*)$ 为不起作用的约束。

2. 二次规划

二次规划的数学描述为

$$\min f(X) = CX + \frac{1}{2} X^T Q X$$

$$\begin{cases} AX + b \geq 0 \\ X \geq 0 \end{cases}$$

式中

$$X = [x_1 \ x_2 \ \cdots \ x_n]^T$$

$$C = [c_1 \ c_2 \ \cdots \ c_n], \quad b = [b_1 \ b_2 \ \cdots \ b_m]^T$$

$A = (a_{ij})_{m \times n}$ 为 $m \times n$ 阶矩阵；$Q = (q_{ij})_{n \times n}$ 且 $q_{ij} = q_{ji}$，为对称矩阵。

1）二次规划的 K-T 条件

求相应问题梯度：

$$\nabla f(X) = \nabla \left(CX + \frac{1}{2} X^T Q X \right) = \nabla(CX) + \frac{1}{2} \nabla(X^T Q X)$$

$$= \frac{\mathrm{d}}{\mathrm{d}X} X^T C^T + \frac{1}{2} \left(\frac{\mathrm{d}}{\mathrm{d}X} X^T Q X + \frac{\mathrm{d}}{\mathrm{d}X} X^T Q^T X \right)$$

$$= C^T + \frac{1}{2} (QX + Q^T X) = C^T + QX$$

$$\nabla(AX+b) = \nabla(AX) + \nabla(b) = \frac{d}{dX}X^T A^T = A^T$$

$$\nabla(X) = \frac{d}{dX}X^T = I$$

引入拉格朗日乘子：

$$X \geqslant 0 \Rightarrow Y_1 = (y_1, y_2, \cdots, y_n)^T$$

$$AX + b \geqslant 0 \Rightarrow Y_2 = (y_{n+1}, y_{n+2}, \cdots, y_{n+m})^T$$

二次规划的 K-T 条件：

$$C^T + QX - Y_1 - A^T Y_2 = 0$$

$$X^T Y_1 = 0$$

$$(AX + b)^T Y_2 = 0$$

$$Y_1, Y_2 \geqslant 0$$

2）线性规划描述

引入松弛变量及人工变量：

$$X_s = (x_{s1}, x_{s2}, \cdots, x_{sm})^T, \quad Z = (z_1, z_2, \cdots, z_n)^T$$

$$\min \phi(z) = \sum_{j=1}^{n} z_j$$

$$-QX + Y_1 + A^T Y_2 + Z = C^T$$

$$AX - X_s + b = 0$$

$$X, X_s, Y_1, Y_2, Z \geqslant 0$$

$$x_j y_j = 0, \quad j = 1, 2, \cdots, n + m$$

取 z_j 为初始基变量时 $z_j = c_j$，但可正可负。为此引入符号函数 $\mathrm{sgn}\, c_j = \begin{cases} 1, & c_j \geqslant 0 \\ -1, & c_j < 0 \end{cases}$。

由于 $\mathrm{sgn}\, c_j z_j = c_j$，$\Rightarrow z_j$ 非负。而为了便于向量表示定义符号函数阵 S：

$$S = \begin{bmatrix} \mathrm{sgn}\, c_1 & 0 & \cdots & 0 \\ 0 & \mathrm{sgn}\, c_2 & \cdots & 0 \\ \vdots & \vdots & & \vdots \\ 0 & 0 & \cdots & \mathrm{sgn}\, c_n \end{bmatrix}$$

于是得到相应的线性规划问题：

$$\min \phi(z) = \sum_{j=1}^{n} z_j$$

$$\begin{cases} -QX + Y_1 + A^T Y_2 + SZ = C^T \\ AX - X_s + b = 0 \\ X, X_s, Y_1, Y_2, Z \geqslant 0 \end{cases}$$

$$x_j y_j = 0, \quad j = 1, 2, \cdots, n + m$$

式中，Z、X_s 为初始基变量，列表用单纯形法求解，最优解为 X^*、X_s^*、Y_1^*、Y_2^*、Z^*；X^* 为二次规划的最优解。

3.4 多目标规划

3.4.1 多目标规划的数学模型

目标规划是在线性规划的基础上，为适应实际问题中多目标决策的需要而逐步发展起来的一个分支。

1. 目标规划的基本概念

1）目标值和偏差变量

目标值：预先给定的某个目标的一个期望值。

偏差变量（事先无法确定的未知数）：实现值和目标值之间的差异，记为 d。

正偏差变量：实现值超过目标值的部分，记为 d^+。

负偏差变量：实现值未达到目标值的部分，记为 d^-。

在一次决策中，实现值不可能既超过目标值又未达到目标值，故有 $d^+ \times d^- = 0$，并规定 $d^+ \geq 0$，$d^- \geq 0$

若完成或超额完成规定的指标，则表示为 $d^+ \geq 0$，$d^- = 0$。

若未完成规定的指标，则表示为 $d^+ = 0$，$d^- \geq 0$。

若恰好完成指标，则表示为 $d^+ = 0$，$d^- = 0$。

注意：目标规划中，一般有多个目标值，每个目标值都相应有一对偏差变量。

2）绝对约束和目标约束

绝对约束：必须严格满足的等式约束或不等式约束，如线性规划问题的所有约束条件，不能满足这些条件的解称为非可行解，所以绝对约束是硬约束。

目标约束：目标规划所特有的一种约束，它把要追求的目标值作为右端常数项，在追求此目标值时允许发生正偏差和负偏差。因此，目标约束是由决策变量，正、负偏差变量和要追求的目标值组成的软约束。

3）优先因子（优先等级）与优先权系数

优先因子 P_k 是将决策目标按其重要程度排序并表示出来。$P_1 \gg P_2 \gg \cdots \gg P_k \gg P_{k+1} \gg \cdots$，$k = 1, 2, \cdots, N$。

解释：$\gg$ 表示 P_k 比 P_{k+1} 有更大的优先级。

权系数 ω_k 可以区别具有相同优先因子的两个目标，决策者可视具体情况而定。

4）目标函数

目标函数是按各目标约束的正、负偏差变量和赋予相应的优先因子及权系数而构造的。

弹性约束基本形式如下。

（1）若要求恰好达到规定的目标值，则 min（$d^+ + d^-$）。

（2）若要求不超过目标值，则 min（d^+）。

（3）若要求超过目标值，则 min（d^-）。

5）满意解（具有层次意义的解）

对这种解来说，前面的目标可以保证实现或部分实现，而后面的目标就不一定能保证实现或部分实现，有些可能就不能实现。

2. 目标规划的数学模型

目标规划的数学模型如下：

$$\min z = \sum_{k=1}^{K} P_k \left(\sum_{l=1}^{L} \omega_{kl}^- d_l^- + \omega_{kl}^+ d_l^+ \right)$$

$$\begin{cases} \sum_{j=1}^{n} c_{kj} x_j + d_l^- - d_l^+ = q_l, & l=1,2,\cdots,L \\ \sum_{j=1}^{n} a_{ij} x_j \leqslant (=\geqslant) b_i, & i=1,2,\cdots,m \\ x_j \geqslant 0, & j=1,2,\cdots,n \\ d_l^+, d_l^- \geqslant 0, & l=1,2,\cdots,L \end{cases}$$

例 3-4 某厂计划在下一个生产周期内生产甲、乙两种产品，已知资料如表 3.4.1 所示。试制订生产计划，使获得的利润最大。

表 3.4.1 生产甲、乙两种产品所需资源及利用情况

	甲	乙	资源限制/吨
钢材/吨	9	4	3600
煤炭/吨	4	5	2000
设备/台时	3	10	3000
单件利润/元	70	120	

要求：

（1）完成或超额完成利润指标 50 000 元；
（2）产品甲不超过 200 件，产品乙不低于 250 件；
（3）现有钢材 3600 吨用完。

试建立数学模型，分析以下问题。

目标规划模型为

$$\min z = P_1 d_1^- + P_2(d_2^+ + d_3^-) + P_3(d_4^+ + d_4^-)$$

$$\begin{cases} 70x_1 + 120x_2 + d_1^- - d_1^+ = 50\,000 \\ x_1 + d_2^- - d_2^+ = 200 \\ x_2 + d_3^- - d_3^+ = 250 \\ 9x_1 + 4x_2 + d_4^- - d_4^+ = 3600 \\ 4x_1 + 5x_2 \leqslant 2000 \\ 3x_1 + 10x_2 \leqslant 3000 \\ x_{1-2} \geqslant 0, \quad d_j^+, d_j^- \geqslant 0, \quad j=1,2,3,4 \end{cases}$$

本例有三个目标层次，包含四个目标值。

第一目标：$P_1 d_1^-$。

第二目标：有两个要求，即甲 d_2^+，乙 d_3^-，但两个要求具有相同的优先因子。

本例可用单件利润比作为权系数，即 70∶120，化简为 7∶12，$P_2(7d_2^+ + 12d_3^-)$。

第三目标：$P_3(d_4^+ + d_4^-)$。

3. 小结

本节的小结如表 3.4.2 所示。

表 3.4.2　小结

	线性规划	目标规划
目标函数	min、max	min、偏差变量
	系数可正负	系数≥0
变量	决策变量	决策变量，d
约束条件	绝对约束	目标约束
		绝对约束
解	最优	最满意

3.4.2　解多目标规划的图解法

例 3-5　某厂生产 Ⅰ、Ⅱ 两种产品，有关数据如表 3.4.3 所示。试求获利最大的生产方案。

表 3.4.3　生产 Ⅰ、Ⅱ 两种产品所需资源及利用情况

	Ⅰ	Ⅱ	拥有量
原材料/吨	2	1	11
设备/台时	1	2	10
单件利润/元	8	10	

在此基础上考虑：

（1）产品 Ⅱ 的产量不低于产品 Ⅰ 的产量。

（2）充分利用设备有效台时，不加班。

（3）利润不小于 56 元。

目标规划模型为

$$\min z = P_1 d_1^+ + P_2(d_2^- + d_2^+) + P_3 d_3^-$$

$$\begin{cases} 2x_1 + x_2 \leqslant 11 \\ x_1 - x_2 + d_1^- - d_1^+ = 0 \\ x_1 + 2x_2 + d_2^- - d_2^+ = 10 \\ 8x_1 + 10x_2 + d_3^- - d_3^+ = 56 \\ x_{1-2} \geqslant 0, \quad d_j^+, d_j^- \geqslant 0, \quad j = 1, 2, 3 \end{cases}$$

利用图解法解题的步骤如下。

（1）建立直角坐标系，令各偏差变量为 0，做出所有的约束直线。满足所有绝对约束条件的区域，用阴影标出，如图 3.4.1 所示。

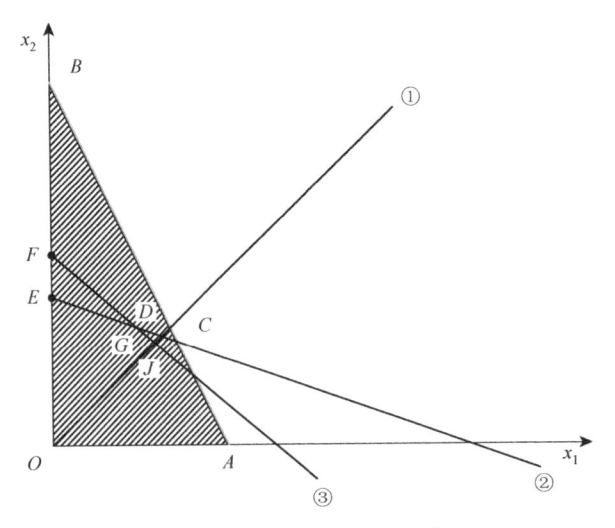

图 3.4.1　满足所有约束条件的区域

（2）做图表示偏差变量增减对约束直线的影响。在所有目标约束直线旁标注 d^+、d^-，如图 3.4.2 所示。

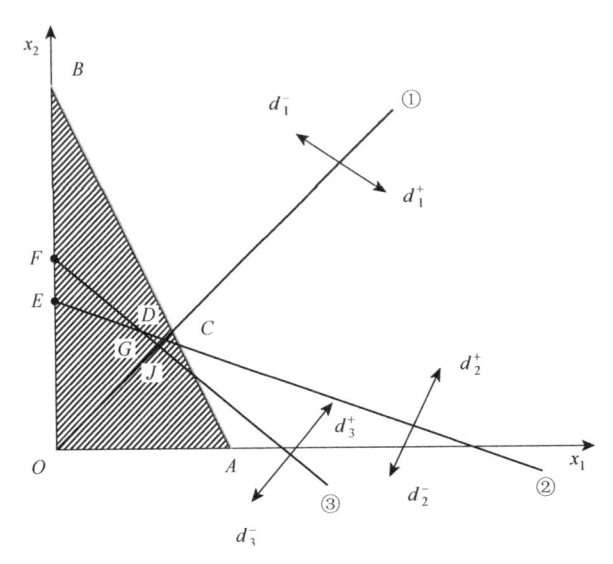

图 3.4.2　偏差变量增减对约束直线的影响

（3）根据目标函数中的优先因子次序，逐步分析求解。

根据目标函数中的优先因子次序，首先考虑具有优先因子 p_1 的目标的实现。目标函数要求实现 min d_1^+，从图 3.4.2 中可见，可以满足 $d_1^+ = 0$，这时，只能在三角形 OBC 的区域上取值。

考察具有优先因子 p_2 的目标，此时可在线段 ED 上取值。

考察优先因子 p_3 的目标，这就使取值范围缩小到线段 GD 上，该线段上所有的点都是问题的解，即点 $G(2, 4)$ 和点 $D(10/3, 10/3)$。

3.4.3 解多目标规划的单纯形法

多目标规划的数学模型与线性规划的数学模型基本相同，因此利用单纯形法求解步骤也基本相同，但是需要注意它们之间的区别。

线性规划的单纯形法求解过程（目标函数极大化情况下）如下。

（1）建立初始单纯形表，计算出所有变量的检验数。

（2）在非基变量检验数中找到最大的正数 σ_j，它所对应的变量 x_j 作为换入基的变量。

（3）对于所有 $a_{ij}>0$，计算 b_i/a_{ij}，其中最小的元素 θ 所对应的基变量 x_i 作为换出基的变量。

（4）建立新单纯形表，重复步骤（2）、（3），直到所有检验数都小于等于零。

由于目标规划的目标函数都是求极小化问题，而线性规划问题的标准型中目标函数是求极大化问题，在用单纯形法求解时要注意一些重要的差别。

例 3-6 用单纯形法求解如下目标规划问题：

$$\min z = P_1(d_1^- + d_2^+) + P_2 d_3^-$$

$$\begin{cases} x_1 + d_1^- - d_1^+ = 10 \\ 2x_1 + x_2 + d_2^- - d_2^+ = 40 \\ 3x_1 + 2x_2 + d_3^- - d_3^+ = 100 \\ x_1, x_2, d_i^-, d_i^+ \geq 0, \quad i=1,2,3 \end{cases}$$

（1）列出初始单纯形表，并计算检验数（表 3.4.4）。

表 3.4.4 例 3-6 的单纯形计算表（一）

C_B	基变量	b	C_j 0 x_1	0 x_2	P_1 d_1^-	0 d_1^+	0 d_2^-	0 d_2^+	P_1 d_3^-	P_2 d_3^+
P_1	d_1^-	10	1	0	1	−1				
0	d_2^-	40	2	1			1	−1		
P_2	d_3^-	100	3	2					1	−1
	$C_j - Z_j$		$-P_1-3P_2$	$-2P_2$	0	P_1	0	P_1	0	P_2

将表格中最后一行检验数按优先级排序，如表 3.4.5 所示（这是与线性规划单纯形法的第一个差别）。

表 3.4.5 例 3-6 的检验数

$C_j - Z_j$	P_1	−1			1		1		
	P_2	−3	−2						1

(2) 确定换入基的变量，如表 3.4.6 所示。

在负检验数中，选择最小的一个 σ_j 所对应的变量 x_j 作为换入基的变量（第二个差别）。

(3) 确定换出基的变量（这与线性规划相同）。

(4) 用换入变量替换换出变量，进行单纯形法迭代运算，直至优先级 P_1 所对应的检验数全为非负，如表 3.4.7 所示。

表 3.4.6 例 3-6 的单纯形计算表（二）

C_B	基变量	b	C_j 0 x_1	0 x_2	P_1 d_1^-	0 d_1^+	0 d_2^-	P_1 d_2^+	P_2 d_3^-	0 d_3^+	θ
P_1	d_1^-	10	[1]	0	1	−1					(10/1)
0	d_2^-	40	2	1			1	−1			40/2
P_2	d_3^-	100	3	2					1	−1	100/3
$C_j - Z_j$		P_1	(−1)	0		1		1			
		P_2	−3	−2						1	

表 3.4.7 例 3-6 的单纯形计算表（三）

C_B	基变量	b	C_j 0 x_1	0 x_2	P_1 d_1^-	0 d_1^+	0 d_2^-	P_1 d_2^+	P_2 d_3^-	0 d_3^+
0	x_1	10	1	0	1	−1				
0	d_2^-	20		1	−2	2	1	−1		
P_2	d_3^-	70		2	−3	3			1	−1
$C_j - Z_j$		P_1			1			1		
		P_2		−2	3	−3				1

由于优先级 P_2 的检验数仍然有负值，可以继续优化，重复步骤（2）～（4）。

确定换入、换出变量，如表 3.4.8 所示。

表 3.4.8 例 3-6 的单纯形计算表（四）

C_B	基变量	b	C_j 0 x_1	0 x_2	P_1 d_1^-	0 d_1^+	0 d_2^-	P_1 d_2^+	P_2 d_3^-	0 d_3^+	θ
0	x_1	10	1	0	1	−1					−
0	d_2^-	20		1	−2	[2]	1	−1			(20/2)
P_2	d_3^-	70		2	−3	3			1	−1	70/3
$C_j - Z_j$		P_1			1			1			
		P_2		−2	3	(−3)				1	

第一点说明：目标函数按优先级顺序进行优化，当 P_1 行所有检验数非负时，说明第一级已经优化，可以转入下一级，考察 P_2 行检验数，以此类推。

第二点说明：从考察 P_2 行检验数开始，注意应把更高级别的优先因子考虑在内。上述问题的进一步单纯形表如表 3.4.9 所示。

表 3.4.9 例 3-6 的单纯形计算表（五）

C_j			0	0	P_1	0	0	P_1	P_2	0	θ
C_B	基变量	b	x_1	x_2	d_1^-	d_1^+	d_2^-	d_2^+	d_3^-	d_3^+	
0	x_1	20	1	1/2			1/2	−1/2			40
0	d_1^+	10		[1/2]	−1	1	1/2	−1/2			(20)
P_2	d_3^-	40		1/2			−3/2	3/2	1	−1	80
$C_j - Z_j$		P_1			1			1			
		P_2		(−1/2)				−3/2		1	
0	x_1	10	1		1	−1					
0	x_2	20		1	−2	2	1	−1			
P_2	d_3^-	30			1	−1	−2	2	1	−1	
$C_j - Z_j$		P_1			1			1			
		P_2			−1	1	2	−2		1	

判别迭代计算停止的准则如下。

（1）检验数 $P_1, P_2, \cdots, P_k$ 行的所有值均为非负。

（2）若 $P_1, P_2, \cdots, P_i$ 行的所有检验数均为非负，但 P_{i+1} 行存在负检验数，且存在一个与此负检验数同列的正检验数（负检验数的上方，不一定是相邻位置）。

3.4.4 灵敏度分析

目标规划的灵敏度分析包括以下几个方面。

（1）约束条件（目标约束和绝对约束）右端常数的变化。
（2）约束条件中各变量系数的变化。
（3）加入新的变量（决策变量和偏差变量）。
（4）加入新的约束条件。
（5）目标函数中偏差变量的优先等级及权系数的变化。

例 3-7 目标函数：

$$\min z = P_1(2d_1^+ + 3d_2^+) + P_2 d_3^- + P_3 d_4^+$$

满足约束条件：

$$\begin{cases} x_1 + x_2 + d_1^- - d_1^+ = 10 \\ x_1 + d_2^- - d_2^+ = 4 \\ 5x_1 + 3x_2 + d_3^- - d_3^+ = 56 \\ x_1 + x_2 + d_4^- - d_4^+ = 12 \\ x_1, x_2, d_i^-, d_i^+ \geq 0, \quad i = 1, 2, 3, 4 \end{cases}$$

上述模型的单纯形计算结果如表 3.4.10 所示。

表 3.4.10　例 3-7 的单纯形计算表（一）

C_B	X_B	b	x_1	x_2	d_1^-	$2P_1$ d_1^+	d_2^-	$3P_1$ d_2^+	P_2 d_3^-	d_3^+	d_4^-	P_3 d_4^+
	x_1	6		1	1	−1	−1	1				
	x_2	4	1				1	−1				
P_2	d_3^-	18			−3	3	−2	2	1	−1		
	d_4^-	2	1		−1	1					1	−1
σ_{kj}	P_1					2		3				
	P_2				3	−3	2	−2		1		
	P_3											1

如果将目标函数的优先等级变化如下。

情况（1）：

$$\min z = P_1(2d_1^+ + 3d_2^+) + P_2 d_4^+ + P_3 d_3^-$$

情况（2）：

$$\min z = P_1 d_3^- + P_2(2d_1^+ + 3d_2^+) + P_3 d_4^+$$

试分析原解有什么变化。

分析情况（1）。

原目标函数：

$$\min z = P_1(2d_1^+ + 3d_2^+) + P_2 d_3^- + P_3 d_4^+$$

情况（1）的目标函数：

$$\min z = P_1(2d_1^+ + 3d_2^+) + P_2 d_4^+ + P_3 d_3^-$$

将原目标函数中 d_4^+、d_3^- 的优先因子对换了一下。只需对表 3.4.10 的检验数中的 P_2、P_3 行和 c_j 行的 P_2、P_3 对换即可（表 3.4.11）。

表 3.4.11　例 3-7 的单纯形计算表（二）

C_B	C_j X_B	b	x_1	x_2	d_1^-	$2P_1$ d_1^+	d_2^-	$3P_1$ d_2^+	P_2 d_3^-	d_3^+	d_4^-	P_3 d_4^+
	x_2	6		1	1	−1	−1	1				
	x_1	4	1				1	−1				
P_3	d_3^-	18			−3	3	−2	2	1	−1		
	d_4^-	2			−1	1					1	1	−1
σ_{kj}	P_1					2		3				
	P_2											1
	P_3				3	−3	2	−2		1		

分析情况（2）。

情况（2）的目标函数：

$$\min z = P_1 d_3^- + P_2(2d_1^+ + 3d_2^+) + P_3 d_4^+$$

情况（2）的初始单纯形计算情况如表 3.4.12 所示。

表 3.4.12　例 3-7 的单纯形计算表（三）

C_B	C_j X_B	b	x_1	x_2	d_1^-	$2P_1$ d_1^+	d_2^-	$3P_1$ d_2^+	P_2 d_3^-	d_3^+	d_4^-	P_3 d_4^+
	x_2	6		1	1	−1	−1	1				
	x_1	4	1				1	−1				
P_3	d_3^-	18			−3	3	−2	2	1	−1		
	d_4^-	2			−1	1					1	1	−1
σ_{kj}	P_1				3	−3	2	−2		1		
	P_2				2		3					
	P_3											1

然后继续进行迭代，从表 3.4.13 中得到新的满意解 $x_1^* = 4$，$x_2^* = 12$。

表 3.4.13　例 3-7 的单纯形计算表（四）

C_B	C_j X_B	b	x_1	x_2	d_1^-	$2P_1$ d_1^+	d_2^-	$3P_1$ d_2^+	P_2 d_3^-	d_3^+	d_4^-	P_3 d_4^+
	x_2	12		1			−5/3	5/3	1/3	−1/3		
	x_1	4	1				1	−1				

续表

C_j						$2P_1$		$3P_1$	P_2			P_3
P_3	d_4^+	4					−2/3	2/3	1/3	−1/3	−1	1
	d_1^+	6			−1	1	−2/3	2/3	1/3	−1/3		
σ_{kj}		P_1								1		
		P_2					2		3			
		P_3						2/3	−2/3	−1/3	1/3	

第4章

决策分析理论

决策分析是存在于人们社会生活中的一种活动，依赖于决策者知识和才能的积累，是指人们为实现预定的目标，在一定的条件下，依靠科学的方法和手段，从所有备选的可行方案中找出最佳的方案，加以实施，并实现目标的一种过程。本章主要介绍不确定型决策方法、风险型决策方法、多属性决策方法、博弈论和冲突分析图模型理论。

■ 4.1 不确定型决策方法

不确定型决策是指决策者面临多种可能的自然状态，但未来自然状态出现的概率不可预知，不同状态下具有多种可选择的决策方案。这种不确定环境下，决策者只能根据自己的以往决策经验进行主观判断，常用的决策准则包括乐观准则、悲观准则、折中准则、等可能性准则、后悔值准则等。对于同一个决策问题，运用不同的决策准则，得到的最优方案有所不同。

例如，某沿海城市的一位空调经销商，在夏季来临之前准备进货，共有三种进货方案：大批量、中批量和小批量。已知在不同天气状况下三种进货方案的损益值如表 4.1.1 所示，试问该空调经销商应该采取何种进货方案。

表 4.1.1　不同天气状况下进货方案的损益值　　　　　单位：万元

	炎热	一般	凉爽
大批量	10	6	4
中批量	6	8	5
小批量	4	5	7

4.1.1 乐观准则

乐观准则又称大中取大准则（max max 准则），是指决策者对未来持乐观态度，认为事情会往好的方向发展，是一种冒风险的决策方式。因此，决策者会选择最佳自然状态下收益值最大的方案作为最优方案。

以上面的空调经销商问题为例来说明乐观准则的决策者会选择哪种进货方案。假如空调经销商是乐观派，按照乐观准则进行决策。决策过程如下。

第一步，计算每个进货方案在不同天气状况下的最大收益值。

大批量进货方案：
$$\max(10, 6, 4) = 10(万元)$$

中批量进货方案：
$$\max(6, 8, 5) = 8(万元)$$

小批量进货方案：
$$\max(4, 5, 7) = 7(万元)$$

第二步，从上面三个结果中选择收益值最大的进货方案：max（10，8，7）= 10（万元）。也就是说根据乐观准则，决策者会选择大批量进货作为最优的决策方案。

4.1.2 悲观准则

悲观准则又称小中取大准则（min max 准则），是指决策者对未来持悲观态度，认为未来将会出现最差的自然状态。在一些情况下，由于个人、企业或组织的财务能力有限、经验不足，承受不起巨额的损失，决策时会非常谨慎。

仍以上面的空调经销商问题为例来说明悲观准则的决策者如何进行决策。假如空调经销商是悲观主义者，按照悲观准则进行决策。决策过程如下。

第一步，求出每个进货方案在各种自然状态下的最小效益值。

大批量进货方案：
$$\min(10, 6, 4) = 4(万元)$$

中批量进货方案：
$$\min(6, 8, 5) = 5(万元)$$

小批量进货方案：
$$\min(4, 5, 7) = 4(万元)$$

第二步，从上面三个结果中选择收益值最大的进货方案：max（4，5，4）= 5（万元），对应的最优进货方案是选择中批量进货。

4.1.3 折中准则

实际中，有些决策可能并不是绝对的乐观派或悲观派，对未来的不确定情况可能持一种折中的态度，既不盲目乐观，也不盲目悲观。这种决策者会根据自己的经验判断对最好的自然状态给定一个乐观系数 α，给最差的自然状态一个悲观系数 $1-\alpha$。α 的大小反映了决策者的风险态度。

仍以上面的空调经销商问题为例。假如空调经销商按照折中准则进行决策，乐观系数 α 等于 0.8。决策过程如下。

第一步，计算各进货方案在最好和最差自然状态下的收益期望值。悲观系数等于 $1-0.8 = 0.2$。

大批量进货方案的期望收益：
$$10×0.8 + 4×0.2 = 8.8(万元)$$
中批量进货方案的期望收益：
$$8×0.8 + 5×0.2 = 7.4(万元)$$
小批量进货方案的期望收益：
$$7×0.8 + 4×0.2 = 6.4(万元)$$

第二步，从三个期望收益值中选择最大值 max（8.8，7.4，6.4）= 8.8（万元），对应的最优进货方案是选择大批量进货。因此，当空调经销商按照折中准则进行决策时，将会选择大批量进货作为最优方案。

4.1.4 等可能性准则

各种自然状态发生的概率是不确定的，有些决策者会按照等可能性准则，认为各自然状态发生的可能性是相同的。通过比较各个方案的期望收益值，可以选择最优的决策方案。仍以上述空调经销商问题为例，分析等可能性准则下空调经销商如何选择最优方案。决策过程如下。

第一步，计算各个进货方案的期望收益值。由于等可能性准则认为各个自然状态是等可能发生的，每种状态发生的概率均为 1/3，三种进货方案的期望收益分别如下。

大批量进货方案的期望收益：
$$10×1/3 + 6×1/3 + 4×1/3 = 20/3(万元)$$
中批量进货方案的期望收益：
$$6×1/3 + 8×1/3 + 5×1/3 = 19/3(万元)$$
小批量进货方案的期望收益：
$$4×1/3 + 5×1/3 + 7×1/3 = 16/3(万元)$$

第二步，选择期望收益值最大的进货方案：max(20/3, 19/3, 16/3)= 20/3(万元)，对应的最优方案是大批量进货。所以如果空调经销商按照等可能性准则进行决策，将会选择大批量进货作为最优方案。

4.1.5 后悔值准则

后悔值准则是指当某种自然状态出现时，决策者由于没有采取能获得最大收益的方案，而采取了其他方案，以致在收益上产生的某种损失。后悔值准则，又称为最小最大后悔值法，就是使决策者选择后悔值最小的方案的决策方法。仍以上述空调经销商问题为例，分析后悔值准则下空调经销商如何选择最优方案。决策过程如下。

第一步，计算每个进货方案在各种自然状态下的后悔值。某个方案在某自然状态下的后悔值 = 该自然状态下的最大收益−该方案在该自然状态下的收益。

（1）计算每种天气情况下的最大收益值。

天气炎热情况下：
$$max(10, 6, 4)= 10(万元)$$

天气一般情况下:
$$\max(6, 8, 5) = 8(万元)$$
天气凉爽情况下:
$$\max(4, 5, 7) = 7(万元)$$

(2) 求出各天气情况下每个进货方案的后悔值,即各天气情况下最大收益值减去各状态下方案的损益值。例如,天气炎热情况下中批量进货方案的后悔值 = 10−6 = 4(万元)。各进货方案在不同天气情况下的后悔值计算结果如表 4.1.2 所示。

表 4.1.2　各进货方案在不同天气情况下的后悔值　　单位：万元

	炎热	一般	凉爽	各方案的最大后悔值
大批量	10−10 = 0	8−6 = 2	7−4 = 3	3
中批量	10−6 = 4	8−8 = 0	7−5 = 2	4
小批量	10−4 = 6	8−5 = 3	7−7 = 0	6

第二步,求出各方案的最大后悔值,如表 4.1.2 中最后一列所示。
大批量进货方案:
$$\max(0, 2, 3) = 3(万元)$$
中批量进货方案:
$$\max(4, 0, 2) = 4(万元)$$
小批量进货方案:
$$\max(6, 3, 0) = 6(万元)$$

第三步,选择最大后悔值中的最小值：$\min(3, 4, 6) = 3(万元)$,对应的最优方案是大批量进货。所以如果空调经销商按照后悔值准则进行决策,将会选择大批量进货作为最优方案。

在现实生活中,当决策者面临不确定决策问题时,常常会试图通过统计分析或主观经验判断来获取各种自然状态发生的概率,使得不确定决策转换为风险型决策。

4.2　风险型决策方法

所谓风险型决策,是指决策者在进行决策时,虽然无法确定未来将会出现何种自然状态,但却可以了解未来可能状态的种类以及每种状态出现的概率。决策者无论采取哪一种方案,都要承担一定的风险,因此称这种已知自然状态概率的决策问题为风险型决策。风险型决策方法主要包括渴望水平决策准则、最大收益期望值决策准则、最小机会损失期望值决策准则和决策树分析方法。

4.2.1　渴望水平决策准则

渴望水平决策准则是指根据决策者的渴望收益,选择满足渴望收益的可能性最大的决策方案。

例 4-1 水产品批发老板以每斤 13 元购进海鲜,每斤 27 元售出,如果当天未全部售出,剩余的海鲜就不新鲜甚至死掉,情况见表 4.2.1,该老板渴望每天盈利 6000 元,那么最优方案是什么。

解 从表 4.2.1 中可以看出,购进 200 斤海鲜以上的方案才可能获得盈利 6000 元。各方案中,购进 200 斤、300 斤、400 斤、500 斤海鲜的获利在 6000 元以上的可能性分别为 0.1、0.25、0.57、0.58。可以看出,各方案中,购进 500 斤获利最多的可能性最大。

表 4.2.1 各方案收益情况

售出/斤	购进/斤	0	100	200	300	400	500
	可能性	a_0	a_1	a_2	a_3	a_4	a_5
0	0.01	0	−7 000 元	−14 000 元	−21 000 元	−28 000 元	−35 000 元
100	0.06	0	3 000 元	−4 000 元	−11 000 元	−9 000 元	−25 000 元
200	0.10	0	—	6 000 元	−1 000 元	−8 000 元	−15 000 元
300	0.25	0	—	—	9 000 元	2 000 元	−5 000 元
400	0.32	0	—	—	—	12 000 元	5 000 元
500	0.26	0	—	—	—	—	15 000 元

4.2.2 最大收益期望值决策准则

最大收益期望值决策准则,是指把每个方案在各种状态下的收益值看作离散型随机变量,求得每个方案的收益期望值,选择收益期望值最大的方案作为最优决策方案。

每个方案的收益期望值为所有状态下的收益值与对应概率的乘积之和,即

$$E(A_i) = \sum_{j=1}^{n} P_j S_{ij}, \quad i=1,2,\cdots,m; j=1,2,\cdots,n$$

式中,S_{ij} 为方案 A_i 在第 j 个状态下的收益值;P_j 为第 j 个状态出现的概率,选择使 $E(A_i)$ 取得最大值时所对应的方案为最优方案。

例 4-2 企业为扩大产品生产量需要选择合适的位置建立新工厂,现有两种基建方案:一是市中心,需投资 3500 万元;一是郊区,需要投资 1400 万元。据估计,两种方案在未来几年内的获利情况见表 4.2.2。试问应该选取哪种方案。

表 4.2.2 两种方案的获利情况

	销售好	销售差
	0.75	0.25
市中心	10 000 万元	−3 000 万元
郊区	4 000 万元	−1 000 万元

解 第一步,分别计算两个方案的收益期望值。

市中心：
$$(10\,000-3500)\times 0.75 +(-3000-3500)\times 0.25 = 3250(万元)$$
郊区：
$$(4000-1400)\times 0.75 +(-1000-1400)\times 0.25 = 1350(万元)$$

第二步，选择两个期望值中较大者对应的方案为决策方案：max(3250, 1350)= 3250，即选择市中心建厂的决策方案。

4.2.3 最小机会损失期望值决策准则

最小机会损失期望值决策准则，是指决策目标的指标为损失值时，选择损失期望值最小的方案作为决策方案。损失值为每个方案在各状态下的收益值与该状态下最好收益值的差，计算过程和后悔值准则类似。

例 4-3 试用最小机会损失期望值决策准则对例 4-2 进行决策分析。

解 第一步，计算各状态下每个方案的损失期望值，见表 4.2.3。

表 4.2.3 两种方案的损失期望值

	销售好	销售差
	0.75	0.25
市中心	0	4100 万元
郊区	3900 万元	0

第二步，计算每个方案的损失期望值。

市中心：
$$0\times 0.75 + 4100\times 0.25 = 1025(万元)$$
郊区：
$$3900\times 0.75 + 0\times 0.25 = 2925(万元)$$

第三步，选择损失期望值较小者对应的方案为决策方案：min（1025，2925）= 1025，即应采用市中心建厂的方案。

需注意，任何一个决策，其收益期望值和机会损失之和为常数，故收益期望值最大的方案，其机会损失期望值必然最小。

4.2.4 决策树分析方法

决策树分析方法是风险分析最常用的一种方法，它将决策问题按从属关系分为几个等级，用决策树直观形象地表示出来。通过决策树能统观整个决策分析的过程，从而能对决策方案进行全面的计算、分析和比较。决策树一般由以下五个部分组成。

（1）决策点，在图中以方框（□）表示，决策者必须在决策点处进行最优方案的选择。从决策点引出方案分支，在各方案分支上标明方案内容及其期望损益值。

（2）状态点，在图中以圆圈（○）表示，位于方案分支的末端。由状态点引出状态分支，在状态分支上标明状态内容及其出现的概率。

（3）结果点，在图中以三角（△）表示，是状态分支的末梢，表示某方案在该状态下的损益值。

（4）方案分支，由决策点引出的分支为方案分支，在方案分支上标明方案的具体名称，有几个方案就引出几个方案分枝。

（5）状态分支，由状态点引出的分支为状态分支，在状态分支上标明状态及可能发生的概率，有几个状态就引出几个状态分支。

决策树一般从左至右逐步画出，标出原始数据后，再从右至左计算出各节点的期望损益值，并标在相应的节点上，进而将各个方案决策点上的期望值进行比较，依据期望值决策准则做出最终决策。用决策树法进行决策分析，可分为单阶段决策和多阶段决策两类。

1. 单阶段决策

单阶段决策是指决策者只需要进行一次方案选择。

例 4-4 一家上市公司欲扩大经营范围，决定采用收购策略，目前有两种可供选择的方案：一是部分收购已有一定基础的中型企业；二是全面收购口碑较好的小型企业。两种方案在不同经济形势下的获利情况见表 4.2.4。两个方案相应的投资额分别为 2800 万元、1700 万元，那么该采取哪种投资方案。

表 4.2.4 两种方案在不同经济形势下的获利情况

	好	一般	差
	0.48	0.32	0.20
部分收购中型企业（A）	5500 万元	2600 万元	1500 万元
全面收购小型企业（B）	8700 万元	0 万元	−3200 万元

解 绘出决策树（图 4.2.1）。决策节点在最左侧，树枝向右伸展，因为有两个备选方案（方案 A 和方案 B），所以有两条方案分支；可能的三种自然状态有三种（好、一般、差），所以每个状态点后有三个状态分支。

首先，计算各状态点的收益值。

状态点 2：
$$5500 \times 0.48 + 2600 \times 0.32 + 1500 \times 0.20 = 3772(万元)$$

状态点 3：
$$8700 \times 0.48 + 0 \times 0.32 + (-3200) \times 0.20 = 3536(万元)$$

然后，计算各方案的收益期望值。

方案 A：
$$3772 - 2800 = 972(万元)$$

方案 B：
$$3536 - 1700 = 1836(万元)$$

最后，依据最大收益期望值准则选择最优方案。因为方案 B 收益期望值较大，所以选择全面收购小型企业作为最优决策方案。同时在决策树中把方案分支 A 剪去，如图 4.2.1 所示。

```
                         好0.48    △ 5500
              3772-2800=972  ╱
                    ┌─┐ ─── 一般0.32  △ 2600
           方案A    │2│
                   └─┘    差0.20  △ 1500
  1836   ┌─┐ -2800
         │1│
         └─┘    方案B
                   -1700                     好0.48   △ 8700
                         3536-1700=1836   ╱
                            ┌─┐ ─── 一般0.32  △ 0
                            │3│
                            └─┘   差0.20   △ -3200
```

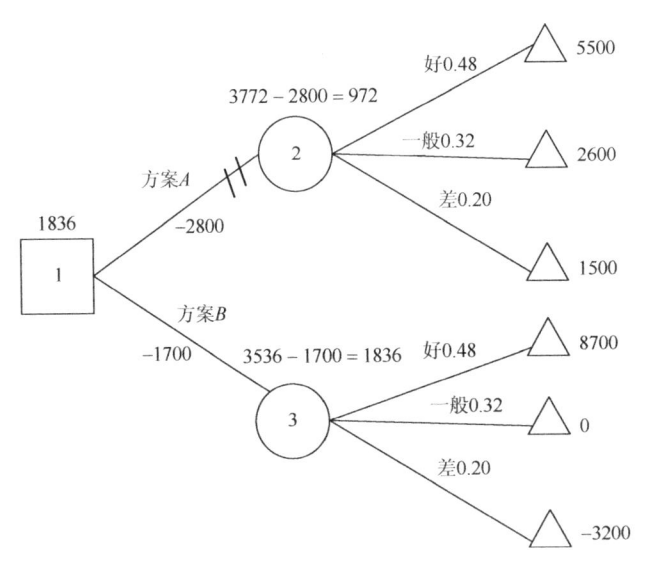

图 4.2.1 企业收购问题的决策树

图中数据除概率 P 外，单位均为万元

2. 多阶段决策

很多实际决策问题，需要决策者进行多次决策，这些决策按先后次序分为几个阶段，后阶段的决策内容依赖于前阶段的决策结果及前一阶段决策后所出现的状态。在做前一次决策时，也必须考虑到后一阶段的决策情况，这类问题称为多阶段决策问题。

例 4-5 某一化工原料厂，由于某项工艺不甚好，产品成本高。在价格中等水平时无利可图，在价格低落时要亏本，只有在价格高时才赢利，且赢利也不多。现企业考虑进行技术革新，取得新工艺的途径有两种，一是自行研究，成功的可能是 0.6，二是购买专利，估计购买谈判成功的可能性是 0.8。无论研究成功还是谈判成功，生产规模有两种考虑方案，一是产量不变，二是产量增加。若研究失败或者谈判失败，则仍然采用原工艺进行生产，生产保持不变。根据市场预测，今后五年内这两种产品跌价的可能性是 0.1，保持中等水平的可能性是 0.5，涨价的可能性是 0.4。现在企业需要考虑：是否购买专利，是否自行研究。其决策表见表 4.2.5。

表 4.2.5 某一化工原料厂决策表

	按原工艺生产	购买专利成功（0.8）		自行研究成功（0.6）	
		产量不变	增加产量	产量不变	增加产量
价格低落（0.1）	-1000 万元	-2000 万元	-3000 万元	-2000 万元	-3000 万元
中等 a_2 (0.5)	0 万元	500 万元	500 万元	0 万元	-2500 万元
高涨 a_3 (0.4)	1000 万元	1500 万元	2500 万元	2000 万元	6000 万元

解 令价格低落、中等和高涨的概率分别为 a_1（0.1）、a_2（0.5）、a_3（0.4），则可绘制出该问题的决策树，如图 4.2.2 所示。各状态点损益期望值的计算过程如下。

状态点 4:
$$0.1\times(-1000)+0.5\times 0+0.4\times 1000=300$$
状态点 8:
$$0.1\times(-2000)+0.5\times 500+0.4\times 1500=650$$
状态点 9:
$$0.1\times(-3000)+0.5\times 500+0.4\times 2500=950$$
状态点 10:
$$0.1\times(-2000)+0.5\times 0+0.4\times 2000=600$$
状态点 11:
$$0.1\times(-3000)+0.5\times(-2500)+0.4\times 6000=850$$
状态点 7:
$$0.1\times(-1000)+0.5\times 0+0.4\times 1000=300$$

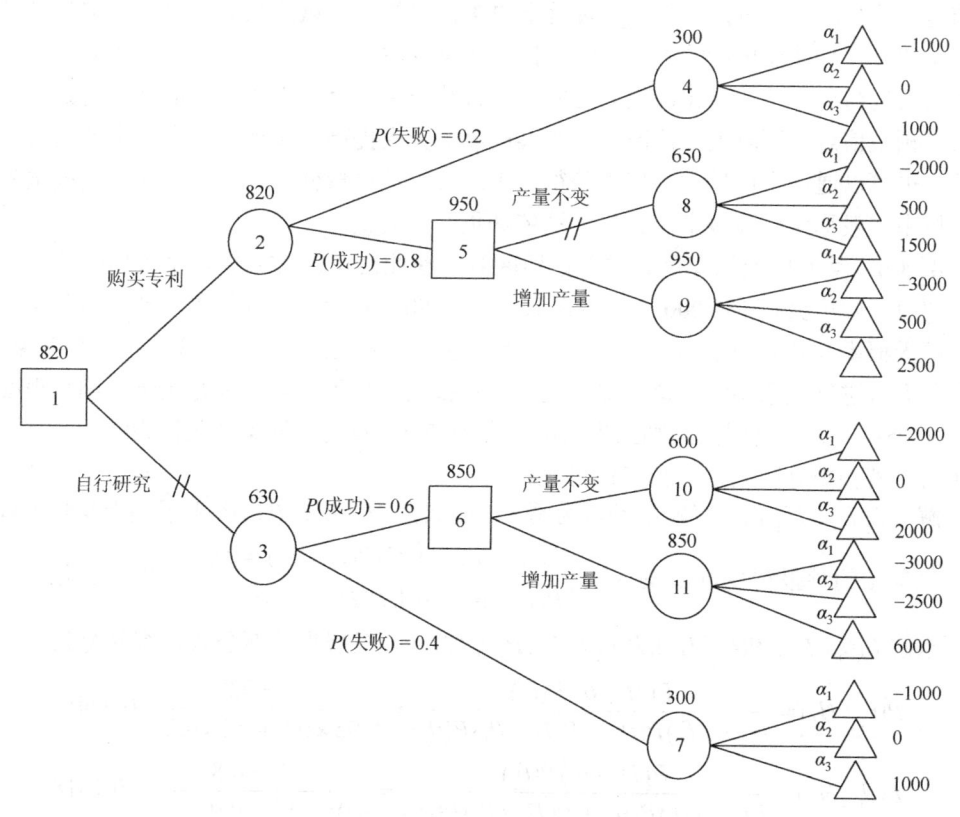

图 4.2.2 化工厂的决策树

图中数据除概率 P 外，单位均为万元

在决策点 5，增加产量方案的收益期望为 950（状态点 9），产量不变方案的收益期望为 650（状态点 8），所以剪去产量不变方案分支，状态点 9 的期望值移到点 5。

在决策点 6，增加产量方案的收益期望为 850（状态点 11），产量不变方案的收益期望为 600（状态点 10），所以剪去产量不变方案分支，状态点 11 的期望值移到点 6。

计算状态点 2 和状态点 3 的期望收益值。

状态点 2：

$$0.2 \times 300 + 0.8 \times 950 = 820$$

状态点 3：

$$0.6 \times 850 + 0.4 \times 300 = 630$$

在决策点 1，购买专利方案的收益期望为 820（状态点 2），自行研究方案的收益期望为 630（状态点 3），所以剪去自行研究方案分支，状态点 2 的期望值移到点 1。

因此，通过决策树分析法可得出最终决策为：企业购买专利，在成功时增加产量，失败时按原来工艺生产。

3. 贝叶斯分析方法

前面所提到的状态概率，一般是指先验概率分布。一般情况下给定准确的先验概率分布是一件很困难的事情。在这种环境下决策，决策者的风险很大。对此，常常可以通过一定的方式来减少环境的不确定性，提高状态发生概率估计的准确性。例如，产品销售若与天气情况有关，单凭决策者经验估计天晴与否具有很大的不可靠性，而如果获得了天气预报信息，则对天气情况的预测准确度会大大提高；又如，对产品市场销售量的估计，也可以通过小批量预销售来获得未来产品的销售量分布可能性。这种通过试验获得的概率一般称为后验概率，计算方法依据贝叶斯公式。

例 4-6 某海域天气变化无常。该地区有一渔业公司，每天决定是否出海捕鱼。若晴天出海，则可获利 150 000 元，若阴天则亏损 50 000 元。根据气象资料，当前季节该海域晴天概率为 0.8，阴天概率为 0.2。为更好地掌握天气情况，公司成立了一个气象站，对相关海域进行气象预测。该气象预测站的预报精度如下，若某天是晴天，则预报准确率为 0.95；若某天是阴天，则预报的准确率为 0.9。若某天气象站预报为晴天，是否应该出海；若预报是阴天，是否应该出海。

解 设 H_1、H_2 表示气象站预报为晴天、阴天两种情况；θ_1、θ_2 表示某天是晴天或阴天。气象站的预报精度可以表示为 $\begin{cases} P(H_1/\theta_1)=0.95, P(H_2/\theta_1)=0.05 \\ P(H_1/\theta_2)=0.1, P(H_2/\theta_2)=0.9 \end{cases}$。现在实际问题是需要求解 $P(\theta_1/H_1), P(\theta_1/H_2), P(\theta_2/H_1), P(\theta_2/H_2)$。根据贝叶斯公式，容易得到

$$P(\theta_1/H_1) = \frac{P(H_1/\theta_1)P(\theta_1)}{P(H_1/\theta_1)P(\theta_1)+P(H_1/\theta_2)P(\theta_2)} = \frac{0.95 \times 0.8}{0.95 \times 0.8 + 0.1 \times 0.2} = 0.9744$$

$$P(\theta_1/H_2) = \frac{P(H_2/\theta_1)P(\theta_1)}{P(H_2/\theta_1)P(\theta_1)+P(H_2/\theta_2)P(\theta_2)} = \frac{0.05 \times 0.8}{0.05 \times 0.8 + 0.9 \times 0.2} = 0.1818$$

$$P(\theta_2/H_1) = \frac{P(H_1/\theta_2)P(\theta_2)}{P(H_1/\theta_1)P(\theta_1)+P(H_1/\theta_2)P(\theta_2)} = \frac{0.1 \times 0.2}{0.1 \times 0.2 + 0.95 \times 0.8} = 0.0256$$

$$P(\theta_2/H_2) = \frac{P(H_2/\theta_2)P(\theta_2)}{P(H_2/\theta_1)P(\theta_1)+P(H_2/\theta_2)P(\theta_2)} = \frac{0.9 \times 0.2}{0.9 \times 0.2 + 0.05 \times 0.8} = 0.8182$$

当预报为晴天时，出海捕鱼的获利期望 $150\,000 \times 0.9744 - 50\,000 \times 0.0256 = 144\,880$(元)；不出海的获利为 0。此时最优方案为出海。

当预报为阴天时，出海捕鱼的获利期望 150 000×0.1818−50 000×0.8182=−13 640(元)，不出海的获利为 0。此时最优方案为不出海。

绘制决策树，如图 4.2.3 所示。

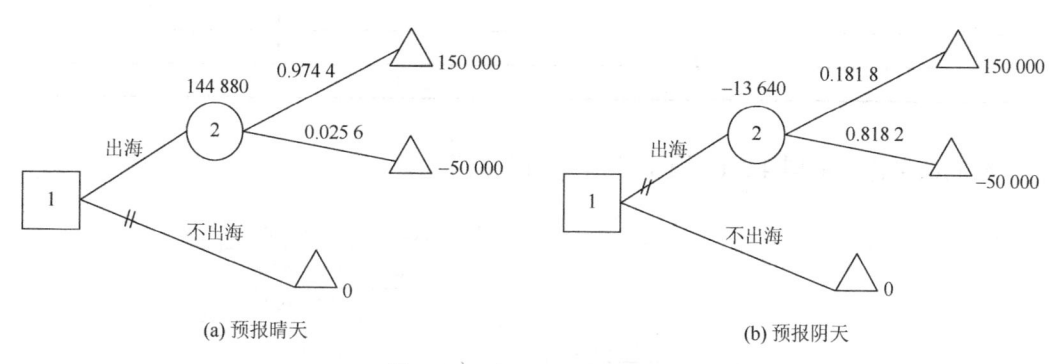

(a) 预报晴天

(b) 预报阴天

图 4.2.3　渔业公司的决策树

图中数据除概率 P 外，单位均为元

例 4-7　某工厂的产品每 1000 件装成一箱出售。每箱中产品的次品率有 0.01、0.40、0.90 三种可能，其概率分别是 0.2、0.6、0.2。现在的问题是：出厂前是否要对产品进行严格检验，将次品挑出。可以选择的行动方案有两个：①整箱检验，检验费为每箱 100 元；②整箱不检验，但如果顾客在使用中发现次品，每件次品除调换为合格品外还要赔偿 0.25 元损失费。为了更好地做出决定，可以先从一箱中随机抽取一件作为样本检验；然后根据这件产品是否为次品再决定该箱是否要检验，抽样成本为 4.20 元。要决策的问题是：①是否抽检；②若不抽检，是否进行整箱检验；③若抽检，应如何根据抽检结果决定行动。

解　假设 a_1 为整箱检验；a_2 为整箱不检验；θ_1、θ_2、θ_3 表示次品率分别为 0.01、0.40、0.90 的三种自然状态；S_1 表示抽取一件样品的行动；$x=1$，$x=0$ 为抽样是次品和合格品的两个结果。

由表 4.2.6 收益矩阵可得各行动方案后悔值矩阵，如表 4.2.7 所示。

表 4.2.6　收益矩阵

	θ_1	θ_2	θ_3
	0.2	0.6	0.2
a_1	−100 元	−100 元	−100 元
a_2	−2.5 元	−100 元	−225 元

表 4.2.7　后悔值矩阵

	θ_1	θ_2	θ_3
	0.2	0.6	0.2
a_1	97.5 元	0	0
a_2	0	0	125 元

抽取一件样品的抽样分布如表 4.2.8 所示。

表 4.2.8 抽样分布

抽样	θ_1	θ_2	θ_3
$x=0$	0.99	0.6	0.1
$x=1$	0.01	0.4	0.9

绘制决策树，如图 4.2.4 所示，并计算有关概率。

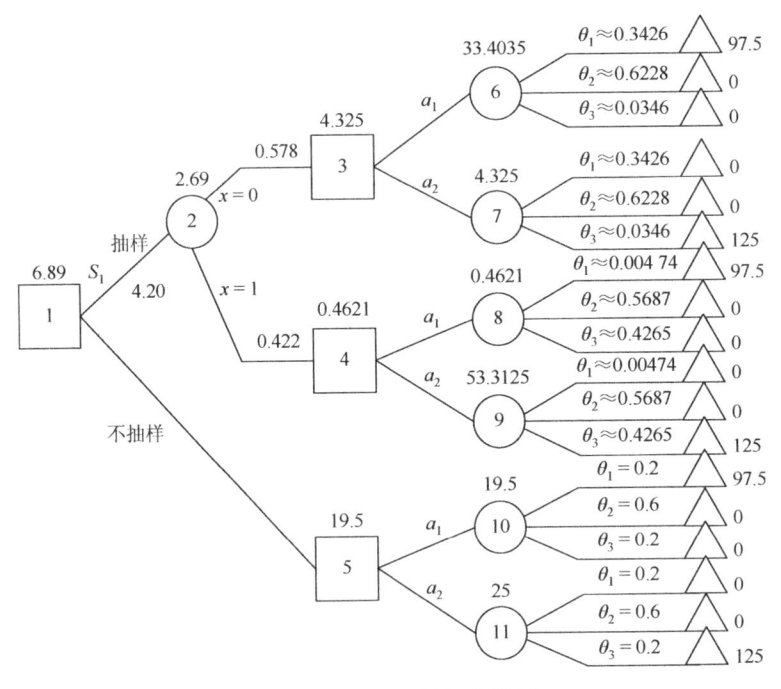

图 4.2.4 产品抽检的决策树

图中数据除概率 P 外，单位均为元

（1）抽样各有关概率。

$$P(x=0)=\sum_{i=1}^{3}P(x=0/\theta_i)P(\theta_i)=0.99\times 0.2+0.60\times 0.6+0.10\times 0.2=0.578$$

$$P(x=1)=\sum_{i=1}^{3}P(x=0/\theta_i)P(\theta_i)=0.01\times 0.2+0.40\times 0.6+0.90\times 0.2=0.422$$

（2）求在 $x=0$ 的情况下，出现各种不同自然情况的概率。

利用贝叶斯公式可得

$$P(\theta_1/x=0)=\frac{0.99\times 0.2}{0.578}\approx 0.3426$$

同理可求出

$$P(\theta_2/x=0)=\frac{0.60\times 0.6}{0.578}\approx 0.6228$$

$$P(\theta_3/x=0) = \frac{0.1 \times 0.2}{0.578} \approx 0.0346$$

（3）在 $x=1$ 情况下，出现各种不同自然情况的概率。

$$P(\theta_1/x=1) = \frac{P(x=1/\theta_1)P(\theta_1)}{P(x=1)} = \frac{0.01 \times 0.2}{0.422} \approx 0.004\,739$$

$$P(\theta_2/x=1) = \frac{P(x=1/\theta_2)P(\theta_2)}{P(x=1)} = \frac{0.40 \times 0.6}{0.422} \approx 0.5687$$

$$P(\theta_3/x=1) = \frac{P(x=1/\theta_3)P(\theta_3)}{P(x=1)} = \frac{0.90 \times 0.2}{0.422} \approx 0.4265$$

计算各方案点和决策点的后悔期望值如下。

点 6：
$$97.5 \times 0.3426 = 33.4035 \text{（元）}$$

点 7：
$$125 \times 0.0346 = 4.325 \text{（元）}$$

点 8：
$$97.5 \times 0.004\,739 \approx 0.4621 \text{（元）}$$

点 9：
$$125 \times 0.4265 = 53.3125 \text{（元）}$$

点 10：
$$97.5 \times 0.2 = 19.5 \text{（元）}$$

点 11：
$$125 \times 0.2 = 25 \text{（元）}$$

决策结果是首先抽取 1 件产品作为样品检验，若该件合格，则整箱不检验。否则，则整箱检验。

4.3 多属性决策方法

社会经济系统的很多决策问题往往涉及多个属性或指标，在属性权重信息完全未知且属性恒为实数的情况下如何进行决策？多属性决策方法是指在考虑多个属性的情况下，利用已有的决策信息，通过一定的方式对一组（有限个）备选方案进行排序，并选择出最优方案的一套决策分析方法，是现代决策科学的一个重要组成部分。一般来说，多属性决策方法（综合评价）有两个显著特点：①指标间的不可公度性，即属性之间没有统一量纲，难以用同一标准进行度量；②某些指标之间存在一定的矛盾性，某一方案提高了某个指标值，却可能降低另一指标值。因此，如何解决多个指标间的不可公度性和矛盾性，是多属性决策中要解决的主要问题。

设有 m 个备选方案 $a_i(1 \leq i \leq m)$，n 个决策指标 $f_j(1 \leq j \leq n)$，m 个方案 n 个指标构成的矩阵 $X=(x_{ij})_{m \times n}$ 称为决策矩阵。

基于 n 个指标值，如何选择最优方案？多属性决策问题主要涉及两个步骤：①决策指标的规范化处理（4.3.1 节）；②选择合适的多属性决策方法（4.3.2 节～4.3.6 节）。

4.3.1 决策指标的规范化处理

由于指标体系中指标量纲的多样性，不同指标的量纲是有差异的，如产值的单位为万元，产量的单位为万吨，投资回收期的单位为年等，指标量纲的差异性无形中给决策评价带来了很多困难。一般来说，常见的指标类型主要包括效益型和成本型，其中效益型指标是指属性值越大越好的属性，成本型指标是指属性值越小越好的属性。为消除指标量纲差异化的影响，在进行决策分析前，首先要进行决策指标的规范化处理。下面主要介绍几种常用的指标规范化处理方法。

1. 向量归一化法

在决策矩阵 $X = (x_{ij})_{m \times n}$ 中，令

$$y_{ij} = \frac{x_{ij}}{\sqrt{\sum_{i=1}^{m} x_{ij}^2}}, \quad 1 \leqslant i \leqslant m; 1 \leqslant j \leqslant n$$

矩阵 $Y = (y_{ij})_{m \times n}$ 称为向量归一标准化矩阵。

矩阵 Y 的列向量的模等于 1，即 $\sum_{i=1}^{m} y_{ij}^2 = 1$。

经过归一化处理后，其指标值均满足 $0 \leqslant y_{ij} \leqslant 1$，并且正、逆向指标的方向没有发生变化，即正向指标归一化变化后，仍是正向指标，逆向指标归一化变换后，仍是逆向指标。

2. 线性比例变化法

在 $X = (x_{ij})_{m \times n}$ 中，对正向指标 f_j，取 $x_j^* = \max_{1 \leqslant i \leqslant m} x_{ij} \neq 0$，则

$$y_{ij} = \frac{x_{ij}}{x_j^*}, \quad 1 \leqslant i \leqslant m; 1 \leqslant j \leqslant n$$

对于逆向指标 f_j，取 $x_j^* = \min_{1 \leqslant i \leqslant m} x_{ij}$，且 $x_{ij} \neq 0$，则

$$y_{ij} = \frac{x_j^*}{x_{ij}}, \quad 1 \leqslant i \leqslant m; 1 \leqslant j \leqslant n$$

$Y = (y_{ij})_{m \times n}$ 称为线性比例标准化矩阵，经过线性比例变换后，标准化指标满足 $0 \leqslant y_{ij} \leqslant 1$，并且正、逆向指标均化为正向指标，最优值为 1。

3. 极差变化法

在 $X = (x_{ij})_{m \times n}$ 中，对正向指标 f_j，取 $x_j^* = \max_{1 \leqslant i \leqslant m} x_{ij}, x_j^o = \min_{1 \leqslant i \leqslant m} x_{ij}$，则

$$y_{ij} = \frac{x_j^o - x_{ij}}{x_j^o - x_j^*}, \quad 1 \leqslant i \leqslant m; 1 \leqslant j \leqslant n$$

对于逆向指标 f_j，取 $x_j^* = \min\limits_{1 \leq i \leq m} x_{ij}$，$x_j^0 = \max\limits_{1 \leq i \leq m} x_{ij}$，则

$$y_{ij} = \frac{x_j^0 - x_{ij}}{x_j^0 - x_j^*}, \quad 1 \leq i \leq m; 1 \leq j \leq n$$

矩阵 $Y = (y_{ij})_{m \times n}$ 称为极差变换标准化矩阵。经过极差变换之后，均有 $0 \leq y_{ij} \leq 1$，并且正、逆向指标均化为正向指标。

4. 定性指标量化处理方法

在多属性决策指标体系中，有些指标是定性指标，只能作为定性描述，如可靠性、灵敏度、员工素质等。对定性指标进行量化处理，常用的方法是根据问题性质将这些指标划分为若干级别，分别赋以不同的量值。一般可划分为 5 个级别，最优值 10 分，最劣值 0 分，其余级别赋以适当分值。具体分值见表 4.3.1。

表 4.3.1 定性指标量化分值表

定性标度	很低	低	一般	高	很高
正向指标	1	3	5	7	9
逆向指标	9	7	5	3	1

例 4-8 某航空公司在国际市场上购买飞机，按 6 个决策指标对不同型号的飞机进行综合评价，这 6 个指标是：最大速度 (f_1)、最大范围 (f_2)、最大负载 (f_3)、价格 (f_4)、可靠性 (f_5)、灵敏度 (f_6)。现有 4 种型号的飞机可供选择，具体指标值见表 4.3.2。写出决策矩阵，并进行标准化处理。

表 4.3.2 4 种型号的飞机的具体指标

	最大速度/Ma	最大范围/km	最大负载/kg	价格/百万元	可靠性	灵敏度
机型 a_1	2.0	1 500	20 000	5.5	一般	很高
机型 a_2	2.5	2 700	18 000	6.5	低	一般
机型 a_3	1.8	2 000	21 000	4.5	高	高
机型 a_4	2.2	1 800	20 000	5.0	一般	一般

解 在决策指标中，f_1、f_2、f_3 是正向指标，f_4 是逆向指标，f_5、f_6 是定性指标。按照表 4.3.1 的分级量化值，将 f_5、f_6 进行量化处理，得到决策矩阵：

$$X = (x_{ij})_{4 \times 6} = \begin{bmatrix} 2.0 & 1500 & 20\,000 & 5.5 & 5 & 9 \\ 2.5 & 2700 & 18\,000 & 6.5 & 3 & 5 \\ 1.8 & 2000 & 21\,000 & 4.5 & 7 & 7 \\ 2.2 & 1800 & 20\,000 & 5.0 & 5 & 5 \end{bmatrix}$$

根据不同的方法进行标准化处理。

（1）向量归一化法。标准化矩阵为

$$Y = (y_{ij})_{4\times 6} = \begin{bmatrix} 0.4671 & 0.3662 & 0.5056 & 0.5063 & 0.4811 & 0.6708 \\ 0.5839 & 0.6591 & 0.4550 & 0.5983 & 0.2887 & 0.3127 \\ 0.4204 & 0.4882 & 0.5308 & 0.4143 & 0.6736 & 0.5217 \\ 0.5139 & 0.4392 & 0.5056 & 0.4603 & 0.4811 & 0.3727 \end{bmatrix}$$

（2）极差变换法。标准化矩阵为

$$Y = (y_{ij})_{4\times 6} = \begin{bmatrix} 0.28 & 0 & 0.67 & 0.50 & 0.51 & 1.00 \\ 1.00 & 1.00 & 0 & 0 & 0 & 0 \\ 0 & 0.42 & 1.00 & 1.00 & 1.00 & 0.50 \\ 0.57 & 0.52 & 0.67 & 0.25 & 0.50 & 0 \end{bmatrix}$$

（3）线性比例变换法。标准化矩阵为

$$Y = (y_{ij})_{4\times 6} = \begin{bmatrix} 0.80 & 0.56 & 0.95 & 0.82 & 0.71 & 1.00 \\ 1.00 & 1.00 & 0.86 & 0.69 & 0.43 & 0.56 \\ 0.72 & 0.74 & 1.00 & 1.00 & 1.00 & 0.78 \\ 0.88 & 0.67 & 0.95 & 0.90 & 0.71 & 0.56 \end{bmatrix}$$

下面介绍几种常用的多属性决策方法，包括线性加权法、信息熵法、TOPSIS 法、层次分析法和数据包络分析法。

4.3.2 线性加权法

线性加权法根据实际情况，确定各决策指标的权重，再对决策矩阵进行标准化处理，求出各方案的指标综合值，以此作为各可行方案排序的依据。应该注意的是，线性加权法对决策矩阵的标准化处理，应当使所有的指标正向化。

线性加权法的基本步骤如下。

（1）确定各指标权重。

用适当的方法确定各决策指标的权重，设权重向量为 $W = (w_1, w_2, \cdots, w_n)^{\mathrm{T}}$，其中，$\sum_{j=1}^{n} w_j = 1$。

（2）指标规范化处理。

对 $X = (x_{ij})_{m \times n}$ 进行标准化处理，标准化矩阵为 $Y = (y_{ij})_{m \times n}$，标准化后的指标为正向指标。

（3）求出各决策方案的线性加权指标值。

$$u_i = \sum_{j=1}^{n} w_j y_{ij}, \quad 1 \leq i \leq m$$

（4）根据 u_i 的大小，选择最大者为最优方案。

$$u(a^*) = \max_{1 \leq i \leq m} u_i = \max_{1 \leq i \leq m} \sum_{j=1}^{n} w_j y_{ij}$$

下面用线性加权法对例 4-8 的购机问题进行决策分析。

解 设购机问题中，6 个决策指标的权重向量为 $\boldsymbol{W} = (0.2, 0.1, 0.1, 0.1, 0.2, 0.3)^{\mathrm{T}}$。用线性比例变换法，将决策矩阵 $\boldsymbol{X} = (x_{ij})_{4 \times 6}$ 标准化，标准化矩阵为

$$\boldsymbol{Y} = (y_{ij})_{4 \times 6} = \begin{bmatrix} 0.80 & 0.56 & 0.95 & 0.82 & 0.71 & 1.00 \\ 1.00 & 1.00 & 0.86 & 0.69 & 0.43 & 0.56 \\ 0.72 & 0.74 & 1.00 & 1.00 & 1.00 & 0.78 \\ 0.88 & 0.67 & 0.95 & 0.90 & 0.71 & 0.56 \end{bmatrix}$$

计算各方案的综合指标值 $u_1 = 0.835$，$u_2 = 0.709$，$u_3 = 0.853$，$u_4 = 0.738$。因此，最优方案为 $u(a^*) = \max_{1 \leq i \leq 4} u_i = u_3 = u(a_3)$，即 $a^* = a_3$，购机问题各方案的排序结果是 $a_3 > a_1 > a_4 > a_2$。

4.3.3 信息熵法

熵的概念最初产生于热力学，它被用来描述运动过程中的一种不可逆现象，后来在信息论中用熵来表示事物出现的不确定性。下面介绍一种基于信息熵的多属性决策方法。具体步骤如下。

（1）构造决策矩阵 $\boldsymbol{A} = (a_{ij})_{n \times m}$，并利用适当的方法将其规范化为 $\boldsymbol{R} = (r_{ij})_{n \times m}$。

（2）根据矩阵 $\boldsymbol{R} = (r_{ij})_{n \times m}$，计算归一化矩阵 $\dot{\boldsymbol{R}} = (\dot{r}_{ij})_{n \times m}$，其中

$$\dot{r}_{ij} = \frac{r_{ij}}{\sum_{j=1}^{n} r_{ij}}$$

（3）利用下面公式，计算属性 u_j 输出的信息熵。

$$E_j = -\frac{1}{\ln n} \sum_{i=1}^{n} \dot{r}_{ij} \ln \dot{r}_{ij}, \quad j = 1, 2, \cdots, m$$

（4）计算属性权重向量 $\boldsymbol{\omega} = (\omega_1, \omega_2, \cdots, \omega_n)$，其中

$$\omega_j = \frac{1 - E_j}{\sum_{k=1}^{m} (1 - E_k)}$$

（5）计算方案 x_i 的综合属性值 $z_i(\omega)(i = 1, 2, \cdots, n)$，公式如下：

$$z_i(\omega) = \sum_{j=1}^{m} r_{ij} \omega_j$$

（6）根据 $z_i(\omega)$ 的大小对方案进行排序，选择最优方案。

例 4-9 考虑一个购买战斗机问题。现有 4 种飞机可供选样，决策者根据战斗机的性能和费用，考虑了 6 项评价指标（属性）：μ_1——最大速度（Ma），μ_2——飞行范围（$10^3 \mathrm{km}$），μ_3——最大负载（$10^4 \mathrm{lb}$（$1 \mathrm{lb} = 0.45359 \mathrm{kg}$）），$\mu_4$——购买费用（$10^6$ 美元），μ_5——可靠性（十分制），μ_6——灵敏度（十分制）。每种飞机的各项指标的属性值如表 4.3.3 所示，其中 $x_i(i = 1, 2, 3, 4)$ 表示四种飞机类型，$\mu_j(j = 1, 2, 3, 4, 5, 6)$ 表示 6 项评价指标。

表 4.3.3 决策矩阵 A

	μ_1	μ_2	μ_3	μ_4	μ_5	μ_6
x_1	2.0	1.5	2.0	5.5	5	9
x_2	2.5	2.7	1.8	6.5	3	5
x_3	1.8	2	2.1	4.5	7	7
x_4	2.2	1.8	2	5	5	5

解 （1）首先需要将指标数据进行规范化处理。上述指标中，除了购买费用（μ_4）为成本型外，其他均为效益型。效益型指标（$\mu_1, \mu_2, \mu_3, \mu_5, \mu_6$）按照下面公式进行规范化：

$$r_{ij} = \frac{a_{ij}}{\max_i a_{ij}}$$

成本型指标（μ_4）按照下面公式进行规范化：

$$r_{ij} = \frac{\min_i a_{ij}}{a_{ij}}$$

规范化处理后得到规范化矩阵 R 如表 4.3.4 所示。

表 4.3.4 规范化矩阵 R

	μ_1	μ_2	μ_3	μ_4	μ_5	μ_6
x_1	0.800	0.556	0.952	0.818	0.714	1.000
x_2	1.000	1.000	0.857	0.692	0.429	0.556
x_3	0.720	0.741	1.000	1.000	1.000	0.778
x_4	0.880	0.667	0.952	0.900	0.714	0.556

（2）利用归一化计算公式 $\dot{r}_{ij}$ 计算归一化矩阵 $\dot{R}$：

$$\dot{R} = \begin{bmatrix} 0.235 & 0.188 & 0.253 & 0.240 & 0.250 & 0.346 \\ 0.294 & 0.337 & 0.228 & 0.203 & 0.150 & 0.192 \\ 0.212 & 0.250 & 0.266 & 0.293 & 0.350 & 0.269 \\ 0.259 & 0.225 & 0.253 & 0.264 & 0.250 & 0.192 \end{bmatrix}$$

（3）计算属性 μ_j 输出的信息熵，求得

$E_1 = 0.9947, \quad E_2 = 0.9832, \quad E_3 = 0.9989, \quad E_4 = 0.9936, \quad E_5 = 0.9703, \quad E_6 = 0.9768$

（4）利用属性权重公式，计算属性权重向量，求得

$\omega = (0.0642, 0.2036, 0.0133, 0.0776, 0.3600, 0.2812)$

（5）利用综合属性值计算公式，求出各方案的综合属性值，结果如下：

$z_1(\omega) = 0.7789, \quad z_2(\omega) = 0.6437, \quad z_3(\omega) = 0.8668, \quad z_4(\omega) = 0.6882$

（6）根据 $z_i(\omega)$ 的大小对方案进行排序，选择最优方案：

$$x_3 \succ x_1 \succ x_4 \succ x_2$$

因此，最优方案为 x_3，即选择第三种飞机。

4.3.4 TOPSIS 法

TOPSIS 法又称两点法，是根据有限个评价对象与理想化目标的接近程度进行排序的方法。它有两个核心的概念：正理想解和负理想解。TOPSIS 法是指在将决策数据进行一系列的归一化和加权处理之后，找出各个条件下的最优方案或目标（正理想解）以及最劣目标或方案（负理想解），再根据求得的结果分别计算出每个方案或目标在每个条件下与最优方案和最劣方案之间的距离，最后求得各方案与正理想解的距离的贴合度，并进行排序，进行对问题的评价与决策。根据计算的方法，TOPSIS 法中的贴合度范围为 0~1，并且目标或方案的贴合度越大说明其结果越接近评价问题中的正向水平，反之则表示越接近评价问题中的负向水平。

TOPSIS 法的计算主要包括以下几个步骤。

假设一多属性决策问题有 m 个备选方案 $A_1, A_2, \cdots, A_m$，同时有 n 个决策属性（指标）$R_1, R_2, \cdots, R_n$，其评价值构成决策矩阵，见表 4.3.5。

表 4.3.5 决策矩阵

	R_1	R_2	$\cdots$	R_n
A_1	x_{11}	x_{12}	$\cdots$	x_{1n}
A_2	x_{21}	x_{22}	$\cdots$	x_{2n}
$\vdots$	$\vdots$	$\vdots$	$\vdots$	$\vdots$
A_m	x_{m1}	x_{m2}	$\cdots$	x_{mn}

（1）计算规范决策矩阵，规范值为

$$n_{ij} = \frac{x_{ij}}{\sqrt{\sum_{i=1}^{m} x_{ij}^2}}, \quad i=1,2,\cdots,m; j=1,2,\cdots,n$$

（2）计算加权规范决策矩阵，令 ω_j 为第 j 个指标的权重，则加权值为

$$\upsilon_{ij} = \omega_j n_{ij}$$

式中，$\sum_{j=1}^{n} \omega_j = 1$。

（3）确定正理想解和负理想解。

正理想解：

$$A^+ = \{\upsilon_1^+, \upsilon_2^+, \cdots, \upsilon_n^+\} = \{(\max \upsilon_{ij} \mid j \in I), (\min \upsilon_{ij} \mid j \in J)\}$$

负理想解：

$$A^- = \{\upsilon_1^-, \upsilon_2^-, \cdots, \upsilon_n^-\} = \{(\min \upsilon_{ij} \mid j \in I), (\max \upsilon_{ij} \mid j \in J)\}$$

式中，I 为效益型属性；J 为成本型属性。

（4）计算某个方案与正理想解和负理想解的分离度。

方案 i 与正理想解的分离度：

$$d_i^+ = \sqrt{\sum_{j=1}^{n}(v_{ij} - v_j^+)^2}$$

方案 i 与负理想解的分离度：

$$d_i^- = \sqrt{\sum_{j=1}^{n}(v_{ij} - v_j^-)^2}$$

（5）计算每个备选方案与正理想解的相对接近度：

$$r_i^* = \frac{d_i^-}{d_i^+ + d_i^-}, \quad i = 1, 2, \cdots, m$$

（6）根据 r_i^*，由大到小对备选方案排序。

例 4-10 有一家庭欲购置一台私家车，经初步调查，确定了 4 个备选车型：本田飞度（A_1）、奥迪 A4（A_2）、桑塔纳 Vista（A_3）、别克君越（A_4）。选择时，决策者需要考虑六个指标：油耗（R_1）、功率（R_2）、价格（R_3）、安全性（R_4）、维护性（R_5）、操纵性（R_6）。其决策矩阵如表 4.3.6 所示。

表 4.3.6 例 4-10 决策矩阵

	R_1	R_2	R_3	R_4	R_5	R_6
A_1	5	1.4	6	差（0.3）	中（0.5）	好（0.7）
A_2	9	2	30	好（0.7）	中（0.5）	很好（0.9）
A_3	8	1.8	11	中（0.5）	高（0.7）	中（0.5）
A_4	12	2.5	18	好（0.7）	中（0.5）	中（0.5）
权重	0.1	0.1	0.3	0.2	0.2	0.1

解 首先，根据已知条件可以构造出决策矩阵 $\boldsymbol{M}$：

$$\boldsymbol{M} = \begin{bmatrix} 5 & 1.4 & 6 & 0.3 & 0.5 & 0.7 \\ 9 & 2 & 30 & 0.7 & 0.5 & 0.9 \\ 8 & 1.8 & 11 & 0.5 & 0.7 & 0.5 \\ 12 & 2.5 & 18 & 0.7 & 0.5 & 0.5 \end{bmatrix}$$

接下来使用 TOPSIS 法进行决策分析。

（1）规范化决策矩阵。

$$\boldsymbol{N} = \begin{bmatrix} 0.2822 & 0.3562 & 0.1615 & 0.2611 & 0.4490 & 0.5217 \\ 0.5079 & 0.5088 & 0.8037 & 0.6039 & 0.4490 & 0.6708 \\ 0.4515 & 0.4579 & 0.2960 & 0.4352 & 0.6286 & 0.3727 \\ 0.6772 & 0.6360 & 0.4844 & 0.6093 & 0.4490 & 0.3727 \end{bmatrix}$$

（2）计算加权规范决策矩阵。

$$V = \begin{bmatrix} 0.0282 & 0.0356 & 0.0484 & 0.0522 & 0.0898 & 0.0522 \\ 0.0508 & 0.0509 & 0.2422 & 0.1219 & 0.0898 & 0.0671 \\ 0.0452 & 0.0458 & 0.0888 & 0.0870 & 0.1257 & 0.0373 \\ 0.0677 & 0.0636 & 0.1453 & 0.1219 & 0.0898 & 0.0373 \end{bmatrix}$$

（3）确定正理想解和负理想解。由题目可知 R_1、R_3 为成本型属性，R_2、R_4、R_5、R_6 为效益型属性。

正理想解：
$$A^+ = (0.0282, 0.0636, 0.0484, 0.1219, 0.1257, 0.0671)$$

负理想解：
$$A^- = (0.0677, 0.0356, 0.2422, 0.0522, 0.0898, 0.0373)$$

（4）确定每个方案与正理想解和负理想解的分离度。

方案 A_1 的分离度：
$$d_1^+ = 0.0848, \quad d_1^- = 0.1983$$

方案 A_2 的分离度：
$$d_2^+ = 0.1987, \quad d_2^- = 0.0791$$

方案 A_3 的分离度：
$$d_3^+ = 0.0658, \quad d_3^- = 0.1632$$

方案 A_4 的分离度：
$$d_4^+ = 0.1146, \quad d_4^- = 0.1225$$

（5）利用相对接近度公式，计算相对接近度。

例如

$$r_1^* = \frac{d_1^-}{d_1^+ + d_1^-} \approx 0.7011$$

同理可得

$$r_2^* = 0.2847, \quad r_3^* = 0.7126, \quad r_4^* = 0.5168$$

（6）根据相对接近度大小对方案进行排序，得出 $A_3 > A_1 > A_4 > A_2$，所以应该选择方案 A_3（桑塔纳 Vista）。

4.3.5 层次分析法

层次分析法（analytic hierarchy process，AHP）是美国运筹学专家 Satty 于 20 世纪 70 年代提出的一种定性与定量分析相结合的评价方法。该方法力求避开复杂的数学建模方法进行复杂问题的决策，其原理是将复杂的问题逐层分解为若干元素，组成一个相互关联和具有隶属关系的层次结构模型，对各元素进行判断，以获得各元素的重要性。层次分析法主要包括以下四个步骤。

（1）分析系统中各因素间的关系，确定决策问题的目标层、准则层和方案层，建立系统的递阶层次分析结构，如图 4.3.1 所示。

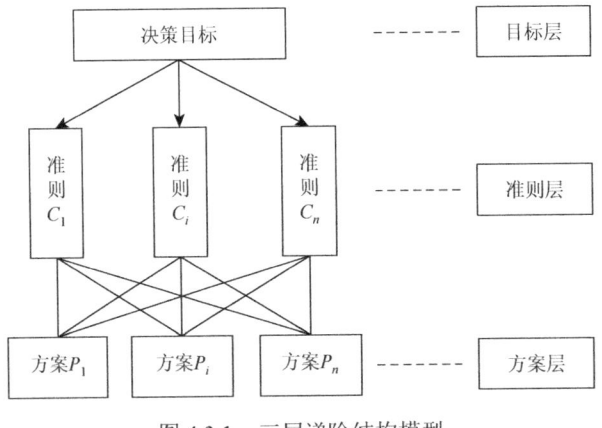

图 4.3.1 三层递阶结构模型

（2）对同一层次各元素关于上一层次中某一准则的重要性进行两两比较，构造两两比较的判断矩阵。

判断矩阵表示本层与上层有关联的各要素之间的相对优越程度，构造一系列的两两比较判断矩阵。例如，方案层 $P_1, P_2, \cdots, P_n$ 与上一层准则 C_k 有关联。建立各个方案关于准则 C_k 的判断矩阵如下：

$$A = \begin{bmatrix} a_{11} & a_{12} & \cdots & a_{1n} \\ a_{21} & a_{22} & \cdots & a_{2n} \\ \vdots & \vdots & & \vdots \\ a_{n1} & a_{n2} & \cdots & a_{nn} \end{bmatrix}$$

式中，a_{ij} 表示对于准则 C_k 而言，方案 P_i 与 P_j 比较而得到的相对重要程度或优越性。a_{ij} 的取值是根据资料、统计数据、征求专家意见以及系统分析员的经验而确定的。判断矩阵 A 具有如下性质：① $a_{ij} > 0$；② $a_{ji} = 1/a_{ij}$；③ $a_{ii} = 1$。所以矩阵 A 为正互反判断矩阵。根据判断矩阵的互反性，在 n 阶判断矩阵中，仅需给出判断矩阵的上（或下）三角的 $n(n-1)/2$ 个判断数据即可。

对于某些定性指标，如评价一个产品的好坏，可能给出三个评价结果：好、很好、非常好。这种定性指标可以采用层次分析法的标度法进行定量表述，标度法赋值方法如表 4.3.7 所示。

表 4.3.7 （1～9）标度法及含义

标度 a_{ij}	含义
1	元素 i 与 j 具有相同重要性
3	元素 i 比 j 稍微重要
5	元素 i 比 j 明显重要
7	元素 i 比 j 强烈重要
9	元素 i 比 j 极端重要
2, 4, 6, 8	上述相邻判断的中间值

（3）由判断矩阵计算被比较元素对该准则的相对权重，并进行判断矩阵的一致性检验。

对给出的判断矩阵还要进行一致性检验，检验步骤如下。

（1）计算一致性指标：$CI = \dfrac{\lambda_{max} - n}{n-1}$，$\lambda_{max}$ 为矩阵 B 的最大特征值。

（2）计算一致性比率：$CR = \dfrac{CI}{RI}$，当 $CR < 0.1$ 时认为判断矩阵 A 符合一致性要求，否则要调整。

其中，随机一致性指标 RI 和判断矩阵的阶数有关，一般情况下，矩阵阶数越大，出现一致性随机偏离的可能性也越大，其对应关系如表 4.3.8 所示。

表 4.3.8　平均随机一致性指标 RI 标准值

矩阵阶数	1	2	3	4	5	6	7	8	9	10
RI	0	0	0.58	0.90	1.12	1.24	1.32	1.41	1.45	1.49

（4）计算各层次对于系统的总排序权重，并进行排序。最后，得到各方案对于总目标的总排序。

计算同一层次所有因素对最高层（总目标）相对重要性的排序权重，称为层次总排序，这一过程是由高层次到低层次逐层进行的。最底层（方案层）得到的层次总排序，就是 n 个被评价方案的总排序。若上一层次 A 包含 m 个因素 $A_1, A_2, \cdots, A_m$，其层次总排序权值分别为 $a_1, a_2, \cdots, a_m$，下一层次 B 包含 n 个因素 $B_1, B_2, \cdots, B_n$，它们对于因素 A_j 的层次单排序的权值分别为 $b_{1j}, b_{2j}, \cdots, b_{nj}$（当 B_k 与 A_j 无关时，取 b_{kj} 为 0），此时层次 B 的总排序权值由表 4.3.9 给出。

表 4.3.9　层次 B 的总排序权值表

	A_1	A_2	...	A_m	层次 B 总排序
	a_1	a_2	...	a_m	
B_1	b_{11}	b_{22}	...	b_{1m}	$\sum\limits_{j=1}^{m} a_j b_{1j}$
⋮	⋮	⋮	⋮	⋮	⋮
B_n	b_{n1}	b_{n2}	...	b_{nm}	$\sum\limits_{j=1}^{m} a_j b_{nj}$

如果层次 B 某些因素对于 A_j 的一致性指标为 CI_j，相应地，平均随机一致性指标为 RI_j，则层次 B 总排序一致性比例为

$$CR = \dfrac{\sum\limits_{j=1}^{m} a_j CI_j}{\sum\limits_{j=1}^{m} a_j RI_j}$$

层次分析法最终得到方案层各决策方案相对于总目标的权重,并给出这一组权重所依据整个递阶层次结构所有判断的总一致性指标,据此,决策者可以做出决策。

例 4-11 知识员工评价问题。知识员工评价可以从员工放入知识储备及基础(C_1)、研发创新能力(C_2)、团队合作能力(C_3)、历史研发业绩(C_4)等方面进行考核。某企业基于上述四方面,对 3 位拟引进的员工进行选择评价。

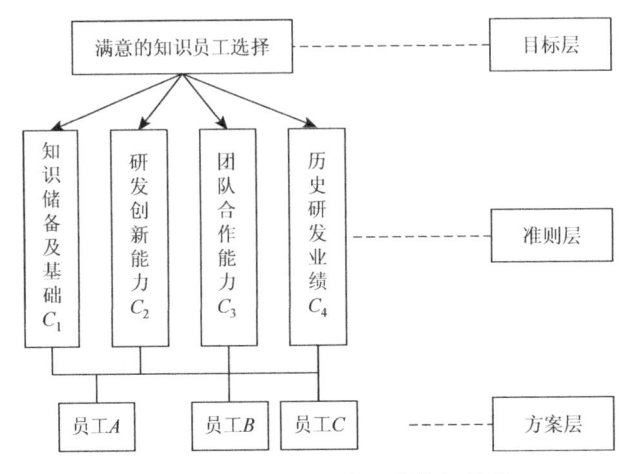

解 (1)建立该问题的评价指标体系结构图,如图 4.3.2 所示。

图 4.3.2 知识员工选择评价指标体系

(2)构造两两比较的判断矩阵。

基于知识储备及基础指标,通过分析,在这方面,员工 A 比员工 B 稍好,员工 A 比员工 C 非常好有余,但是绝对好不足,认为员工 B 比员工 C 较好有余,非常好不足,则可以得到如下判断矩阵(下三角判断矩阵的元素由互反性得到):

$$A = \begin{bmatrix} & 员工A & 员工B & 员工C \\ 员工A & 1 & 2 & 8 \\ 员工B & 1/2 & 1 & 6 \\ 员工C & 1/8 & 1/6 & 1 \end{bmatrix}$$

(3)确定权重向量和一致性指标。

对于上述判断矩阵 A,可得到其最大特征值 $\lambda_{\max} = 3.019$(特征值计算方法可采用 MATLAB 进行计算),$\text{CI} = \dfrac{3.019 - 3}{3 - 1} = 0.01$,一致性比例 $\text{CR} = \dfrac{0.01}{0.58} = 0.017 \leqslant 0.1$,表明该判断矩阵的一致性可以接受。此外,可以得到 $w = (0.593, 0.341, 0.066)^{\text{T}}$。

设研发创新能力指标构成的判断矩阵为

$$\begin{bmatrix} & 员工A & 员工B & 员工C \\ 员工A & 1 & 1/3 & 1/4 \\ 员工B & 3 & 1 & 1/2 \\ 员工C & 4 & 2 & 1 \end{bmatrix}$$

在团队合作能力下三个员工构成的判断矩阵为

$$\begin{array}{c|ccc} & 员工A & 员工B & 员工C \\ \hline 员工A & 1 & 1/4 & 1/6 \\ 员工B & 4 & 1 & 1/3 \\ 员工C & 6 & 3 & 1 \end{array}$$

在历史研发业绩下三个员工构成的判断矩阵为

$$\begin{array}{c|ccc} & 员工A & 员工B & 员工C \\ \hline 员工A & 1 & 1/3 & 4 \\ 员工B & 1/3 & 1 & 7 \\ 员工C & 1/4 & 1/7 & 1 \end{array}$$

在四个评价指标方面,哪个指标更为重要?可以采用同样的比较方法得到四个评价指标的权重向量,设有判断矩阵:

$$\begin{array}{c|cccc} & 知识储备及基础 & 研发创新能力 & 团队合作能力 & 历史研发业绩 \\ \hline 知识储备及基础 & 1 & 2 & 3 & 2 \\ 研发创新能力 & 1/2 & 1 & 4 & 1/2 \\ 团队合作能力 & 1/3 & 1/4 & 1 & 1/4 \\ 历史研发业绩 & 1/2 & 2 & 4 & 1 \end{array}$$

基于上述指标,各方案的特征向量如表4.3.10所示(设各判断矩阵的一致性均可以接受),可求得四个评价指标的特征向量为 $w = (0.398, 0.218, 0.085, 0.299)^T$。

表 4.3.10 评价指标特征向量

	知识储备及基础	研发创新能力	团队合作能力	历史研发业绩
员工A	0.593	0.123	0.087	0.265
员工B	0.341	0.32	0.274	0.655
员工C	0.066	0.557	0.639	0.08

由表4.3.10可知,在知识储备及基础方面,员工A最优,员工B和C其次;在研发创新能力方面,员工C最优,员工B和A其次;在团队合作能力方面,员工C最优,员工B和A其次;在历史研发业绩方面,员工B最优,员工A和C其次。

从上述四个指标综合来看,哪个员工最优?

(4)计算各层次对于系统的总排序权重,并进行排序,得出如下结果。

员工A总得分为

$$0.398 \times 0.593 + 0.218 \times 0.123 + 0.085 \times 0.087 + 0.299 \times 0.265 \approx 0.349$$

员工B总得分为

$$0.398 \times 0.341 + 0.218 \times 0.32 + 0.085 \times 0.274 + 0.299 \times 0.655 \approx 0.425$$

员工C总得分为

$$0.398 \times 0.066 + 0.218 \times 0.557 + 0.085 \times 0.639 + 0.299 \times 0.08 \approx 0.226$$

由此可以看出,在选择满意的知识员工的目标下,员工B的得分最高,员工A其次,员工C最劣。因此,从四个指标的综合来看,应该选择引进员工B的方案。

4.3.6 数据包络分析法

数据包络分析（data envelopment analysis，DEA）法，就是以相对效率概念为基本原理，以数学规划和凸分析为主要工具，以优化为主要思想产生的一种多指标综合效率评价方法。1978 年，著名运筹学家 Charnes 等首次提出 C^2R 模型，丰富了微观经济中的生产函数理论及其应用技术，同时在避免主观因素、简化算法、减少误差等方面有着不可低估的优越性。DEA 法现已成为管理科学、系统工程、决策分析和评价技术等领域中一种常用的分析工具和研究手段。

DEA 法的基本原理具体是：设有 n 个决策单元 $\text{DMU}_j(j=1,2,\cdots,n)$，它们的投入、产出向量分别为 $\boldsymbol{X}_j = (x_{1j}, x_{2j}, \cdots, x_{mj})^{\text{T}} > 0,$，$\boldsymbol{Y}_j = (y_{1j}, y_{2j}, \cdots, y_{sj})^{\text{T}} > 0$ $(j=1,\cdots,n)$。由于在生产过程中各种投入和产出的地位与作用各不相同，要对 DMU 进行评价，必须对它的投入和产出进行"综合"，即把它们看作只有一个投入总体和一个产出总体的生产过程，这样就需要赋予每个投入和产出恰当的权重。假设投入、产出的权向量分别为

$$\boldsymbol{v} = (v_1, v_2, \cdots, v_m)^{\text{T}}$$

和

$$\boldsymbol{u} = (u_1, u_2, \cdots, u_s)^{\text{T}}$$

从而可以获得如下表示。

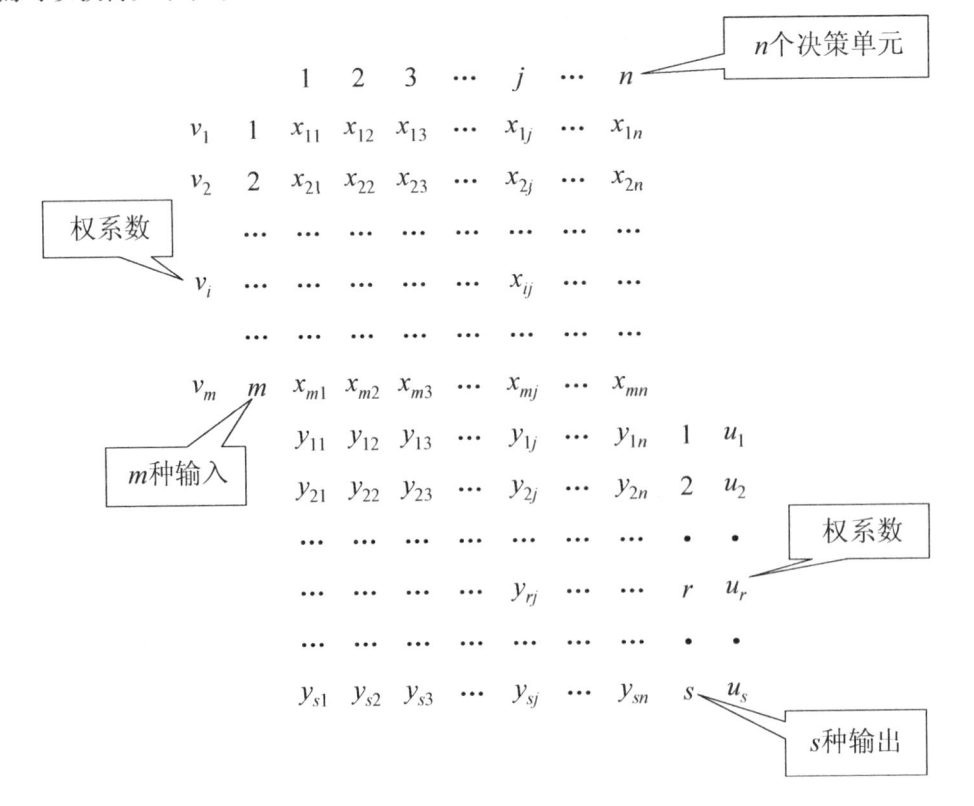

		1	2	3	⋯	j	⋯	n		
v_1	1	x_{11}	x_{12}	x_{13}	⋯	x_{1j}	⋯	x_{1n}		
v_2	2	x_{21}	x_{22}	x_{23}	⋯	x_{2j}	⋯	x_{2n}		
⋯	⋯	⋯	⋯	⋯	⋯	⋯	⋯	⋯		
v_i	⋯	⋯	⋯	⋯	⋯	x_{ij}	⋯	⋯		
⋯	⋯									
v_m	m	x_{m1}	x_{m2}	x_{m3}	⋯	x_{mj}	⋯	x_{mn}		
		y_{11}	y_{12}	y_{13}	⋯	y_{1j}	⋯	y_{1n}	1	u_1
		y_{21}	y_{22}	y_{23}	⋯	y_{2j}	⋯	y_{2n}	2	u_2
		⋯	⋯	⋯	⋯	⋯	⋯	⋯	·	·
		⋯	⋯	⋯	⋯	y_{rj}	⋯	⋯	r	u_r
		⋯	⋯	⋯	⋯	⋯	⋯	⋯	·	·
		y_{s1}	y_{s2}	y_{s3}	⋯	y_{sj}	⋯	y_{sn}	s	u_s

（n 个决策单元；权系数；m 种输入；权系数；s 种输出）

具体符号含义如表 4.3.11 所示。

表 4.3.11 符号含义

符号名称	含义
x_{ij}	第 j 个决策单元对第 i 种类型输入的投入总量，$x_{ij}>0$
y_{rj}	第 j 个决策单元对第 r 种类型输出的产出总量，$y_{rj}>0$
v_i	对第 i 种类型输入的一种度量，权系数
u_r	对第 r 种类型输出的一种度量，权系数

注：$i = 1, 2, \cdots, m; r = 1, 2, \cdots, s; j = 1, 2, \cdots, n$。

1. 基于不变规模收益的模型——C^2R 模型

定义 4.1 称 h_j 为第 j 个决策单元 DMU_j 的效率评价指数，其中

$$h_j = \frac{\boldsymbol{u}^\text{T} y_j}{\boldsymbol{v}^\text{T} x_j} = \frac{\sum_{r=1}^{s} u_r y_{rj}}{\sum_{i=1}^{m} v_i x_{ij}}, \quad j = 1, 2, \cdots, n$$

根据定义 4.1 可知，我们总能够选取适当的权向量使得 $h_j \leqslant 1$。如果想了解某个决策单元 $\text{DMU}_{j_0} (j_0 \in \{1, 2, \cdots, n\})$ 在这 n 个决策单元中相对是不是"最优"的，可以考察当 $\boldsymbol{u}$ 和 $\boldsymbol{v}$ 尽可能变化时，h_{j_0} 的最大值究竟为多少？为了测得 h_{j_0} 的值，Charnes 等于 1978 年提出了如下 C^2R 或 CCR 模型：

$$\max h_{jo} = \frac{\sum_{r=1}^{s} u_r y_{rjo}}{\sum_{i=1}^{m} v_i x_{ijo}}$$

$$\text{s.t.} \quad \frac{\sum_{r=1}^{s} u_r y_{rj}}{\sum_{i=1}^{m} v_i x_{ij}} \leqslant 1, \quad j = 1, 2, \cdots n; \boldsymbol{u} \geqslant 0; \boldsymbol{v} \geqslant 0$$

利用 Charnes 和 Cooper 提出的分式规划的 Charnes-Cooper 变换：$t = \dfrac{1}{\boldsymbol{v}^\text{T} x_0}$，$\boldsymbol{w} = t\boldsymbol{v}, \boldsymbol{\mu} = t\boldsymbol{u}$，由 $t = \dfrac{1}{\boldsymbol{v}^\text{T} x_0} \Rightarrow \boldsymbol{w}^\text{T} x_0 = 1$，可以得到如下线性规划模型 P：

$$\max h_{j0} = \boldsymbol{\mu}^\text{T} y_o$$

$$\begin{cases} \boldsymbol{w}^\text{T} x_j - \boldsymbol{\mu}^\text{T} y_j \geqslant 0, & j = 1, 2, \cdots, n \\ \boldsymbol{w}^\text{T} x_0 = 1 \\ \boldsymbol{w} \geqslant 0, \quad \boldsymbol{\mu} \geqslant 0 \end{cases}$$

根据线性规划的相关基本理论，可知模型 P 的对偶问题表达形式 D'：

$$\min \theta$$
$$\begin{cases} \sum_{j=1}^{n} \lambda_j x_j \leq \theta x_0 \\ \sum_{j=1}^{n} \lambda_j y_j \geq y_0 \\ \lambda_j \geq 0, \quad j=1,2,\cdots,n; \theta无约束 \end{cases}$$

为了讨论和计算应用方便，进一步引入松弛变量 s^+ 和剩余变量 s^-，将上面的不等式约束变为等式约束，可得到规划模型 D：

$$\min \theta$$
$$\begin{cases} \sum_{j=1}^{n} \lambda_j x_j + s^+ = \theta x_0 \\ \sum_{j=1}^{n} \lambda_j y_j - s^- = \theta y_0 \\ \lambda_j \geq 0, \quad j=1,2,\cdots,n; s^+ \geq 0; s^- \leq 0; \theta无约束 \end{cases}$$

将上述规划（D）直接定义为规划（P）的对偶规划。

根据上述模型给出被评价决策单元 DMU_{j_0} 有效性的定义及相关定理。

定理 4.1 线性规划（P）和对偶规划（D）均存在可行解，所以都存在最优值。假设它们的最优值分别为 $h_{j_0}^*$ 与 θ^*，则有 $h_{j_0}^* = \theta^*$。

定义 4.2 若线性规划（P）的最优值 $h_{j_0}^* = 1$，则称决策单元 DMU_{j_0} 为弱 DEA 有效。

定义 4.3 若线性规划（P）的解中存在 $w^* > 0$，$\mu^* > 0$，且最优值 $h_{j_0}^* = 1$，则称决策单元 DMU_{j_0} 为 DEA 有效的。

定理 4.2 DMU_{j_0} 为弱 DEA 有效的充要条件是线性规划（D）的最优值 $\theta^* = 1$；DMU_{j_0} 为 DEA 有效的充要条件是线性规划（D）的最优值 $\theta^* = 1$，且对于每个最优解 λ^*，都有 $s^{*+} = 0$，$s^{*-} = 0$。

我们能够用 C^2R 模型判定是否同时技术有效和规模有效。

（1）$\theta^* = 1$，且 $s^{*+} = 0$，$s^{*-} = 0$，则决策单元 j_0 为 DEA 有效，决策单元的经济活动同时为技术有效和规模有效。

（2）$\theta^* = 1$，但至少某个输入或者输出大于 0，则决策单元 j_0 为弱 DEA 有效，决策单元的经济活动不是同时为技术效率最佳和规模最佳。

（3）$\theta^* < 1$，决策单元 j_0 不是 DEA 有效，经济活动的技术效率和规模都不是最佳。

还可以用 C^2R 模型中的 $\lambda_j (j = \{1,2,\cdots,n\})$ 判断 DMU 的规模收益情况。

（1）如果存在 λ_j^* 使得 $\sum \lambda_j^* = 1$，则 DMU 为规模收益不变。

（2）如果不存在 λ_j^* 使得 $\sum \lambda_j^* = 1$，若 $\sum \lambda_j^* < 1$，则 DMU 为规模收益递增。

（3）如果不存在 λ_j^* 使得 $\sum \lambda_j^* = 1$，若 $\sum \lambda_j^* > 1$，则 DMU 为规模收益递减。

对于非 DEA 有效的决策单元，有三种方式可以将决策单元改进为有效决策单元：

保持产出不变，减少投入；保持投入不变增大产出；减小投入的同时也增大产出。

例 4-12 已知甲、乙、丙三个同行企业，为评价其相对生产率，取投入要素为固定资产 K 和职工人数 L，产出项目为净产值 Y，有关数据如表 4.3.12 所示，试比较它们的有效性。

表 4.3.12 数据信息

企业	输入 K/亿元	输入 $L/(\times 10^3$ 人$)$	输出 Y/亿元
甲	1.5	4	5
乙	1	3	4
丙	3	7	8

解 （1）甲企业对应的 DEA 模型为

$$\min \theta$$
$$\text{s.t.} \begin{cases} 1.5\lambda_1 + \lambda_2 + 3\lambda_3 + s_1^- = 1.5\theta \\ 4\lambda_1 + 3\lambda_2 + 7\lambda_3 + s_2^- = 4\theta \\ 5\lambda_1 + 4\lambda_2 + 8\lambda_3 - s_3^+ = 5 \\ \lambda_j \geq 0, \quad j=1,2,3; s_1^- \geq 0; s_2^- \geq 0; s_3^+ \geq 0 \end{cases}$$

最优解为

$$\lambda^0 = (0, 1.25, 0)^T, \quad \theta^0 = 0.93, \quad s_1^- = 0.15, \quad s_2^- = s_3^+ = 0$$

由于 $\theta^0 < 1$，甲企业不是 DEA 有效。

（2）乙企业对应的 DEA 模型为

$$\min \theta$$
$$\text{s.t.} \begin{cases} 1.5\lambda_1 + \lambda_2 + 3\lambda_3 + s_1^- = 1\theta \\ 4\lambda_1 + 3\lambda_2 + 7\lambda_3 + s_2^- = 3\theta \\ 5\lambda_1 + 4\lambda_2 + 8\lambda_3 - s_3^+ = 4 \\ \lambda_j \geq 0, \quad j=1,2,3; s_1^- \geq 0; s_2^- \geq 0; s_3^+ \geq 0 \end{cases}$$

最优解为

$$\lambda^0 = (0, 1, 0)^T, \quad \theta^0 = 1, \quad s_1^- = s_2^- = s_3^+ = 0$$

可知，乙企业是 DEA 有效。

（3）丙企业对应的 DEA 模型为

$$\min \theta$$
$$\text{s.t.} \begin{cases} 1.5\lambda_1 + \lambda_2 + 3\lambda_3 + s_1^- = 3\theta \\ 4\lambda_1 + 3\lambda_2 + 7\lambda_3 + s_2^- = 7\theta \\ 5\lambda_1 + 4\lambda_2 + 8\lambda_3 - s_3^+ = 8 \\ \lambda_j \geq 0, \quad j=1,2,3; s_1^- \geq 0; s_2^- \geq 0; s_3^+ \geq 0 \end{cases}$$

最优解为

$$\lambda^0 = (0, 0.85, 0)^T, \quad \theta^0 = 0.85, \quad s_1^- = 0.57, \quad s_2^- = s_3^+ = 0$$

由于 $\theta^0 < 1$，丙企业不是 DEA 有效。

上述计算结果表明，乙企业的相对生产率最高，丙企业的相对生产率最低。

2. 基于可变规模收益的模型——BC^2 模型

C^2R 模型是假设生产过程属于固定规模收益，即当投入量以等比例增加时，产出量应以等比增加。然而实际的生产过程亦可能属于规模报酬递增或者规模报酬递减的状态。为了分析决策单元的规模报酬变化情况，Banker 等以生产可能集的四个公理以及 Shepard 距离函数为基础，在 1984 年提出了一个可变规模收益的模型，被称为 BC^2（BCC）模型。线性形式的 BC^2 模型可表示为

$$\max \sum_{r=1}^{s} \mu_r y_{ro} - u_o$$

$$\text{s.t.} \sum_{i=1}^{m} \omega_i x_{io} = 1$$

$$\sum_{r=1}^{s} \mu_r y_{rj} - \sum_{i=1}^{m} \omega_i x_{ij} - u_o \leq 0, \quad j = 1, 2, \cdots$$

$$\mu_r, \omega_i \geq 0, \quad r = 1, \cdots, s; i = 1, 2, \cdots, m$$

含松弛变量形式的 BC^2 对偶模型为

$$\max \theta_o - \varepsilon \left(\sum_{i=1}^{m} s_i^- + \sum_{r=1}^{s} s_r^+ \right)$$

$$\text{s.t.} \sum_{j=1}^{n} x_{ij} \lambda_j + s_i^- = \theta_o x_{io}, \quad i = 1, 2, \cdots, m$$

$$\sum_{j=1}^{n} y_{rj} \lambda_j - s_r^+ = y_{ro}, \quad r = 1, 2, \cdots, s$$

$$\sum_{j=1}^{n} \lambda_j = 1$$

$$\lambda_j, s_i^-, s_r^+ \geq 0, \quad \forall i, j, r$$

式中，ε 为非阿基米德无穷小量。根据 BC^2 模型中的 u_o 的大小，Banker 和 Thrall 在 1992 年提出如下判别方法来判断 BC^2 模型的规模收益。

定理 4.3 假设含有投入产出组合 (x_o, y_o) 的 DMU_o 是有效的，那么下面的条件可以判别 C^2R 之下 DMU_o 的规模收益。

（1）对于投入产出组合 (x_o, y_o) 规模收益不变，当且仅当在某个最优解情况下有 $u_o^* = 0$。

（2）对于投入产出组合 (x_o, y_o) 规模收益递增，当且仅当在所有最优解情况下都有 $u_o^* < 0$。

（3）对于投入产出组合 (x_o, y_o) 规模收益递减，当且仅当在所有最优解情况下都有 $u_o^* > 0$。

其中，u_o^* 代表 BC^2 模型中的最优解。定理 4.3 的证明请参见相关文献。

C^2R 模型或者 BC^2 模型计算出来的效率可能存在多个效率值为 1 的情形，为了进一步区分这些有效决策单元，常用的方法有超效率模型、交叉效率模型以及双前沿数据包络分析模型。

4.4 博弈论

博弈论（game theory）也称为对策论，是研究多人决策问题的理论。博弈论研究的对象主要是人与人之间行为的相互影响和相互作用，人与人之间的利益、冲突、竞争与合作。目前，博弈论已经成为经济学的标准分析工具之一，在金融学、经济学、国际关系、计算机科学和政治学等多个学科领域都有广泛的应用，它为解决不同实体的冲突和合作提供了一个宝贵的方法。

按照信息的完全程度来分，博弈论可以分为完全信息博弈和不完全信息博弈。完全信息博弈是指每一位参与人对其他参与人的特征、策略空间及收益函数等决策信息有准确的认知；不完全信息博弈是指参与人对其他参与人的特征、策略空间及收益函数等决策信息了解得不够准确，或者不是对所有参与人的特征、策略空间及收益函数等决策信息都有准确的认知。

按照参与者的行动次序来分，博弈论可以分为静态博弈和动态（序贯）博弈。静态博弈是指所有参与者同时采取行动，或者尽管有先后顺序，但后行动者不知道先行动者的策略；动态博弈是指参与者的行动有先后顺序，并且后行动者可以知道先行动者的策略。

按照合作与不合作来分，博弈论可以分为合作博弈和不合作博弈。合作博弈强调的是团体理性，追求组织整体利益最大化；而非合作博弈强调的是个人理性，追求个人利益的最大化，研究人们在利益相互影响的局势中如何决策使自己的收益最大。目前，经济学家所谈的博弈论一般是指非合作博弈，而且非合作博弈在实际中更常见。所以本节主要介绍非合作博弈理论，主要介绍博弈论的基本理论和概念，包括博弈的标准式和严格劣战略、纳什均衡、混合战略、博弈的扩展式等内容。

4.4.1 博弈的标准式和严格劣战略

1. 博弈的标准式

博弈的标准式也称策略式，是指每一个参与者同时选择一个战略，所有参与者选择战略的组合决定了每个参与者的收益。下面以经典的囚徒困境为例，说明博弈的标准式的概念及基本要素组成。

例 4-13 故事背景：两个犯罪嫌疑人因为一桩罪行而被捕。但是警方缺少充分的证据，所以警方需要对两个嫌疑犯进行审问。为防止他们串供，警方将他们关在两个不同的牢房，并对他们说明不同行动带来的后果。警方告诉每个嫌疑犯：如果他们俩都不坦白，将均被判为轻度犯罪，入狱 1 个月；如果双方都坦白，承认犯罪事实，则都被判入狱 8 个月；如果一个坦白而另一人拒不坦白，坦白的一方将马上被释放，而另一个抵赖的人将被判罚入狱 10 个月。

囚徒困境的问题可用一个二维的矩阵表来描述，如表4.4.1所示。

表4.4.1 囚徒困境

参与者		囚犯B	
		坦白	抵赖
囚犯A	坦白	-8, -8	0, -10
	抵赖	-10, 0	-1, -1

在此博弈中，每一个单元格有两个数字，第一个数字表示囚徒A的收益，第二个数字表示囚徒B的收益。每一个囚徒都有两种可选的战略：坦白、抵赖。如果囚徒A坦白，囚徒B选择抵赖，则囚徒A的收益是0（马上释放），囚徒B的收益是-10（被判10个月）。

通过上述例子可以知道，博弈的标准式包括如下。

（1）博弈的参与者，在囚徒困境中是指两个囚徒。

（2）每个参与者可供选择的战略集，在囚徒困境两个囚徒的战略集为{坦白,抵赖}。

（3）针对所有参与者的战略组合，每个参与者获得的收益，在囚徒困境是指矩阵表中的数值。

博弈的参与人集合如下。

假设有 n 个参与者进行博弈，参与者的集合为 $\varGamma$，i 表示第 i 个参与者，$i \in \varGamma, \varGamma = \{1,2,\cdots,n\}$。$S_i$ 表示参与者 i 可以选择的战略集合（称为 i 的战略空间），其中任意一个特定的战略用 s_i 表示，$s_i \in S_i$。当每个参与者选择了自己的战略时，他们的战略组合可以表示为 $\{s_1, s_2, \cdots, s_n\}$。每个参与人的收益函数可以表示为 $u_i(s_1, \cdots, s_i, \cdots, s_n), i \in \varGamma$。根据上述符号定义，可以得到博弈的表示方式如下。

定义 4.4 在一个 n 人博弈的标准式表述中，参与者的战略空间为 $S_1, \cdots, S_n$，收益函数为 $u_1, \cdots, u_n$，则可以用 $G = \{S_1, \cdots, S_n; u_1, \cdots, u_n\}$ 来表示此博弈。

上面讲了博弈的表述方式和基本元素，下面开始介绍如何着手分析一个博弈论问题。

2. 重复剔除严格劣战略

仍以上面的囚徒困境为例，在囚徒困境中，如果囚徒A选择了坦白，那么囚徒B也会选择坦白（被判刑8个月），而不会选择抵赖（被判罚10个月）。如果囚徒A选择了抵赖，那么囚徒B还会选择坦白（被马上释放），而不会选择抵赖（被判罚1个月）。因此，无论囚徒A选择什么战略，囚徒B都会选择坦白。同理，无论囚徒B选择什么战略，囚徒A也会都选择坦白。因此，对于囚徒A和囚徒B，抵赖相比坦白来说是劣战略。

定义 4.5 在标准的博弈 $G = \{S_1, \cdots, S_n; u_1, \cdots, u_n\}$ 中，令 s_i' 和 s_i'' 为参与者 i 的两个可行战略，其中 $s_i' \in S_i$，$s_i'' \in S_i$。如果对其他参与者每一个可能的战略组合，参与者 i 选择 s_i' 的收益都小于其选择 s_i'' 的收益，则称战略 s_i' 相对于战略 s_i'' 是严格劣战略，即

$$u_i\{s_1, \cdots, s_{i-1}, s_i', s_{i+1}, \cdots, s_n\} < u_i\{s_1, \cdots, s_{i-1}, s_i'', s_{i+1}, \cdots, s_n\}$$

理性的参与者不会选择严格劣战略。因此，在囚徒困境中，一个理性的参与者会选择坦白，于是（坦白，坦白）成为了两个理性参与者的博弈结果，尽管（抵赖，抵赖）给双方带来的收益更大。

根据理性人不会选择严格劣战略这一假设，可以使用重复剔除劣战略的思想求得博弈均衡解，其基本思想是：首先找出某个参与人的劣战略，把这个劣战略剔除掉，重新构造一个不包含已剔除战略的新的博弈；然后再剔除这个新的博弈中的某个参与人的劣战略；继续这个过程，一直到只剩下唯一的战略组合为止。这个唯一剩下的战略组合就是这个博弈的均衡解。下面给出了使用重复剔除严格劣战略的方法求解囚徒困境问题的步骤。

（1）对囚徒 A 来说，"抵赖"相比"坦白"来说是一个严格劣战略，所以囚徒 A 会选择"坦白"，从而删除第二行数据，如表 4.4.2 所示。

表 4.4.2　一次剔除劣战略

参与者		囚徒 B	
		坦白	抵赖
囚徒 A	坦白	−8, −8	0, −10

（2）对囚徒 B 来说，在囚徒 A 坦白的情况下，"抵赖"相比"坦白"来说也是一个严格劣战略，所以囚徒 B 也会选择"坦白"，从而删除第二列数据，仅剩（坦白，坦白），如表 4.4.3 所示。

表 4.4.3　二次剔除劣战略

参与者		囚徒 B
		坦白
囚徒 A	坦白	−8, −8

4.4.2　纳什均衡

实际上，上述的重复剔除严格劣战略对博弈结果的预测经常是不准确的，有些纳什均衡解会被剔除掉，而重复剔除劣战略后所留的战略不一定满足纳什均衡战略的条件，因为纳什均衡要比重复剔除严格劣战略严格得多。下面介绍纳什均衡的相关概念。

纳什均衡（Nash equilibrium）是一种策略组合，每个参与者的战略都是对方战略的最优反应战略，也就是说没有参与者愿意独立背离他所选定的战略。其逻辑定义如下。

定义 4.6　在 n 个参与者的标准式博弈 $G = \{S_1, \cdots, S_n; u_1, \cdots, u_n\}$ 中，如果战略组合对于每一个参与者 i，s_i^* 是（至少不劣于）给定其他 $n-1$ 个参与人选择 $(s_1^*, \cdots, s_{i-1}^*, s_{i+1}^*, \cdots s_n^*)$ 的情况下的最优反应战略，则称战略组合 $(s_1^*, \cdots, s_i^*, \cdots, s_n^*)$ 是该博弈的一个纳什均衡，即

$$u_i\{s_1^*, \cdots, s_{i-1}^*, s_i^*, s_{i+1}^*, \cdots, s_n^*\} \geqslant u_i\{s_1^*, \cdots, s_{i-1}^*, s_i, s_{i+1}^*, \cdots, s_n^*\}$$

对所有 S_i 中的 s_i 都成立。

为更清楚地理解纳什均衡的概念，下面求解几个例题。

1. 利用划线法求解纳什均衡

首先，采用划线法求解囚徒困境的纳什均衡。

（1）首先分析囚徒 A 的最优反应战略，并在相应单元格数字下面画横线。当囚徒 B 选择坦白时，囚徒 A 的最优反应战略是选择"坦白"，因此在第一列第一个单元格"-8"下面画一条横线；当囚徒 B 选择抵赖时，囚徒 A 的最优反应战略是选择"坦白"，因此在第二列第一行单元格"0"下面画一条横线。如表 4.4.4 所示。

表 4.4.4　划线法-囚徒 A

参与者		囚犯 B	
		坦白	抵赖
囚犯 A	坦白	**−8**, −8	**0**, −10
	抵赖	−10, 0	−1, −1

（2）分析囚徒 B 的最优反应战略，并在相应单元格数字下面画横线。当囚徒 A 选择坦白时，囚徒 B 的最优反应战略是选择"坦白"，因此在第一列第一个单元格"-8"下面画一条横线；当囚徒 A 选择抵赖时，囚徒 B 的最优反应战略是选择"坦白"，因此在第一列第二行单元格"0"下面画一条横线。如表 4.4.5 所示。

表 4.4.5　划线法-囚徒 B

参与者		囚犯 B	
		坦白	抵赖
囚犯 A	坦白	**−8**, **−8**	**0**, −10
	抵赖	−10, **0**	−1, −1

（3）找出矩阵表中两个数字都被划了横线的单元格，为博弈的纳什均衡解。由表 4.4.5 可以看出，（坦白，坦白）对应的单元格中两个数字都被划了横线，因此它为囚徒困境的纳什均衡解。

例 4-14　采用划线法求解下面博弈的纳什均衡解。博弈中，参与者 A 有三种可选择的战略：R_1，R_2，R_3。参与者 B 也有三种可选择的战略：C_1，C_2，C_3。A 与 B 的支付矩阵如表 4.4.6 所示。

表 4.4.6　A 与 B 的支付矩阵

参与者		参与者 B		
		C_1	C_2	C_3
参与者 A	R_1	0, 4	4, 0	5, 3
	R_2	4, 0	0, 4	5, 3
	R_3	3, 5	3, 5	6, 6

解 （1）首先分析参与者 A 的最优反应战略，并在相应单元格数字下面画横线。当参与者 B 选择 C_1 时，参与者 A 的最优反应战略是选择 R_2，因此在第一列第二个单元格中"4"下面画一条横线；当参与者 B 选择 C_2 时，参与者 A 的最优反应战略是选择 R_1，因此在第二列第一个单元格中"4"下面画一条横线；当参与者 B 选择 C_3 时，参与者 A 的最优反应战略是选择 R_3，因此在第三列第三个单元格中"6"下面画一条横线。如表 4.4.7 所示。

表 4.4.7 划线法-参与者 A

参与者		参与者 B		
		C_1	C_2	C_3
参与者 A	R_1	0，4	<u>4</u>，0	5，3
	R_2	<u>4</u>，0	0，4	5，3
	R_3	3，5	3，5	<u>6</u>，6

（2）分析参与者 B 的最优反应战略，并在相应单元格数字下面画横线。当参与者 A 选择 R_1 时，参与者 B 的最优反应战略是选择 C_1，因此在第一列第一个单元格中"4"下面画一条横线；当参与者 A 选择 R_2 时，参与者 B 的最优反应战略是选择 C_2，因此在第二列第二个单元格中"4"下面画一条横线；当参与者 A 选择 R_3 时，参与者 B 的最优反应战略是选择 C_3，因此在第三列第三个单元格中"6"下面画一条横线。如表 4.4.8 所示。

表 4.4.8 划线法-参与者 B

参与者		参与者 B		
		C_1	C_2	C_3
参与者 A	R_1	0，<u>4</u>	<u>4</u>，0	5，3
	R_2	<u>4</u>，0	0，<u>4</u>	5，3
	R_3	3，5	3，5	<u>6</u>，<u>6</u>

（3）找出矩阵表中两个数字都被划了横线的单元格，即为博弈的纳什均衡解。由表 4.4.8 可以看出，(R_3, C_3) 对应的右下角单元格中两数字都被划了横线，因此它为该博弈的纳什均衡解。

2. 纳什均衡应用举例

例 4-15 古诺（Cournot）寡头竞争模型。假如一个产品市场中只有两个寡头企业：企业 1 和企业 2。令 q_1 和 q_2 分别表示企业 1 和企业 2 生产的同质产品的产量，市场中该产品的总供给 $Q = q_1 + q_2$。令 $P(Q) = a - Q$ 表示市场出清时的价格，其中 $a > 0$。设企业 i 生产 q_i 的总成本为 $C_i(q_i) = cq_i$，即企业不存在固定成本，且生产每单位产品的边际成本为常数 c，这里假设 $c < a$。根据古诺模型的假定，两个企业同时进行产量决策。求古诺博弈的纳什均衡。

解 在古诺博弈中，只有两个参与者，即企业 1 和企业 2。每个企业可以选择的战

略是其产品产量 q，每个企业的战略空间可以表示为 $S_i = [0, \infty)$，即包含所有非负实数，其中企业采取的某一个战略 s_i 就是企业选择的产量 $q_i(q_i \geq 0)$。假定企业的收益就是其利润额，则企业 1 和企业 2 的收益可以表示如下。

企业 1 收益函数：
$$\pi_1(q_1, q_2) = [a - (q_1 + q_2) - c]q_1$$

企业 2 收益函数：
$$\pi_1(q_1, q_2) = [a - (q_1 + q_2) - c]q_2$$

在古诺博弈中，若一对产出组合 (q_1^*, q_2^*) 为纳什均衡，对于每个企业 i，q_i^* 应为下面最大化问题的解：
$$\max_{0 \leq q_i < \infty} \pi(q_i, q_j^*) = \max_{0 \leq q_i < \infty} q_i[a - (q_i + q_j^*) - c]$$

令 $\dfrac{\partial \pi_1}{\partial q_1} = 0$，$\dfrac{\partial \pi_2}{\partial q_2} = 0$，整理可得

$$\begin{cases} q_1^* = \dfrac{1}{2}(a - c - q_2^*) \\ q_2^* = \dfrac{1}{2}(a - c - q_1^*) \end{cases}$$

如果产出组合 (q_1^*, q_2^*) 为纳什均衡，则企业的产量选择必须满足上面一对方程组，求解方程组可得

$$q_1^* = q_2^* = \dfrac{1}{3}(a - c)$$

代入收益函数，可得两个企业的收益为

$$\pi_1^* = \pi_2^* = \dfrac{1}{9}(a - c)^2$$

若市场上只有一家垄断企业，则企业收益可以表示为
$$\pi(q) = (a - q - c)q$$

求导，令 $\dfrac{\partial \pi}{\partial q} = 0$，解得

$$q^* = \dfrac{1}{2}(a - c) \leqslant q_1^* + q_2^*$$

$$\pi^* = \dfrac{1}{4}(a - c)^2 > \pi_1^* + \pi_2^*$$

因此，寡头竞争使得总产量大于垄断产量，竞争使得市场供给增加，而寡头竞争下的总收益却小于只有一个垄断企业下的总收益。原因在于每个企业在选择自己的最优产量时，只考虑对本企业利润的影响，而忽视对另一个企业的外部负效应。

例 4-16 霍特林（Hotelling）价格竞争模型

在霍特林模型中，产品在物质性能上是相同的，但在空间位置上有差异。

假定有一个长度为 1 的线性城市位于横坐标上，消费者均匀地分布在 $[0, 1]$ 区间里。假定有两个商店，分别位于城市的两端，它们销售同样的商品。商店 1 在 $x = 0$ 处，商

店 2 在 $x=1$ 处。每个商店提供单位产品的成本为 c，消费者购买商品的旅行成本与其到商店的距离成比例，单位距离的成本为 t，消费者成本满足以下条件：

$$p_1 + tx = p_2 + t(1-x) \Rightarrow x = \frac{p_2 - p_1 + t}{2t}$$

令 p_i 为企业 i 的价格，则对商店 1 的需求可以表示为

$$D_1(p_1, p_2) = x = \frac{p_2 - p_1 + t}{2t}$$

商店 1 的需求可以表示为

$$D_2(p_1, p_2) = 1 - D_1(p_1, p_2) = \frac{p_1 - p_2 + t}{2t}$$

两个商店的利润函数为

$$\pi_1 = (p_1 - c)D_1 = (p_1 - c)\frac{p_2 - p_1 + t}{2t}$$

$$\pi_2 = (p_2 - c)D_2 = (p_2 - c)\frac{p_1 - p_2 + t}{2t}$$

令 $\frac{\partial \pi_1}{\partial p_1} = 0$，$\frac{\partial \pi_2}{\partial p_2} = 0$，解得最优定价为

$$p_1^* = p_2^* = c + t$$

两个商店的最大收益为

$$\pi_1 = \pi_2 = \frac{t}{2}$$

4.4.3 混合战略

本节以经典的"猜硬币"博弈案例来分析混合战略。

例 4-17 猜硬币游戏。

猜硬币游戏中，两个儿童甲、乙手里各拿一枚硬币，要决定硬币显示的是正面向上还是反面向上。如果两枚硬币同时正面向上或同时反面向上，甲付给乙 1 分钱；如果两枚硬币中只有一枚正面向上，则乙付给甲 1 分钱。支付矩阵如表 4.4.9 所示。

表 4.4.9 猜硬币游戏支付矩阵

参与者		儿童乙	
		正面	反面
儿童甲	正面	−1, 1	1, −1
	反面	1, −1	−1, 1

由表 4.4.9 可以看出，所有情况下全体参与者的得益之和始终为 0，一方所得为另一方所失，这种博弈称为零和博弈。根据纳什均衡的定义分析可知，该博弈不存在纳什均衡解，没有一组战略组合满足纳什均衡的条件，因为如果甲、乙的战略是一致的——（正面，正面）或（反面，反面），那么参与者甲就希望能改变战略；反之，如果甲、乙的战略是不一致的——（正面，反面）或（反面，正面），则乙希望能改变战略。

在猜硬币博弈中，每个参与者都试图能先猜中对方的战略，这一类博弈在扑克、棒球、战争等情况下也会经常发生。在博弈中，一旦每个参与者都竭尽全力猜测其他参与者的战略选择时，该博弈就不存在纳什均衡，这时参与者的最优行为是不确定的，而博弈的结果必然要包含这种不确定性。为此，我们引入混合战略的概念，将其解释为一个参与者对其他参与者行为的不确定性。本节前面部分主要分析的是纯战略，纯战略是指一个战略规定参与者在每一个给定的信息情况下只选择一种特定的行动。而混合战略是指一个战略规定参与者在给定信息情况下以某种概率分布随机地选择不同的行动，参与者 i 的一个混合战略是其在战略空间 S_i 中战略的概率分布。

例如，在上述猜硬币博弈中，每个参与者 i 都有两个纯战略（正面，反面），而参与者 i 的一个混合战略可以表示为 $(q, 1-q)$，其中 q 为正面向上的概率，$1-q$ 为反面向上的概率，且 $0 \leq q \leq 1$。特殊地，混合战略 $(0, 1)$ 表示参与者的一个纯战略，即只出现反面向上，类似地，混合战略 $(1, 0)$ 表示只出现正面向上的纯战略。因此，纯战略是混合战略的一种特殊形式。

定义 4.7 一般地，在标准式博弈中 $G = \{S_1, \cdots, S_n; u_1, \cdots, u_n\}$ 中，假设参与者 i 有 K 个纯战略：$S_i = \{s_{i1}, \cdots, s_{iK}\}$，则参与者 i 的一个混合战略是一个概率分布 $p_i = \{p_{i1}, \cdots, p_{iK}\}$，其中 $0 \leq p_{ik} \leq 1$，$\sum_{j=1}^{K} p_{ij} = 1$。

为求得混合战略的均衡解，需要将纯纳什均衡的定义扩展到混合纳什均衡。

假设博弈中有两个参与者，令 J 表示 S_1 中包含的纯战略的个数，K 表示 S_2 中包含纯战略的个数，其中，$S_i = \{s_{11}, \cdots, s_{1J}\}$，$S_2 = \{s_{21}, \cdots, s_{2K}\}$。如果参与者 1 推断参与者 2 将以 $(p_{21}, \cdots, p_{2k})$ 的概率选择战略 $(s_{21}, \cdots, s_{2k})$，则参与者 1 选择纯战略 s_{1j} 的期望收益为

$$\sum_{k=1}^{K} p_{2k} u_1(s_{1j}, s_{2k})$$

且参与者 1 选择混合战略 $P_1 = (p_{11}, \cdots, p_{1J})$ 的期望收益为

$$v_1(P_1, P_2) = \sum_{j=1}^{J} \sum_{k=1}^{K} p_{1j} p_{2k} u_1(s_{1j}, s_{2k})$$

同理，如果参与者 2 推断参与者 1 将以 $(p_{11}, \cdots, p_{1J})$ 的概率选择战略 $(s_{11}, \cdots, s_{1J})$，则参与者 2 以概率 $P_2 = (p_{21}, \cdots, p_{2k})$ 选择战略 $(s_{21}, \cdots, s_{2k})$ 的期望收益为

$$v_2(P_1, P_2) = \sum_{j=1}^{J} \sum_{k=1}^{K} p_{1j} p_{2k} u_2(s_{1j}, s_{2k})$$

在给出 $v_1(P_1, P_2)$ 和 $v_2(P_1, P_2)$ 后，我们可以重新表述纳什均衡的必要条件，即每一个参与者的混合战略是另一个参与者混合战略的最优反应：一对混合战略 (P_1^*, P_2^*) 要成为纳什均衡，则 P_1^* 和 P_2^* 必须满足以下两个条件：

$$v_1(P_1^*, P_2^*) > v_1(P_1, P_2^*)$$
$$v_2(P_1^*, P_2^*) > v_2(P_1^*, P_2)$$

对 S_1 和 S_2 战略所有可能的概率分布 P_1 和 P_2 都成立。

定义 4.8（混合纳什均衡） 在两个参与者的标准式博弈中 $G = \{S_1, S_2; u_1, u_2\}$，混合

战略 (P_1^*, P_2^*) 是纳什均衡的充要条件为：每一个参与者的混合战略是另一个参与者混合战略的最优反应，即上述两个不等式必须同时成立。

下面使用混合纳什均衡的定义求解"猜硬币"博弈的均衡解。

令 x 为儿童甲选择出现正面的概率，则他选择出现反面的概率为 $1-x$；y 为儿童乙选择出现正面的概率，则他选择出现反面的概率为 $1-y$。所以儿童甲的混合战略可以表示为 $(x, 1-x)$，儿童乙的混合战略可以表示为 $(y, 1-y)$。接下来可以使用混合纳什均衡的定义对该博弈进行求解。

（1）列出两个参与者甲和乙的混合战略的期望收益。

儿童甲的期望收益为

$$v_1(X,Y) = -1 \times xy + 1 \times x(1-y) + 1 \times (1-x)y - 1 \times (1-x)(1-y)$$
$$= 2(x+y) - 4xy - 1$$

儿童乙的期望收益为

$$v_2(X,Y) = 1 \times xy - 1 \times x(1-y) - 1 \times (1-x)y + 1 \times (1-x)(1-y)$$
$$= 4xy - 2(x+y) + 1$$

（2）分别对 $v_1(X,Y)$ 和 $v_2(X,Y)$ 求偏导，令

$$\frac{\partial v_1}{\partial x} = 2 - 4y = 0, \quad \frac{\partial v_2}{\partial y} = 4x - 2 = 0$$

解得

$$x = y = 1/2$$

即

$$X^* = (1/2, 1/2), \quad Y^* = (1/2, 1/2)$$

因此，猜硬币博弈的混合纳什均衡解为（1/2，1/2），表示儿童甲以 1/2 的概率选择出现正面，儿童乙也以 1/2 的概率选择出现正面。

例 4-18 社会福利博弈。社会福利博弈支付矩阵如表 4.4.10 所示。

表 4.4.10 社会福利博弈支付矩阵

参与者		流浪汉	
		找工作	游荡
政府	救济	3, 2	-1, 3
	不救济	-1, 1	0, 0

这个博弈同样不存在纯纳什均衡。如果政府选择救济，流浪汉的最优战略是游荡；如果流浪汉选择游荡，政府的最优战略是不救济；如果政府不救济，流浪汉的最优战略是寻找工作；而如果流浪汉寻找工作，政府的最优战略是救济……没有一个战略组合构成纯纳什均衡。但该博弈存在混合纳什均衡。

假定政府以 x 概率选择救济，则以 $1-x$ 的概率选择不救济。

流浪汉以 y 概率选择寻找工作，则以 $1-y$ 的概率选择游荡。

（1）列出两个参与者的混合战略的期望收益。

政府的期望收益为
$$v_1(X,Y) = 3xy + (-1)x(1-y) + (-1)(1-x)y + 0(1-x)(1-y)$$
$$= (x, 1-x)\begin{bmatrix} 3 & -1 \\ -1 & 0 \end{bmatrix}\begin{bmatrix} y \\ 1-y \end{bmatrix}$$

流浪汉的期望收益为
$$v_2(X,Y) = (x, 1-x)\begin{bmatrix} 2 & -1 \\ 1 & 0 \end{bmatrix}\begin{bmatrix} y \\ 1-y \end{bmatrix}$$

（2）分别对 $v_1(X,Y)$ 和 $v_2(X,Y)$ 求偏导，令
$$\frac{\partial v_1}{\partial x} = 5y - 1 = 0, \quad \frac{\partial v_2}{\partial y} = 1 - 2x = 0$$

解得
$$x = 1/2, \quad y = 1/5$$

即
$$X^* = (1/2, 1/2), \quad Y^* = (1/5, 4/5)$$

因此，在社会福利博弈中，$x = 1/2$，$y = 1/5$ 是唯一的混合纳什均衡。

上面内容对完全信息静态博弈的标准式、纳什均衡和混合战略进行了介绍，接下来介绍完全信息动态博弈的基础理论，重点阐述博弈的扩展式、子博弈精炼纳什均衡和逆向归纳法的求解思想。

4.4.4 博弈的扩展式

前面几节介绍的博弈过程均为静态博弈，静态博弈只是博弈问题中的一种类型，现实中的许多决策活动是有先后顺序的，往往是依次选择行动而不是同时选择，而且后选择行动的博弈方能够看到先选择行动博弈方的选择内容，所以后面博弈方的决策要受到以前博弈方决策行动的影响，每一个博弈方都会根据在决策时所掌握全部信息做出自己的最优选择，这种有行动先后次序的博弈称为动态博弈（或序贯博弈）。静态博弈可以采用博弈的标准式进行表示，而动态博弈可以引入博弈的扩展式来表述。实际上，任何博弈都既可以用标准式表示，又可以用扩展式表示。

博弈的扩展式表述主要包括以下几个要素。

（1）参与者的集合：$i = 1, 2, \cdots, n$；用 N 代表虚拟参与者"自然"。

（2）参与者的行动顺序：谁在什么时候行动。

（3）参与者的行动空间（可行集）：在每次轮到某一参与者行动时，可供他选择的行动。

（4）参与者的信息集：每次行动时，参与者所了解到的信息。

（5）参与者的支付函数：在行动结束后，每个参与者可获得的收益情况。

（6）外生事件（即自然的选择）的概率分布。

下面考虑一个完全信息动态博弈的情况。

（1）参与者 1 从可行集 $A_1 = (L, R)$ 中选择行动 a_1。

(2) 参与者 2 观察到 a_1, 然后从可行集 $A_2 = (L', R')$ 中选择行动 a_2。
(3) 两个参与者的收益分别为 $u_1(a_1, a_2)$ 和 $u_2(a_1, a_2)$。

上述内容可以用博弈的扩展式（也称博弈树）来表示，如图 4.4.1 所示。

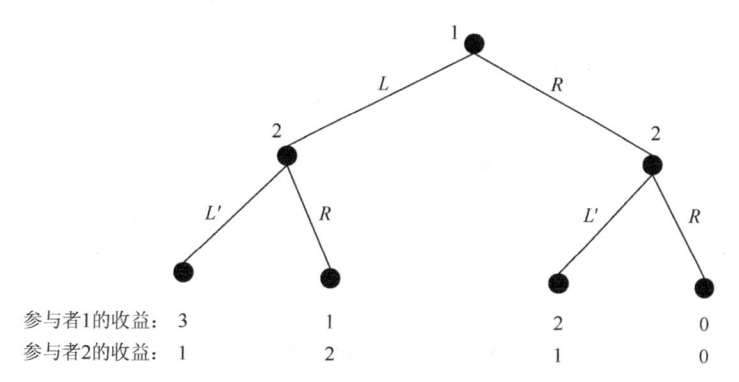

```
                        1
                    L /   \ R
                    2       2
                  L'/ \R  L'/ \R
                  •   •   •   •
参与者1的收益:  3   1   2   0
参与者2的收益:  1   2   1   0
```

图 4.4.1 博弈的扩展式

由图 4.4.1 可知，从上往下来看，博弈的起点始于参与者 1 的一个决策节点（图中小黑点），这时参与者 1 要从两个分支 L 和 R 中作出选择。如果参与者 1 选择 L，然后就到达参与者 2 左侧的一个决策节点，这时参与者 2 要从两个分支 L' 和 R' 中选择一个行动。同样地，如果参与者 1 选择 R，则将到达参与者 2 右侧的一个决策节点，这时参与者 2 将从 L' 和 R' 中选择一个行动。无论参与者 2 选择哪一个行动，都将到达终点节点（terminal node），此时博弈结束，两个参与者的收益情况在相应终点节点下面。

从图 4.4.1 中可以看出，参与者 2 有两个行动，却有四个战略，因为参与者 1 有两种行动（L 和 R），参与者 2 观察到参与者 1 的两种情况后进行选择。

战略 1：$S_1 = (L', L')$。如果参与者 1 选择 L，则参与者 2 选择 L'；如果参与者 1 选择 R，则参与者 2 选择 L'。

战略 2：$S_2 = (L', R')$。如果参与者 1 选择 L，则参与者 2 选择 L'；如果参与者 1 选择 R，则参与者 2 选择 R'。

战略 3：$S_3 = (R', L')$。如果参与者 1 选择 L，则参与者 2 选择 R'；如果参与者 1 选择 R，则参与者 2 选择 L'。

战略 4：$S_4 = (R', R')$。如果参与者 1 选择 L，则参与者 2 选择 R'；如果参与者 1 选择 R，则参与者 2 选择 R'。

因此，博弈的扩展式也可以转换成标准式，一个动态博弈可以表示为标准式。用标准式中的行表示参与者 1 的可行战略，列表示参与者 2 的可行战略，并计算参与者每一可能的战略组合下各自的收益，如表 4.4.11 所示。

表 4.4.11 博弈的扩展式转成标准式

参与者		参与者 2			
		(L', L')	(L', R')	(R', L')	(R', R')
参与者 1	L	3, 1	3, 1	1, 2	1, 2
	R	2, 1	0, 0	2, 1	0, 0

例 4-19 假定在博弈开始之前自然就选择了"低需求",并且已成为参与者的共同信息;再假定开发商 A 先决策,开发商 B 在观测到 A 的选择后决策,博弈的扩展式表述如图 4.4.2 所示。那么如何将博弈的扩展式转换为博弈的标准式。

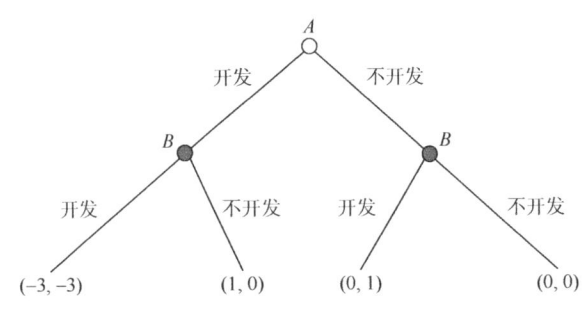

图 4.4.2 例 4-19 的博弈树

为了构造出这个博弈的标准式,首先注意到,A 只有一个信息集(决策节点),两个可选择的行动,因而 A 的行动空间为战略空间:S_A =(开发,不开发)。但 B 有两个信息集,每个信息集上有两个可选择的行动,因而 B 有四个纯战略,分别如下。

(1)威胁战略:S_1 =(开发,开发)。如果 A 选择开发,则 B 选择开发;如果 A 选择不开发,则 B 也选择开发。

(2)跟随战略:S_2 =(开发,不开发)。如果 A 选择开发,则 B 选择开发;如果 A 选择不开发,则 B 也选择不开发。

(3)差异化战略:S_3 =(不开发,开发)。如果 A 选择开发,则 B 选择不开发;如果 A 选择不开发,则 B 选择开发。

(4)放弃战略:S_4 =(不开发,不开发)。如果 A 选择开发,则 B 选择不开发;如果 A 选择不开发,则 B 仍选择不开发。这个博弈的标准式如表 4.4.12 所示。

表 4.4.12 博弈的标准式

参与者		开发商 B			
		{开发,开发}	{开发,不开发}	{不开发,开发}	{不开发,不开发}
开发商 A	开发	−3,−3	−3,−3	1,0	1,0
	不开发	0,1	0,0	0,1	0,0

4.4.5 序贯博弈

子博弈是序贯博弈中普遍存在的一种,由博弈中某一个阶段开始的后续博弈称为子博弈。实际上,从一个博弈任何一个节点开始到博弈结束都可以看作一个子博弈。

定义 4.9 一个扩展式表述博弈的子博弈 G 由一个决策结 x 和所有该决策结的后续结组成,它满足下列条件:① x 是一个单结信息集;②子博弈的信息集和支付向量都直接继承自原博弈。

完美信息多阶段序贯博弈基本上都有一级或多级子博弈。不过并不是序贯博弈的任何部分都能构成子博弈，也不是所有序贯博弈都有子博弈。

1. 子博弈精炼纳什均衡

Selten 于 1965 年首先论证了在一般的序贯博弈中，某些纳什均衡比其他的纳什均衡更加合理，这就是子博弈精炼纳什均衡，首先给出它的定义。

定义 4.10 子博弈精炼纳什均衡：扩展式表述博弈的战略组合 $s^* = \{s_1^*, \cdots, s_i^*, \cdots, s_n^*\}$ 是一个子博弈精炼纳什均衡，如果：①它是原博弈的纳什均衡；②它在每一个子博弈上给出纳什均衡。

仍以上面房地产开发的博弈为例，从例子中可得三个纳什均衡。

（1）（不开发，{开发，开发}）：不可置信的威胁。

（2）（开发，{不开发，开发}）：唯一的子博弈精炼纳什均衡。

（3）（开发，{不开发，不开发}）：不可置信的承诺。

这个博弈有三个子博弈，除原博弈外，子博弈（Ⅰ、Ⅱ）实际上是两个单人博弈（即在每个博弈中，只有开发商 B 在做决策），如图 4.4.3 所示。

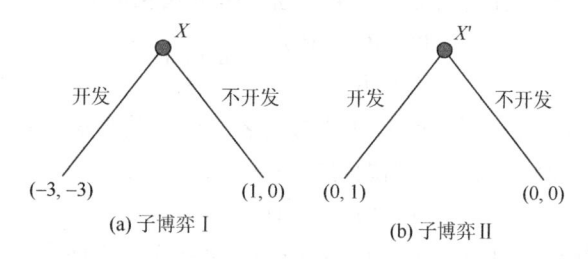

图 4.4.3 子博弈

这个博弈有三个纳什均衡：（不开发，{开发，开发}）；（开发，{不开发，开发}）；（开发，{不开发，不开发}）。检验这三个纳什均衡是否满足子博弈精炼纳什均衡的要求。

对于子博弈Ⅰ，B 的最优选择是不开发；对于子博弈Ⅱ，B 的最优选择是开发。

纳什均衡（不开发，{开发，开发}）中 B 的均衡战略{开发，开发}在子博弈Ⅱ上构成纳什均衡，但在子博弈Ⅰ上不构成纳什均衡，因此，（不开发，{开发，开发}）不是一个子博弈精炼纳什均衡。

同理，纳什均衡（开发，{不开发，不开发}）中 B 的均衡战略{不开发，不开发}在子博弈Ⅰ上构成纳什均衡，但在子博弈Ⅱ上不构成纳什均衡，因此，（开发，{不开发，不开发}）也不是一个子博弈精炼纳什均衡。

与上述两个纳什均衡不同，纳什均衡（开发，{不开发，开发}）中 B 的均衡战略{不开发，开发}无论在子博弈Ⅰ上还是在子博弈Ⅱ上都构成纳什均衡（即若 A 开发，则 B 不开发；若 A 不开发，则 B 开发），因此（开发，{不开发，开发}）是这个博弈唯一的子博弈精炼纳什均衡。

2. 逆向归纳法

手雷博弈属于下面简单类型的完全信息动态博弈。

(1) 参与者 1 从可行集 A_1 中选择行动 a_1。
(2) 参与者 2 观察到 a_1，然后从可行集 A_2 中选择行动 a_2。
(3) 两个参与者的收益分别为 $u_1(a_1, a_2)$ 和 $u_2(a_1, a_2)$。

这种完全信息动态博弈的主要特点是：①行动是顺序发生的；②下一步行动选择之前，所有以前的行动都可以被观察到；③每一个可能的行动组合下参与者的收益都是共同信息。

我们可以用逆向归纳法求解该类问题的子博弈精炼纳什均衡。

假定博弈有两个阶段，第一阶段参与者 1 行动，第二阶段参与者 2 行动，并且参与者 2 在行动前观测到参与者 1 的行动选择。

令 A_1 是参与者 1 的行动空间，A_2 是参与者 2 的行动空间。

参与者 1 和参与者 2 的行动及收益函数为

$$a_1 \in A_1 \xrightarrow{\text{收益函数}} u_1(a_1, a_2)$$
$$a_2 \in A_2 \xrightarrow{\text{收益函数}} u_2(a_1, a_2)$$

(1) 先求解参与者 2 的最优反应。第二阶段，参与者 2 行动时，已观察到参与者 1 选择了行动 a_1，所以参与者 2 面临的决策问题可用下式表示：

$$\left. \begin{matrix} \max u_2(a_1, a_2) \\ a_2 \in A_2 \end{matrix} \right\} \Rightarrow a_2^*(a_1)$$

(2) 再求解参与者 1 的最优行动。由于参与者 1 能够获知参与者 2 的最优反应函数，参考者 1 在第一阶段要解决的最优问题可用下面公式表示：

$$\max u_1(a_1, a_2^*(a_1)) \Rightarrow a_1^*$$

这个博弈的纳什均衡可以表示为 $(a_1^*, a_2^*(a_1^*))$，而且逆向归纳法求出的均衡解就是子博弈精炼纳什均衡。

下面以经典的 Stackelberg 博弈为例，来说明逆向归纳法的应用过程。

例 4-20 Stackelberg 寡头竞争模型。

假设市场上有两家企业，企业 1 首先选择产量 q_1，企业 2 观测到 q_1 后，然后再选择自己的产量 q_2，其中 $q_1 \geq 0, q_2 \geq 0$，市场总产品数量为 $Q = q_1 + q_2$。令市场价格 $P(Q) = a - Q$ 表示市场出清时的价格，其中 $a > 0$，生产每单位产品的边际成本为常数 c（固定成本为 0）。则两个企业的收益函数可以表示如下。

企业 1：

$$\pi_1(q_1, q_2) = q_1[a - (q_1 + q_2) - c]$$

企业 2：

$$\pi_2(q_1, q_2) = q_2[a - (q_1 + q_2) - c]$$

下面使用逆向归纳法进行求解。

(1) 先求解企业 2 的最优反应函数。第二阶段，企业 2 行动时，已观察到企业 1 选择了产量 q_1，所以企业 2 面临的决策问题可用下式表示：

$$\max_{q_2 \geq 0} \pi_2(q_1, q_2) = \max_{q_2 \geq 0} \{q_2[a - (q_1 + q_2) - c]\}$$

由上式求得企业 2 的最优反应函数为

$$R_2(q_1) = \frac{a-c-q_1}{2}$$

（2）再求解企业 1 的最优行动。由于企业 1 能够获知企业 2 的最优反应函数，企业 1 在第一阶段要解决的最优问题可用下面公式表示：

$$\max_{q_1 \geq 0} \Pi_1(q_1, R_2(q)) = \max_{q_1 \geq 0} \{q_1[a-(q_1+R_2(q))-c]\}$$

由上式求得

$$q_1^* = \frac{a-c}{2}$$

$$q_2^* = R_2(q_1^*) = \frac{a-c}{4}$$

这就是 Stackelberg 博弈的逆向归纳解，将其和例 4-15 的古诺寡头竞争模型的纳什均衡解进行对比，Stackelberg 博弈均衡解的总产量为 $3(a-c)/4$，比古诺博弈中纳什均衡的总产量 $2(a-c)/3$ 要高，从而 Stackelberg 博弈相应的市场出清价格就比较低。

4.5 冲突分析图模型理论

4.5.1 冲突分析图模型理论概述

冲突分析图模型（graph model for conflict resolution）理论是在经典对策理论和亚对策理论的基础上发展起来对冲突行为进行正规有效分析的决策分析方法，借助于集合论和图论，将现实冲突行为数学模型化，可以进行冲突事态的过程分析和结果预测。与博弈论相比，冲突分析图模型需要的数据信息更少，只需要确定各决策者对状态的相对偏好信息，就可以求出冲突均衡解决方案，能最大化利用已知的少量信息，为决策者提供科学有效的决策依据。冲突分析图模型理论的发展演变过程如图 4.5.1 所示。经过近 20 年的完善和发展，冲突分析图模型理论已成为冲突分析中最重要的理论体系框架。

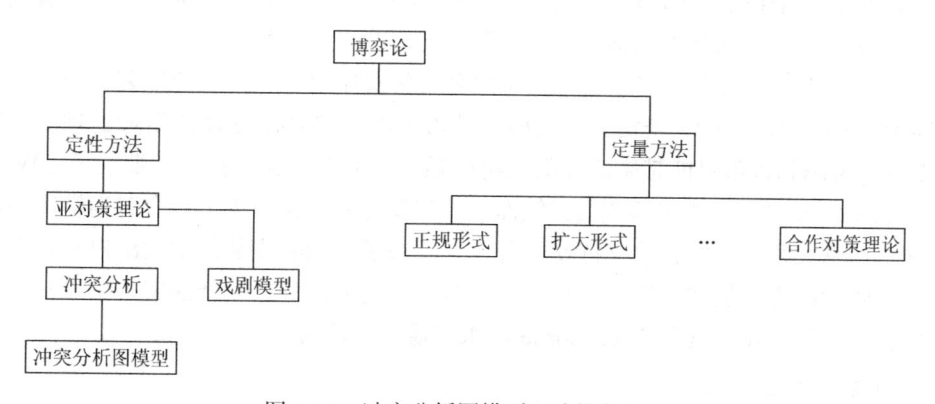

图 4.5.1 冲突分析图模型理论的发展史

冲突分析图模型可以通过 $V = \{N, S, P, G\}$ 来表示。其中，N（$N \geq 2$）为包含冲突中所有决策者的有限非空集合；S 为所有可行状态所组成的非空集合；P 为决策者的偏好信息；G 为决策者的状态转移图模型。冲突分析图模型解决冲突事件主要有两个基本步骤：建模和稳定性分析。

冲突分析图模型建模过程包括：①冲突问题背景描述；②根据冲突背景从中提炼出冲突的决策者及可供选择的策略；③确定冲突的所有可行状态；④绘制状态转移图；⑤分析各决策者的偏好信息。

冲突分析图模型稳定性分析过程包括：计算各个决策者在不同稳定性定义下的稳定解；确定冲突均衡解。通过稳定性分析为决策者提供决策支持，从而更好地解决冲突。图 4.5.2 所示为冲突分析图模型用于解决冲突的全过程。

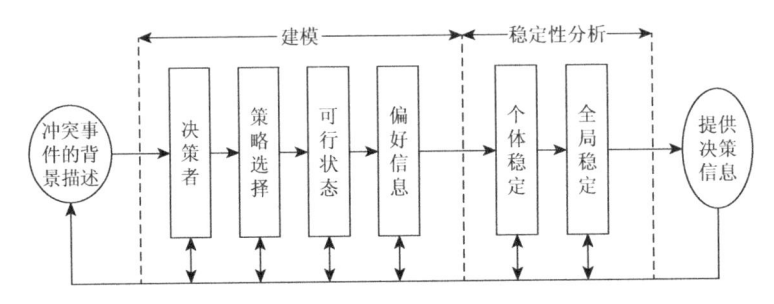

图 4.5.2　基于图模型理论的冲突分析图模型分析过程

下面以加拿大"Gisborne 湖水资源出口冲突"为例，介绍冲突分析图模型解决实际冲突问题的建模和稳定性分析过程。

4.5.2　冲突分析图模型建模过程

1. 冲突问题的背景描述

冲突问题的背景描述主要是为了详细阐述冲突产生的原因及冲突发展演化的过程，从而提炼出冲突的参与者、可能采取的策略及偏好信息，为冲突的建模提供重要的决策信息。冲突背景描述的正确与否直接关系到冲突模型建立的好坏，从而对冲突解决方案的效果产生影响。下面是"Gisborne 湖水资源出口冲突"的背景描述。

Gisborne 湖位于加拿大纽芬兰与拉布拉多省南海岸附近。1995 年 6 月，当地一家公司 Canada Wet（简称 CW 公司）提出向国外市场出口 Gisborne 湖水资源的项目。1996 年 12 月，考虑到该项目能带来潜在的经济收益，纽芬兰与拉布拉多省批准了 CW 公司关于 Gisborne 湖的水资源出口项目。然而，一些反对人士认为该项目会对当地的环境造成破坏。加拿大联邦政府表示支持反对者，并颁布了一项禁止从加拿大出口水资源的政策。迫于政策压力，加拿大纽芬兰与拉布拉多省政府制定了一个新法案，禁止从该省出口水资源，迫使 CW 公司放弃 Gisborne 湖水资源出口项目。

2. 决策者及其策略

在冲突分析图模型中，决策者可以是个人、组织、企业、政府或者国家等任何能够独立做出决策的个体或团体，他们具有法定的政策制定权利，并参与政策制定的全过程。同时，在一个冲突问题中，要求决策者至少有两个或两个以上，并且处于同一个明确的冲突系统之中，有着自己独立的利益追求。在现实冲突中，为了分析和建模的方便，通常会把目标一致、利益统一的决策者合并为一个决策者。

在冲突中，每个决策者拥有着独立制定策略的权利，都有着属于自己的策略集。决策者在行动中会从其策略集中选择一个或多个策略，然后根据冲突中其他决策者的行为变动从而调整自己的策略选择。当决策者选择某策略时，我们用"Y"来表示，如果放弃使用该策略，则用"N"来表示。以"Gisborne湖水资源出口冲突"事件为例，来说明此次冲突事件中所涉及的决策者和策略。

在"Gisborne湖水资源出口冲突"事件中，可以提炼出三个决策者：加拿大联邦政府（DM1）、加拿大纽芬兰与拉布拉多省地方政府（DM2）和项目支持者（DM3）。其中，DM为Decision Maker的缩写，表示决策者。

加拿大联邦政府有一个策略：
（1）禁止水资源出口（Y）或者同意水资源出口（N）。
加拿大纽芬兰与拉布拉多省地方政府有一个策略：
（2）撤销水资源出口的禁令（Y）或者不撤销禁令（N）。
项目支持者也有一个策略：
（3）继续支持Gisborne项目（Y）或者放弃该项目（N）。

3. 确定可行状态

在冲突分析图模型中，由于冲突事件中的决策者是自主决策的，都可以对自己采取的策略进行选择，当所有的决策者均选择相应的策略后，将所有决策者的策略选择情况组合到一起，就形成了一个冲突的局势（状态）。例如，在"Gisborne湖水资源出口冲突"事件中，如果加拿大联邦政府禁止水资源出口（"Y"），加拿大纽芬兰与拉布拉多省政府撤销水资源出口的禁令（"Y"），项目支持者选择放弃（"N"），则三个决策者的策略选择情况可以表示为"Y Y N"，形成了冲突的一种局势或状态。

通过上述分析可以看出，由于决策者对待某一策略的状态有两种：选择和不选择，即"Y"和"N"，因此，假设冲突中共含有 k 个策略，则从逻辑推理来看，一共有 2^k 种状态。但冲突中并不是所有的状态都是可以实际发生的，有些状态可能并不符合实际情况，也就是不可能发生的，这样的状态称为不可行状态，相应地，其他的状态称为可行状态。以下四类在逻辑上被称为不可行状态：①在逻辑推理上不可能形成；②在策略的优先选择上不可能产生；③在合作可能上不可行；④在递阶要求上不可行。

在"Gisborne湖水资源出口冲突事件"中，所有状态都是可行的，不需要进行状态的剔除，共有8种状态，如表4.5.1所示。其中，"Y"表示决策者选择该策略，"N"表示决策者放弃该策略。

表 4.5.1　Gisborne 湖水资源出口冲突事件的可行状态

决策者	策略	s_1	s_2	s_3	s_4	s_5	s_6	s_7	s_8
DM1	1. 禁止水资源出口	N	Y	N	Y	N	Y	N	Y
DM2	2. 撤销出口禁令	N	N	Y	Y	N	N	Y	Y
DM3	3. 继续支持	N	N	N	N	Y	Y	Y	Y

4. 绘制状态转移图

状态转移是指某决策者在冲突中除它之外的其他决策者选择策略不变的情况下，出于某些情况考虑，如为了自身利益或者冲突的有效解决等，而改变自己的策略选择，使得当前冲突局势发生变化，从当前状态转移到另一状态。在冲突分析图模型中，冲突的可行状态以及决策者的状态转移是用一个完整的有向图来表示的，称为图模型。在图模型中，各圆点表示每种可行状态（s），数字编号表示可行状态的编号。在图中，我们用有向弧（A_i）表示决策者 i 从某可行状态转移到另一状态。弧的箭尾表示初始可行状态，箭头表示由初始可行状态转移到的可达状态。例如，$(s_1,s_2)\in A_i$ 表示决策者从状态 s_1 转移到 s_2。因此，通过图模型可以完整地描述冲突中所含有的所有可行状态以及决策者的状态转移情况。

图 4.5.3～图 4.5.5 分别描述了 DM1、DM2 和 DM3 的状态转移图模型。圆点表示 9 种可行状态，弧的箭头方向表示由初始状态转移到可达状态。在图中，箭头有可能是双向的，表示状态之间是可逆的；箭头也有可能是单向的，表示状态之间是不可逆的。

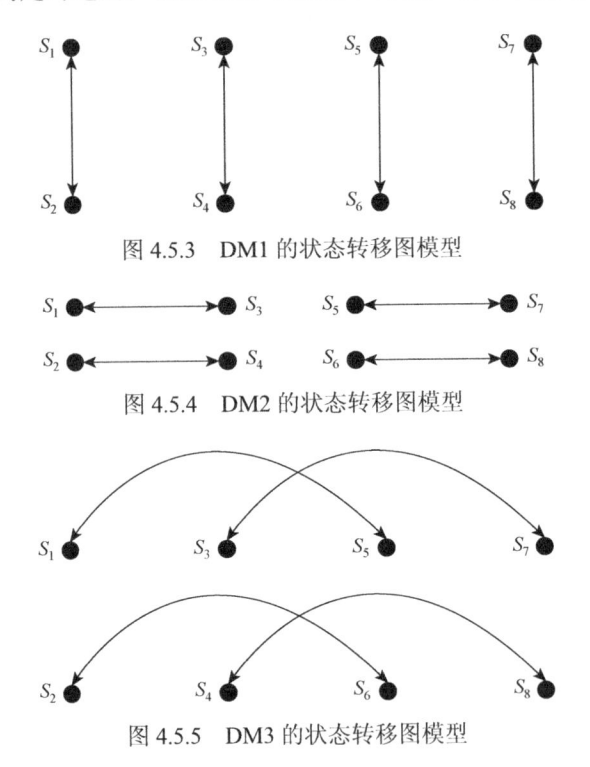

图 4.5.3　DM1 的状态转移图模型

图 4.5.4　DM2 的状态转移图模型

图 4.5.5　DM3 的状态转移图模型

5. 偏好信息

在图模型冲突分析理论中，偏好是决策者根据自己的期望目标以及自己对冲突的判断所得出的状态之间的优劣。我们将决策者 i 的简单偏好结构表示为 $P=\{\sim_i,\succ_i\}$，符号"$\succ$"和"$\sim$"分别表示一个决策者对待不同状态的偏好信息。例如，对于任意的两个可行状态 $s,q\in S$，$s\succ_i q$ 表示对于决策者 i，状态 s 优于状态 q，$q\succ_i s$ 表示状态 q 优于状态 s，$s\sim_i q$ 表示对于决策者 i，状态 s 与状态 q 等价。

冲突事件中的决策者按照自己的目标要求和价值判断，对冲突模型中的可行状态排出优劣次序，形成各自的偏好序。关于简单偏好的排序方法，目前主要包括以下三种。

（1）直接排序法：根据决策者的目标和价值判断，将状态由左向右进行排列，其中最偏爱的状态排在最左侧，最差的状态排在最右侧。在排序的过程中，可以进行局部的微调。该方法适用于冲突模型比较简单的情况。

（2）策略权重排序法：决策者对于任意的一状态 $s \in S$，根据下列公式计算状态 s 的值函数 M 的大小，对状态进行排序。

$$M(s) = \sum_{o_k \in O} w(o_k) u(o_k^i)$$

式中，O 为策略空间；o_k 为某一策略；$w(o_k)$ 为决策者赋予策略 o_k 的权重。

$$u(o_k^i) = \begin{cases} 1, & \text{决策者} i \text{选择策略} o_k \\ 0, & \text{其他} \end{cases}$$

（3）策略优先权排序法：决策者根据自己的价值判断，通过方案之间的优先选择进行排序。方法（2）和方法（3）适合比较复杂的冲突分析模型。在本书中，将方法（1）和方法（3）结合起来进行状态偏好的排序。

在"Gisborne 湖水资源出口冲突"事件中，加拿大联邦政府的偏好序列为

$$s_2 \succ s_6 \succ s_4 \succ s_8 \succ s_1 \succ s_5 \succ s_3 \succ s_7$$

加拿大纽芬兰与拉布拉多省政府的偏好序列为

$$s_3 \succ s_7 \succ s_4 \succ s_8 \succ s_1 \succ s_5 \succ s_2 \succ s_6$$

Gisborne 湖水资源出口项目支持者的偏好序列为

$$s_3 \succ s_4 \succ s_7 \succ s_8 \succ s_5 \succ s_6 \succ s_1 \succ s_2$$

4.5.3 冲突分析图模型稳定性分析

稳定性分析是使冲突问题得以合理解决的关键，其目的是求得整个冲突事态的平衡点。所谓平衡点，是指所有的决策者都可接受的状态。例如，对于决策者 i 来讲，其更换策略后会得到一个新的状态，而新状态的偏好要劣于原来的状态，此时，决策者 i 是不愿意离开原来的状态的，则称原来的状态为一个平衡状态。如果所有的决策者都在某个状态点都达到稳定，那么就认为该状态对所有决策者都是稳定的，则称该状态为全局平衡点。如果达到了全局平衡点，没有一个决策者愿意离开他已选定的方案，故全局平衡点可能是解决冲突的满意解。

1. 稳定性分析的理论基础

在介绍稳定性定义之前，首先需要介绍可达集合。

1）可达集合

冲突分析图模型中稳定性的定义涉及可达集的概念，因此，定义稳定性之前首先介绍可达集合及其相关性质。设 N 为决策者集，S 为状态集，决策者 $i \in N$，初始状态 $s \in S$，用 A_i 表示决策者 i 的所有弧集，对于可达集合有以下表示。

（1）$R_i(s) = \{q \in S : R_i(s,q) \in A_i\}$，表示决策者 i 从初始状态 s 开始经过转移可到达的状态集合，称为可达集合。

（2）$R_i^+(s) = \{q \in S : R_i(s,q) \in A_i, q \succ_i s\}$，表示决策者 i 从初始状态 s 开始，经过转移到达的单方面改进的可达状态的集合，称为改进可达集合。

（3）$R_i^=(s) = \{q \in S : R_i(s,q) \in A_i, q \sim_i s\}$，表示对于决策者 i，与初始状态 s 等价的可达集合。

2）四种稳定性的逻辑定义

冲突分析图模型有四种基本稳定性：纳什稳定性（Nash）、一般超理性稳定性（GMR）、对称超理性稳定性（SMR）和序列稳定性（SEQ）。下面将在可达集合定义的基础上，分别根据决策者的状态转移情况及其对手的反应情况对四种基本稳定性进行逻辑定义。

定义 4.11 纳什稳定性（Nash） 设 N 为决策者集，S 为状态集，对于决策者 $i \in N$，如果状态 $s \in S$ 满足 $R_i^+(s) = \phi$，则状态 s 是决策者 i 的纳什稳定状态，记为 $s \in S_i^{\text{Nash}}$。

如果状态 s 对于冲突问题中所有的决策者而言都是纳什稳定，那么状态 s 为纳什均衡状态。定义 4.11 表明，如果对于一个决策者，在某个状态处不存在改进的可达集合，即在该状态处，无论该决策者怎么转移，所到达的状态都不优于原状态，因此该决策者就不会有单方面移动的趋势，则该状态就是该决策者最终的状态。

定义 4.12 一般超理性稳定性（GMR） 设 N 为决策者集，S 为状态集，决策者 $i \in N$，状态 $s \in S$，如果对于任一状态 $s_1 \in R_i^+(s)$，至少存在一个 $s_2 \in R_{N-\{i\}}(s_1)$，有 $s \geq_i s_2$，则状态 s 是决策者 i 的一般超理性稳定状态，记为 $s = S_i^{\text{GMR}}$。

如果状态 s 对于冲突问题中所有的决策者都是一般超理性稳定，那么状态 s 为一般超理性均衡状态。从定义 4.12 可以看出，决策者 i 做出的决策将受到对手的反击，且对手做出的反击不会考虑对自己的影响。当决策者 i 的任意单方面改进的移动都受到对手的回击，并且对于决策者 i，回击后到达的状态劣于原来的初始状态，此时决策者 i 就不再从状态 s 转移到其他状态，该状态就是决策者 i 的 GMR 稳定状态。

定义 4.13 对称超理性稳定性（SMR） 设 N 为决策者集，S 为状态集，决策者 $i \in N$，状态 $s \in S$，如果对于任一状态 $s_1 \in R_i^+(s)$，存在一个状态 $s_2 \in R_{N-\{i\}}(s_1)$，有 $s \geq_i s_2$，并且对于任一 $s_3 \in R_i(s_2)$，有 $s \geq_i s_3$，则状态 s 是决策者 i 的对称超理性稳定，记为 $s \in S_i^{\text{SMR}}$。

如果状态 s 对于冲突问题中所有的决策者都是 SMR 稳定的，那么 s 为全局 SMR 均衡状态。从定义 4.13 可以看出，SMR 稳定中，决策者 i 做出的决策不仅会受到对手的回击，同时决策者 i 也会对对手的回击做出相应的反击，直到自己反击后，博弈过程才会结束。对于决策者 i，如果回击后到达的状态中有劣于原来的初始状态的状态，同时决策者 i 反击后到达的状态都劣于原来的初始状态，则决策者 i 就不会从状态 s 发生移动，该状态就是决策者 i 的 SMR 稳定状态。

定义 4.14 序列稳定性（SEQ） 设 N 为决策者集，S 为状态集，决策者 $i \in N$，状态 $s \in S$，对任一状态 $s_1 \in R_i^+(s)$，至少存在一个 $s_2 \in R_{N-\{i\}}^+(s_1)$，使得 $s \geq_i s_2$，则状态 s 是决策者 i 的序列稳定，记为 $s \in S_i^{\text{SEQ}}$。

如果 s 对于冲突问题中所有的决策者都是序列稳定状态，那么 s 为全局序列均衡状态。从定义 4.14 可知，SEQ 稳定与 GMR 稳定类似，但是 SEQ 稳定中对手的回击会考虑自己的利益，选择的转移状态要对自己有利，而不是没有目的地回击。

只有当某一状态在某个稳定性下，对所有的决策者都是稳定的，此时，该状态就是该稳定性的均衡状态，即稳定是对一个决策者而言的，而均衡是针对所有决策者而言的。

3）四种稳定性之间的逻辑关系

冲突分析图模型四种基本稳定性之间的逻辑关系如图 4.5.6 所示。从图中可以看出，Nash 稳定性包含的范围是最小的，因此，也是最强的一种稳定性。GMR 稳定性包含的范围最广。对于 SMR 和 SEQ 稳定性来讲，它们之间并没有一种明确的包含或被包含的关系。$S^{\text{Nash}} \subseteq S^{\text{SMR}} \subseteq S^{\text{GMR}}$，$S^{\text{Nash}} \subseteq S^{\text{SEQ}} \subseteq S^{\text{GMR}}$。

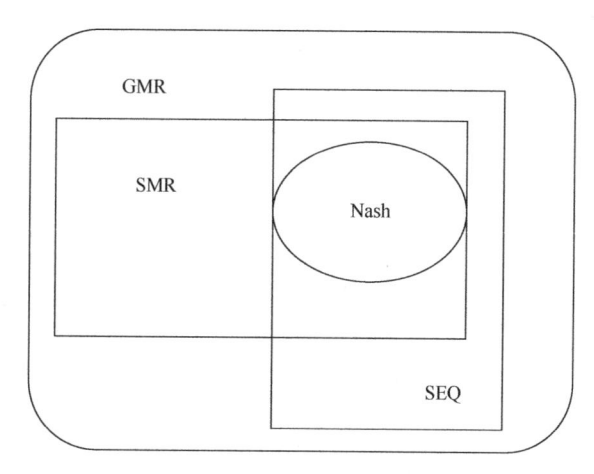

图 4.5.6　四种稳定性之间的逻辑关系

2. "Gisborne 湖水资源出口冲突"稳定性分析结果

将冲突建模的各要素输入冲突分析决策支持系统（GMCRDSS）中，利用四种基本稳定性概念（Nash、GMR、SMR、SEQ）对冲突进行稳定性分析，可求出"Gisborne 湖水资源出口冲突"的稳定性结果，如表 4.5.2 所示。表中，"√"表示在某稳定性定义下某状态对某个决策者是稳定的；如果一个状态中所有的决策者在某稳定性定义下都是稳定的，则称该状态为该稳定性定义下的均衡解（equilibrium），用"E"表示，对应位置标注"*"。

表 4.5.2　"Gisborne 湖水资源出口冲突"事件的稳定性分析结果

状态	Nash				GMR				SMR				SEQ			
	DM1	DM2	DM3	E	DM1	DM2	DM3	E	DM1	DM2	DM3	E	DM1	DM2	DM3	E
s_1																
s_2	√				√				√				√			
s_3		√	√			√	√			√	√			√	√	
s_4	√	√	√	*	√	√	√	*	√	√	√	*	√	√	√	*
s_5			√				√				√				√	

续表

状态	Nash				GMR				SMR				SEQ			
	DM1	DM2	DM3	E	DM1	DM2	DM3	E	DM1	DM2	DM3	E	DM1	DM2	DM3	E
s_6	√		√		√		√		√		√		√		√	
s_7		√				√	√			√	√			√		
s_8	√	√			√	√	√	*	√	√	√	*	√	√		

从表 4.5.2 可以看出，状态 s_4 是在四个稳定概念下满足所有决策者的最强的稳定状态，是"Gisborne 湖水资源出口冲突"的冲突均衡解。而状态 s_8 是 GMR 和 SMR 稳定概念下的冲突均衡解。

参 考 文 献

党耀国, 朱建军, 关叶青, 等. 2015. 运筹学[M]. 3版. 北京: 科学出版社.
弗登伯格 J, 梯诺尔 J. 2014. 博弈论[M]. 黄涛, 译. 北京: 中国人民大学出版社.
高鸿业. 2007. 西方经济学[M]. 4版. 北京: 中国人民大学出版社.
郭立夫, 李北伟. 2006. 决策理论与方法[M]. 北京: 高等教育出版社.
吉本斯 R. 2015. 博弈论基础[M]. 高峰, 译. 北京: 中国社会科学出版社.
李京文, 钟学义. 1988. 中国生产率分析前沿[M]. 北京: 社会科学文献出版社.
刘思峰, 党耀国. 2005. 预测方法与技术[M]. 北京: 高等教育出版社.
刘思峰, 谢乃明. 2013. 灰色系统理论及其应用[M]. 6版. 北京: 科学出版社.
刘思峰, 吴和成, 菅利荣. 2011. 应用统计学[M]. 2版. 北京: 高等教育出版社.
马占新. 2002. 数据包络分析方法的研究进展[J]. 系统工程与电子技术, 24 (3): 42-46.
魏权龄. 1988. 评价相对有效性的 DEA 方法[M]. 北京: 中国人民大学出版社.
Banker R D, Charnes A, Cooper W W. 1984. Some models for estimating technical and scale inefficiencies in data envelopment analysis[J]. Management Science, 30 (9): 1078-1092.
Banker R D, Morey R C. 1986. Efficiency analysis for exogenously fixed inputs and outputs[J]. Operations Research, 34 (4): 513-520.
Caves D W, Christensen L R, Diewert W E. 1982. The economic theory of index numbers and the measurement of input and output, and productivity[J]. Econometrica, 50 (6): 1393-1494.
Charnes A, Cooper W W, Golany B, et al. 1985. Foundations of data envelopment analysis for pareto-koopmans efficient empirical production functions[J]. Journal of Econometrics, 30 (1): 91-107.
Charnes A, Cooper W W, Rhodes E. 1978. Measuring the efficiency of decision making units[J]. European Journal of Operational Research, 2 (26): 429-444.
Charnes A, Cooper W W, Wei W L, et al. 1989. Cone ratio data envelopment analysis and multi-objective programming[J]. International Journal of Systems Science, 20 (7): 1099-1118.
Cooper W W, Seiford L M, Thanassoulis E, et al. 2004. DEA and its uses in different countries[J]. European Journal of Operational Research, 154 (2): 337-344.
Fare R, Grosskopf S. 1985. A nonparametric cost approach to scale efficiency[J]. Scandinavian Journal of Economics, 87 (4): 584-604.
Malmquist S. 1953. Index numbers and indifference curves[J]. Trabajos de Estatistica, (4): 209-242.
Solow R M. 1957. Technical change and the aggregate production function[J]. The Review of Economics and Statistics, 37 (3): 312-330.